U0963938

孩子不仅给我们带来了快乐，

更重要的是他们把我们重新引入真、善、美的世界

立 品 图 书 · 自觉 · 觉他
www.tobebooks.net
出 品

Stories to Light the Night :
A Grief and Loss Collection for Children,
Families and Communities

用故事照亮黑夜

苏珊疗愈性故事集

[澳] 苏珊 · 佩罗（Susan Perrow） 著
东木 翻译

华龄出版社
HUALING PRESS

北京市版权局著作权合同登记号 图字：01-2025-2344号

图书在版编目（CIP）数据

用故事照亮黑夜 / （澳）苏珊·佩罗 (Susan Perrow) 著 ; 东木翻译. -- 北京 : 华龄出版社, 2025. 7. -- ISBN 978-7-5169-2960-5

Ⅰ. I611.85

中国国家版本馆 CIP 数据核字第 2025R0E243 号

统筹编辑 青 元　　**责任印制** 李未圻

责任编辑 李梦娇　　**责任校对** 张春燕

书　　名	用故事照亮黑夜	**作　者**	（澳）苏珊·佩罗
出　　版 **发　　行**	华龄出版社 HUALING PRESS	**译　者**	东 木
社　　址	北京市东城区安定门外大街甲 57 号	**邮　编**	100011
发　　行	（010）58122255	**传　真**	（010）84049572
承　　印	水印书香（唐山）印刷有限公司		
版　　次	2025 年 7 月第 1 版	**印　次**	2025 年 7 月第 1 次印刷
规　　格	710mm × 1000mm	**开　本**	1/16
印　　张	23.5	**字　数**	285 千字
书　　号	ISBN 978-7-5169-2960-5		
定　　价	68.00 元		

致谢

这本书的编写耗时多年。我肩负着这样一个重要作品的责任，感到压力重重，但其他人的贡献、对我自己故事的积极反响以及我在疗愈性故事研讨会上的个人经历都激励着我继续前进。我要感谢来自世界各地的 34 位教师、心理学家、社会工作者、讲故事的人、父母和祖父母，他们抽出时间与我分享他们的故事和故事结果，并慷慨地同意将它们贡献给这本书。特别感谢本杰明·奥克拉姆、奥斯汀·克拉克－史密斯和凯蒂·赫普顿，他们允许将“我们的孩子项目”（利斯莫尔基础医院）中的治愈性文字分享在这个选集中。

我要向我亲爱的丈夫约翰·亚当表达衷心的“感谢”，感谢他的耐心和支持，包括在编写本书的漫长旅程中给予的许多肩部按摩。还要感谢我的孩子们和孙子孙女们，他们对我的故事热情给予了持续的爱和鼓励，特别是我的小儿子杰米·佩罗，感谢以他的设计师眼光帮助塑造封面。

感谢我的出版人马丁·拉奇对我和我的作品的信任，感谢克莱尔·珀西瓦尔对我众多电子邮件的迅速回复，感谢凯蒂·贝文为我的艺术排版，感谢露西·格诺特为美丽的封面图像所展现的才华，以及感谢阿莉达·格西对引言提出了有益建议。特别感谢理查德·豪斯在精准且鼓励性的校对过程中所展现的慷慨和洞察力，帮助打磨这本书并向外界展示。 像这样的一个故事集需要来自几位同事和朋友的专注指导和引导。我特别感激帕鲁拉·鲍尔斯

（澳大利亚心理学协会成员）就编纂这个故事集所面临的敏感挑战。还要感谢朱莉·麦克维、迪·凯利和玛格丽特·金的反馈和反思。最后，同样重要的是，我特别要向伯恩斯作家集团——奇林克——林顿·伯格、詹尼·卡吉尔－斯特朗、维姬·金、米切尔·凯利、杰伊·麦肯齐和安娜·戴维斯表示衷心的感谢。你们像家人一样照顾我，陪伴我在故事写作过程中的起起落落。

序言

在英国，每年大约有 40 000 名儿童不幸被告知他们的母亲或父亲去世了。还有更多的儿童会遭遇他们的兄弟姐妹、祖父母、老师、朋友或深爱的宠物去世的消息。这些儿童经历了丧亲之痛，他们将不得不面对某个对他们来说重要的人——永久缺席的现实。尽管如此多的儿童经历了丧亲之痛，但对此事实的普遍认识却非常有限。许多志愿组织正试图通过诸如由“悲痛信托”推动的“年度国家哀悼意识周”等倡议来改变这一状况。还有像“悲痛的邂逅”和“温斯顿的愿望”这样的优秀专业支持和培训机构。但在公共领域，进展缓慢。目前，不到 10% 的英国教师接受过关于丧亲儿童特定需求的任何培训，只有五分之一的教师表示他们的学校有相关专业支持。

国际上其他国家的情况也是如此，甚至更糟。也许在全世界的每个学校、每个班级中，都会有一个孩子的父母或兄弟姐妹最近去世了。同样班级中还有更多的孩子正在积极地为另一个亲近的人的去世或其他痛苦的分离而难过。

分离、死亡、哀悼和悲伤与出生、学习、日常、新生、无聊和兴奋一样，都是童年的一部分。然而，在工业化世界中，许多成年人感到强烈的文化压力，将童年视为无忧无虑的纯真时光。在有些地方，孩子们通常不被允许参与家庭中关于亲人去世的谈话。他们可能也会被排除在葬礼或墓地之外。这种出于好意将儿童与死亡、分离和悲伤的现实隔离开来的做法，可能会使他们的丧亲之痛比原本更难处理。

社会的沉默，也阻止了正在哀悼的儿童，找到他们自身迫切需要的答案，关于死亡的问题，孩子想知道发生了什么，现在会发生什么，谁事先知道什么，为什么孩子没有早点被告知，他们会不会也生病和死亡，是否还有其他人会离开，最重要的是现在谁会照顾他们。假如由一个值得信赖的成年人给出诚实回答可以大大减轻他们的焦虑。但是许多像这样的儿童问题仍然悬而未决。其他文化或家庭可能会出于习惯告诉孩子这些事情，他们参与哀悼仪式或让他们参与关于悲伤的谈话。这有助于他们成长。

对我们重要的人的去世或其他严重的损失经历，在其后留下了无数的、往往是痛苦的涟漪效应。这些给我们带来了重大的内心和人际痛苦。如果去世的人年轻，或者死亡是不及时的、暴力的、突然的和出乎意料的，或者一次有几个人去世，那么痛苦就会更加剧烈。如果对成年人来说，应对哀悼和悲伤真的很难，那么对儿童来说就更是如此。尤其是如果他们已经面临其他令人畏惧的挑战，如身体状态不佳、学习困难、贫困，或家庭环境不稳定。

一个孩子经历的逆境事件越多，他们在重要的人去世后应对众多复杂情况的难度就越大。此外，生活仍在继续，并且承诺会带来新的逆境和新的祝福。

本书中的故事可以帮助成年人开启关于失去、死亡、临终和哀悼的对话；这些对话许多人都发现极其难以发起，更不用说进行了。

死亡、损失和丧亲之痛总是会产生连锁反应

当还有严重的财务问题时，这种连锁反应的直接影响当然会更大。许多人希望给逝去的人一个盛大的告别，这会导致许多丧亲者陷入债务，后来发现很难偿还，甚至不可能偿还。

更糟糕的是——当父母去世时，配偶 / 伴侣 / 照顾者往往面临收入的大幅下降。孩子们很快就会注意到金钱上的担忧。

这往往会更加吓到已经不安的孩子。大多数幸存的父母最初发现很难应对孩子强烈的需求。有些人陷入深深的抑郁。其他人依赖药物或酒精来度过一天。还有些人迫切希望重新开始。他们决定搬家，找另一份工作或新的伴侣。

艾米丽（8 岁），一个独生女，她的母亲在一场交通事故中去世，这些情况在她身上都有发生。在她母亲突然去世一年后，艾米丽的父亲通过一个在线约会服务认识了某人。他们彼此相爱。艾米丽的爸爸决定在他的伴侣所在的城镇申请新的工作。当他得到这份工作时，他们告诉艾米丽他们想要创建一个联合家庭。在购房过程中，艾米丽被允许充分地参与其中，她也勇敢地参与了。由于搬家，她也失去了与以前的童年朋友、学校、健身俱乐部、熟悉的社区的联系，以及与她母亲那边的祖父母的或多或少的日常联系，他们就住在她以前的家附近。总的来说，她有很多事情要处理。

学校能够让她联系到他们的专业支持人员之一。他们一起编故事、做手工艺活动和交谈。几个月后，艾米丽找到了新的平衡。她相对幸运。她没有在贫困中长大。她也没有遭受健康不平等的影响。此外，她和她爸爸的新伴侣相处得很好。她喜欢她的新学校，在不久后她就交到了新朋友。随着时间

的推移，她也找到了新的方式与以前的朋友和祖母保持定期联系。当然，她仍然会非常想念她的母亲，有时会非常痛苦，搬到新城镇无疑对她来说非常艰难。

但是像大多数丧亲的孩子一样，她逐渐能够在情感和认知上，在她以前和现在的体验世界之间建立联系。在她通往情感健康之路上有许多坎坷。但这是可以预料的。她处理这些坎坷的能力在很大程度上取决于她的学校和新父母愿意共同面对她悲伤的复杂性。

兔子的教训

如果我们活得足够长，爱得足够深，我们迟早都得面对我们关心的人或动物的死亡。通过诚实地面对死亡、出生和更新的普遍存在，我们可能会体验到比坚持假装死亡不会发生，或者至少不会发生在我们所爱的人身上更大的韧性和生活的快乐。当我们了解死亡时，我们就不再像温尼贝戈神话中的伟大文化英雄兔子那样。当兔子发现死亡时，他跑回了他居住的地方。他大喊大叫：“我的人民不能死！”然后他突然想道：“所有事物总有一天都会死亡！”他想象着悬崖和峭壁。它们崩塌了。他想象着大山。它们分崩离析。他想象着地下深处。所有在土壤中活动的生物都停止了活动，死了。他想象着高高的天空和飞翔的鸟儿。它们停止飞翔，掉到地上，死了。他走进了他居住的地方。他伸手去拿他的毯子，把自己卷在里面。他躺在那里哭泣。他想，所有死去的东西都不会有足够的土地。没有足够的土地容纳所有死去的东西。他把自己埋在毯子里。他没有发出声音。

兔子对死亡不可避免且无处不在的认识所做出的压倒性反应，为与丧亲儿童讲故事的实践提出了几个重要问题。第一，这涉及一个关于成年人必须做什么来安慰他们自己内心的“兔子”的问题。这是必要的，这样他们才能以一种中心化、关怀的方式陪伴悲伤的孩子。第二，这样的成年人需要能够向孩子传达他们真的想在那里陪伴他们，并且想听孩子愿意分享的故事（格西，1992—1997）。

这些问题可能的答案的基础是心理和社会韧性的问题。在不同韧性定义中有共同的元素。一般来说，有韧性的儿童和成人能够：

- 吸收并从震惊中恢复过来；
- 面对规模、形式和时机异常的威胁和事件；
- 适应不断变化且常常威胁性的事件；
- 动员他们生存的意志；
- 围绕一套共享的价值观聚集起来。

但是除了适应性强的反应习惯、积极倾听的准备以及善意之外，还需要其他的东西，这样我们内心的“野兔”才能从恐惧的压倒性状态转变为与悲伤的孩子深度接触。那额外的东西是真正愿意理解，除了满足他们的身体需求，确保他们处于安全的环境中，并有成年人照顾他们、保护他们免受滥用或剥削之外，悲伤的孩子们还应得到什么。

失去亲人的孩子最需要什么

一旦他们的基本需求得到保障，大多数孩子都会深切地需要重新连接、社会支持以及参与重要决策。他们还需要重新学习如何在极度激动时平静下来。这与他们的文化背景、家庭的经济或社会地位或宗教信仰无关。下面我将他们的一些“关键”需求放在前面。

- 他们需要一些熟悉的大孩子或成人的定期陪伴，这些人可靠、愿意倾听和聊天、一起玩游戏、和他们一起制作东西、读故事给他们听、探索纪念品、给予支持和善意，并保持日常规律。
- 孩子们还需要他们的悲伤反应得到正常化。他们需要感到悲伤、愤怒或内疚等强烈且常常快速波动的情绪是可以接受的，也是正常的；他们可以预期自己会感到有些困惑或健忘，或者发现集中注意力变得困难。大多数孩子也喜欢知道，不快乐的梦境和睡眠困难是悲伤过程的一部分。虽然他们可能希望成年人非常认真地对待他们的新疼痛和不适，但他们也寻求安慰，这些疼痛或食欲不振可能也会发生在其他悲伤的孩子身上。最重要的是，他们需要听到，继续玩耍、笑和哭以及做一些分散注意力的事情，帮助他们暂时忘记发生的事情是可以的。
- 此外，大多数经历丧亲之痛的孩子喜欢被提醒，他们无法控制本质上无法控制的事件，但在可行的情况下，他们会被告知去做他们能做的事情，比如摆桌子、帮助购物或准备饭菜，或者为某人的生日画一幅画。这样的行动也将帮助孩子区分没有人能解决的事情、成年人可以解决的事情，以及他们被期望自己处理的事情。
- 最后，每个经历丧亲之痛的孩子都需要看到和听到，他们周围的成年人会照顾他们，也会照顾好自己。对于经历丧亲之痛的孩子来说，他们关心的成年人保持健康是很重要的。这可能是一项艰巨的任务。经历丧亲的家庭应从他们的亲戚、邻居、同事和朋友那里获得更多支持。但这样的帮助可能不会出现或可用。当这种情况发生时，我敦促你从孩子的学校、工作场所、支持小组、信仰团体或专门组织那里寻求支持。悲伤本身就是一个孤独的经历，但我们不必独自经历。无论我们住在哪里，帮助都是可获得的。

这本书中的故事和活动鼓励普通成年人尝试减轻年轻人和青少年在经历严重失落或丧亲之痛时可能遇到的最常见困难。故事是一种简单的礼物。不多也不少。故事和活动至少有三个功能：首先，如果孩子喜欢讲述故事（这是一个重要的“如果”），那么讲故事本身就成为一种亲密的人际交流体验。当某个重要的人去世或你因重大损失生活不得不做出转变而感到不安时，这一点很重要。

其次，这些故事试图使孩子经历的广泛而痛苦的失落感变得正常化，这也有助于减轻他们的悲伤。

最后，故事试图向孩子们以及他们的家庭和社区展示，随着时间的推移，他们如何能够好好地生活，尽管有重大的损失。许多故事试图向他们展示，他们的失去如何可能成为他们的一部分，使他们变得更强大。向孩子们讲述这些故事通常也有助于成年人开始感到不那么无助和难以启齿，当他们与孩子谈论他们的悲伤时。这通常增加了他们最初脆弱的信念，即他们可以支持他们悲伤的孩子，尽管他们自己也很悲伤。

就像所有其他故事一样，这些故事有开始、中间和结束。人、动物和植物的生活也是如此。尽管每个故事都有结束，但孩子和成年人都知道它将在他们的内心世界中继续存在，就像对去世的人的记忆一样。这种“记忆中的生存”是令人安心的。总的来说，故事、它的讲述和它的记忆帮助孩子和讲故事的人在他们动荡的生活中找到新的团结和稳固，而这很重要，非常重要。

恩菲尔德，2020 年 12 月

艾丽达・格瑞西博士

目录

失去亲人 44

引言

话语和故事的治愈力量

在我母亲去世前的几周里，我用一首名为《我的母亲，我的玫瑰》的诗捕捉了我对她的爱和感恩之情。当坐在她的医院床边时，无论是她还清醒，或是在她失去意识后，我也能一遍又一遍地读给她听……“我的母亲是我生命花园中的玫瑰……”

我未曾料到，这些形象在我母亲去世后对我有多么重要，当时我正努力接受“我的母亲是我生命花园中的玫瑰”的现实。特别是其中一句诗，在我悲伤的黑暗夜晚中闪烁着微光。这束微弱的光芒帮助我慢慢地找到了前行的道路，并给了我力量继续承担作为母亲和学校校长的责任。

当我花园里的玫瑰凋谢时，
我不会让它变得枯萎和褐色，
而是将甜蜜的花瓣记忆，
包裹在丝滑的薄雾中，
紧紧贴在心上，
余生都将如此。

即使现在，30 年过去了，“甜蜜的花瓣记忆包裹在丝滑的薄雾中”的画面仍然能让我从失去的悲伤中振作起来。而且，即使 30 年过去了，如果有人给我一束剪下的玫瑰，一旦它们在我家的花瓶中凋谢，我会把花瓣收集到一个碗里，然后象征性地在花园里撒下它们。

在我母亲去世多年之前，我另一种个人的失落就通过文字的力量得到过极大的帮助。在我生命的重要十字路口，我正与重大的焦虑和对决策的信心丧失做斗争。是跟随我的心，还是遵循他人的期望……这是我 19 岁时的困境。然后，一个礼物来到了我身边——一本叫作《乔纳森·利文斯顿海鸥》[1] 的小书。一只海鸥在天空中翱翔的故事给了我力量和信心，去追随我的心。

我永远感激这本关于在生命中寻求更高目标的现代经典之作，即使你的群体或邻里认为你的雄心壮志是异想天开。

对于大多数海鸥来说，重要的不是飞行，而是吃东西。对于乔纳森来说，重要的不是吃东西，而是飞行。

1671 年，约翰·弥尔顿写道：

……恰当的词语有能力平息，

一个烦恼心灵的骚动。

它们如同药膏，治愈溃烂的伤口。

在弥尔顿写下这段关于词语治愈力量的智慧之前近两千年，拉美西斯二世国王命人在一座埃及宫殿的皇家藏书室入口上方雕刻了一块大理石碑文。这被认为是世界上最古老的图书馆格言，翻译过来的意思是“灵魂的疗愈之所”。

图书治疗师热情地分享这是“图书治疗”存在的最早记录证据，

这是一种创意艺术过程，涉及阅读特定文本，目的是为了治愈。

然而，通过词语和故事进行的治愈远在诗歌、民谣和故事被书写下来之前，甚至在“图书治疗”这一术语出现之前就已经存在了。出于对世界各地土著文化的深深尊重，在这个介绍中，有必要尊重他们口头历史的辉煌。

在书籍出现之前……在书写出现之前……几千年来，口头讲故事是我们人类的一部分。尼日利亚诗人和小说家本·奥克里雄辩地说：“宇宙始于一个故事……我们是人和故事的结合体。”

讲故事者是民间传说和道德的传播者，是老师，也是治疗者。他或她的话语对儿童和成人都是舒缓、强化和激励的良药。

在许多土著文化中，“故事”包含了所有的一切——所有生命、联系、自然和社区。故事和讲故事者将生活和目的、大地和天空编织在一起，主要使用自然界中的图像和主题：动物、鸟、树、山、云、星星、月亮和太阳。

在悲伤和失落的时刻，人们会从星星中汲取力量，坐在河边得到慰藉，通过漫步森林减轻痛苦。人们创造了将自然线索编织进治愈之旅的故事，直到今天，这些故事仍在继续它们的治愈工作。

世界有很多东西可以从这种智慧中学习。

意图

话语和故事的疗愈力量是这本关于悲伤和失落的疗愈故事集的潜在前提。然而，重要的是要理解“疗愈”这个词只是一个意图……一个谦卑的意图去帮助他人。人们需要带着谦卑的态度来接近这项工作。

对于悲伤提供了一系列选项作为最有效的支持，这些选项都不能声称是“疗愈”的。大多数类型的悲伤无法被疗愈——但它们可以得到支持、护理、帮助。

悲伤是一个高度个体化的体验。不同的年龄、不同的人和不同的文化以不同的方式悲伤，并以个体化和不同的方式对支持方式做出反应。最近几十年，对悲伤的研究已经从传统的关注情感扩展到考虑认知、社会、文化和精神维度。

在悲伤过程中，一个核心过程是试图重新确认或重建一个因失去而受到挑战的意义世界。

故事疗愈可以帮助这个过程。它可以与个别咨询、团体支持、社区支持、仪式、心理教育项目和在线支持一起使用。

故事疗愈可以帮助引导伴随深刻失去的情感。通过允许而不是抵抗真相，并用想象的织物来装扮它（《真理的故事》，第 40 页），故事可以帮助将真相编织进日常生活的整体中。为悲伤和失落而设的故事绝不是为了分散对失去体验的注意力，而是可以促进对体验的处理。

人与真理之间最短的距离是一个故事。

安东尼·德·梅洛

概述

这些故事集从口头和书面故事历史的源泉中汲取了丰富的内容。书中包含的 94 个故事，其中许多由我本人撰写，还有来自多处地区和不同文化的作家们的贡献。创造力的网络从澳大利亚延伸到印度，从丹麦延伸到保加利亚，苏格兰延伸到肯尼亚，从斯洛文尼亚延伸到英国，从西班牙延伸到中国，从美国延伸到克罗地亚，从罗马尼亚延伸到菲律宾，从日本延伸到墨西哥，再回到澳大利亚。

来自 34 位贡献者的这些故事与个人情境紧密相连。它们包括了故事是为谁而写，适合哪个年龄段以及情境的描述。作家们包括心理学家、社会工作者、护士、教师、父母和祖父母，以及来自“我们的孩子——用言语疗愈”医院项目的三名儿童（这是一个为生活在慢性或严重疾病中的儿童设立的创意写作项目）。

有些人之前写过其他疗愈性故事，但对更多人来说，这是他们首次尝试故事疗愈，并且分享它，连同它所提供的记录帮助。

一些故事包括一个活动作为疗愈过程的延伸——制作一个记忆宝盒、一个移动装置、一个毛毡星星、一张编织的毯子、一个剪贴簿、一张拼贴画、一些彩绘石头、一本相册、编织、种植一棵树。其他故事则简单分享——供读者或听众消化和处理——以他们自己的方式和时间。

本书为读者提供了选择一个或多个可能与他们自己的个人失落情境，或他们的家庭、学校或社区的个人情境产生共鸣的故事的机会。

编纂这本故事集的旅程

多年来，我一直在国内外举办疗愈性故事写作研讨会。几乎在每个研讨会上，无论参与者人数是五六人还是上百人，悲伤和失落的主题总是存在。要么是需要为别人——孩子、青少年或成人——写一个故事，要么是为了经历过创伤或失落的群体，有时悲伤的参与者也会为自己写故事。

经常有人问，你什么时候会出版一本书来探讨这个主题？我一直在努力承担这个责任，来自其他人的许多发自内心的贡献和对我自己故事的积极回应鼓励了它的诞生。

当不同的健康专业人士多次向我指出，提供一本关于悲伤和失落主题的书是可能的，而且不必是“临床”的，我的信心增强了。我不是心理学家，但我有写作故事的天赋，我会尽我所能，彻底记录下“何时、何地、为谁、为什么，以及接下来发生了什么”。这种记录是疗愈性故事写作不可或缺的一部分。

因此，我并不为这本集子及其评论不是从临床的、明确的心理治疗和理论角度来写而遗憾，这是从记录者的亲身经历来写的。寻求更明确的临床疗愈和理论方法来“讲故事”的读者，建议分别参阅丹伯勒（2014）、杰西（1997）、戈尔丁（2014）、琼斯与皮门塔（2020）、马尔（2019）和梅隆（2019）；以及罗斯与菲尔波特（2020）、博伊德（2010）、布鲁纳（2002）、卡尼（2001）和罗斯与菲尔波特（2004）。

我还可以分享，本书与我之前的作品不同，它不仅仅适合儿童。从我开始思考写这本书的那一刻起，这点似乎就很重要，本书应该包括适合所有年龄段的故事。悲伤和失落的经历没有界限：当有人去世时，无论年龄大小，近亲、远亲、朋友和社区邻里往往都牵涉其中。

有时，例如，失去一个亲爱的人可能需要为家里的小孩子写一个故事，为大一点的孩子写一个不同种类的故事，为青少年和成人写另一种类型的故事。在本书中，一些适合年幼孩子的故事包括《小蜡烛》《妈妈袋鼠和小袋鼠》和《小歌唱兔》。其他一些故事线更复杂的，适合大一点的孩子，包括《当奶奶去世时》《奇妙的飞行机器》和《再见，雪莉》。有些是专门为青少年和成人写的，例如《鲸鱼和珍珠》《黑石》《小贝壳和跳舞的珍珠》《花园》《薰衣草巢》。有些是为全家所有年龄段共享而写的，例如《记忆宝箱》《记忆毯》《家庭船》。

关于"生命和变化的循环"主题的故事和环境悲伤和失落的故事，可以作为家庭、学校和社区团体讨论的跳板。这些故事适合所有年龄段的孩子，除了我们最小的孩子，他们需要尽可能地受到"小精灵不得不待在家里"的保护，这是一个为新型冠状病毒感染流行而写的故事。

如何使用本书

给读者的建议是从头开始阅读引言部分。对于那些对创作故事感兴趣的人，我在引言之后加入了一个理论部分。在这里，你会找到关于不同类型的疗愈性故事和疗愈性写作过程的笔记，以及关于隐喻和想象力的思考。这里包含了众多见解和示例，旨在向你介绍这一流派。

本书并不是为了一次性从头到尾读完而设计的。它是一个资源集合，你可以根据需要参考不同的部分。你可能只想查找并阅读一个故事，然后在很久之后，当你感兴趣或有需要时再回到书中。同时，请理解，这本包含 94

个故事的集合绝非完整呈现——可能有成千上万种不同类型的疗愈性故事适用于悲伤和失落。这里包含的只是所有可能性中的一小部分样本。

出于实际考虑，每个部分的故事按照适合从年幼到年长的顺序大致排列，每个故事的引言中都标识了建议的年龄组。以其他方式分类它们似乎并不合适。

为了帮助你找到方向，每个部分都以故事列表开始，包括对背景情况的简短描述。

介绍不同的故事章节

失去亲人：在这一部分，您会找到为失去兄弟姐妹、双胞胎、父母或祖父母的孩子们所写的故事；为失去新生儿的家庭所写的故事；为失去孩子的父母所写的故事；以及为学校或社区中因疾病或意外事故去世的朋友所写的故事。

失去家庭联系：本节包括了父母分离的孩子们的故事、被收养和寄养的孩子们的故事，以及因各种原因只能在有限的时间里与家庭其他成员相处的家庭成员的故事。

失去的宠物：本节只有三个故事，但每一个故事及其建议都可以调整，用于各种情况，包括心爱宠物的死亡，或者不得不与一只被治愈的鸟或动物告别。

失去健康和幸福：这包括了长期疾病、对生病的焦虑、行动能力的丧失、声音的丧失（包括选择性缄默症）以及视力丧失的故事。

失去环境：在这里，你会找到因丛林火灾、洪水和其他环境灾难而失去家园的孩子们、家庭和社区的故事；因各种原因不得不搬离家园的故事；以及不得不离开祖国并在其他地方定居的故事。

环境悲痛与损失：本节有八个故事，涵盖了不同的环境主题。其中一些故事从贪婪和缺乏关怀开始，以分享和关怀的希望之音结束。其他故事深入探讨了海洋污染和物种丧失的可怕情况，并以微弱的可能性结束，希望这个信息能被听到并付诸行动。生态悲伤和生态损失是我们时代的悲哀现实。关于悲伤和损失的故事集呼吁为这些新挑战提供故事。它们为积极向前迈进的方式做出了贡献，正如约翰斯顿和梅西所说的“积极的希望”。正如简·古道尔博士在被问及如何有效地谈论气候变化主题时所说：“使用讲故事的力量……你要做的是进入内心。你如何进入内心？用故事。”

其他类型的失去：还有许多其他类型的损失不属于前面的分类，但包括信任的丧失、合作的丧失、控制的丧失、平衡的丧失和尊重的丧失等故事也很重要。

生命与变化的循环：本节包括分享生命循环“更大图景”的故事——毛毛虫变成蝴蝶的蜕变；季节的循环；水的循环和雪花的旅程。来自世界各地的传统故事为这个选择带来了它们的智慧。

图案和模板：一些故事后面会跟随一个活动框，其中可能包含带有图案的手工艺活动——你可以在本节找到它们。

参考文献：在这里，你会找到一个网站和资源书籍的列表，以及关于世界各地儿童及其家庭的丧亲诊所和服务中心的信息。

参考文献

1. 理查德·巴赫，《乔纳森·利文斯顿海鸥》，麦克米伦出版社，纽约，1970 年。

2. 约翰·米尔顿，《诗作全集》:《失乐园》《参孙的痛苦》《次要诗篇》，拉布出版社，纽约，2012 年。

3. “图书疗法”一词源于希腊语中的“书”（biblion）和“治疗”（therapeia），它利用个人与书籍、诗歌和其他书面文字内容的关系作为治疗手段。在 1916 年 8 月由塞缪尔·麦克霍德·克罗瑟斯在《大西洋月刊》上首次提出“图书疗法”这一术语后，它最终被纳入医学词汇。有时被称为书籍疗法、诗歌疗法或故事疗法，如今图书疗法在世界各地的许多帮助职业中得到应用，越来越多的培训被纳入咨询、教学和医疗课程中。一些培训专门从事诗歌疗法；其他则专门从事书籍疗法；还有一些，包括我自己的培训，专门从事故事疗法，重点是为特定的挑战性行为和挑战性情境编写短故事。

4. 本·奥克里，《天堂之鸟》，威登菲尔德与尼科尔森出版社，伦敦，1996 年，第 22 页。

5. 克里斯托弗·霍尔，《超越库布勒－罗斯：我们对悲伤和丧亲理解的最新发展》，摘自《InPsych（心灵）》杂志，第 33 卷，第 6 期。

6. 尼迈耶，《悲伤疗法技巧：评估与干预》，劳特利奇出版社，纽约，2016 年。

7. 安东尼·德·梅洛（1931—1987）是一位印度耶稣会神父、心理治疗师、作家和公众演讲者。

8. 乔安娜·马西和克里斯·约翰斯通，《积极希望：如何面对我们所处的混乱而不发疯》，新世界图书馆，加利福尼亚州诺瓦托，2012 年。

9. 简·古道尔博士，世界经济论坛，瑞士达沃斯，2019 年。

疗愈性的故事：过程与体验

疗愈性故事是一种治愈媒介，它允许儿童、青少年和成人踏上想象的旅程，而不是被直接讲授或直接谈论问题。通过与主角或角色产生共鸣，听众在克服障碍和实现解决方案的过程中得到赋能。这是一种温和、简单，但通常有效的处理挑战性行为和困难情境的方法。

通过创造性旅程和特定的隐喻选择，疗愈性故事方法有潜力将失衡的行为或情境重新引向完整或平衡。故事可能极大地帮助，稍微帮助，安抚，激励，加强决心，和 / 或为未来的改变播种宝贵的种子。

在我出版的前两本书籍《故事知道怎么办：故事知道怎么办：如何让孩子有令人惊喜的改变》和《故事知道怎么办 2：为孩子准备的 101 个治疗故事》中，详细分享了一个故事制作模型——一个“隐喻”“旅程”和“解决”三重框架——以指导疗愈性故事的写作。

在这个模型中，旅程是疗愈性故事构建的形成部分。一个充满事件的旅程是构建故事紧张感的方式，可以引导情节进入并穿越行为“失衡”，然后再次回到一个健康、积极的解决方案（不会引起内疚感）。

然而，我想强调以下几点：在悲伤和失落的情境中，提供一个特定的框架或方法来编写疗愈性故事似乎是不可能的，也不恰当。建议故事旅程可以导致“全面积极的解决”将是不敏感的。声称故事可以是“疗愈”的也是不合适的。在这些困难时期，需要一种更为微妙、反思性、直觉性的方法。故事疗愈可能只能提供一丝安慰，一丝支持，但如果它能提供这样的细微声音，那么进行这样的创造性努力是完全值得的。

一种“在场”的品质

这个选集中每一篇故事都有不同的路径，不同的旅程，不同的风格……但它们都共享一个共同的品质。每一篇故事都是基于观察和倾听而写成的。每一篇故事都是出于对“在场”的完全奉献而创造的——无论是与涉及的个体还是与悲伤和失落的情境。

从以下定义中可以获得对这种“在场”重要性的洞察：“‘疗愈’这个词来源于希腊语和拉丁语（现代拉丁语——therapia；希腊语——therapeia），具有以下一系列含义：治愈、治疗、侍候、照料、照顾、提供服务。”[1]

这为我们写作针对悲伤和失落的疗愈性故事提供了重要线索。我们需要花时间“去照料”情境；为此我们需要一种“在场”的品质，一种“倾听”[2]的品质：

- 我们需要安静地倾听和观察悲伤和失落的情境。
- 我们需要“与……同在”并花时间观察涉及的儿童、成人、家庭或社区。
- 我们需要倾听并尊重涉及的儿童、成人、家庭或社区的宗教或哲学信仰（并以此为指导创作我们的故事）。
- 我们需要倾听我们的直觉。

• 我们需要倾听我们的常识。

我们还需要耐心和毅力，能够提出想法，并有勇气“尝试”——写下我们的故事，并在适当的时候，与他人分享它们。

在适当的时间和地点分享疗愈性故事

分享疗愈性故事需要在适当的时间和地点找到感觉。没有确切的指导方针。如上所述，你需要倾听情况。我曾经为一个在事故中失去孩子的朋友写了一个故事。我原以为第一次去她家时会与她分享，但感觉并不合适。几乎一年后，分享的“正确”时刻才到来。

你写的故事可能永远不会被任何人看到或听到。当然，你需要小心，不要强迫将你的故事分享给悲伤的个人、家庭或社区。然而，故事可能会对你有所帮助，可能会支持你。

有时你的故事想法可能是未来故事的种子。

有时你的故事，或者这个集合中的一个故事，可能会在森林中散步时、在公园里闲坐时、在沙坑里玩耍时、一起画画时的桌子上，或者在睡前柔和的烛光下与一个孩子或家庭分享。

有时故事可以在追悼会或社区聚会中朗读或讲述。或者你可以将它包装在一个盒子里，或者卷成一卷，作为礼物送给一个亲密的朋友或家庭成员。

有时一个故事可能已经准备好被聆听，以至于它会飞升并找到一种方式，以印刷或口头形式触及许多读者和听众——在家中、教室、疗愈师的诊所或在社区集会中。

警示说明

- 当与孩子们分享故事时，他们通常会引导你——如果故事对他们来说不感兴趣，或者让他们感到不舒服，他们通常会表达出来。然而，对于非常小的孩子，作为成年人的你需要小心做出“适合年龄”[3]的选择。总结来说，主题或旅程越温和，故事对年幼的孩子就越合适（如果遇到障碍，不应该对听众的心灵造成太大的负担）；困难或旅程越大或越复杂，故事对年长的孩子就越合适（与负面角色和障碍的对抗可能更强烈、更具挑战性，旅程中可能有更多的曲折）。
- 在为故事角色选择名字时要小心。我通常尽可能避免使用“人类”的名字，例如，我会用“小鲁”来称呼一只小袋鼠，而不是例如罗西·鲁。这样做可以防止听众将隐喻与现实生活、真实的人联系起来。多年前，当我刚开始接触这项故事工作时，我与一个孩子分享了一个疗愈性故事，我无意中开始使用孩子的真名作为角色的名字。这改变了他从间接表达（通过隐喻性故事旅程分享别人的困难）到直接表达的听故事体验。它使他成为故事的中心，他不想听完整个故事，任何疗愈价值都丧失了。
- 要小心在疗愈性故事之后进行任何类型的解释或封闭的意义：让故事自己发挥作用。你的评论可能会干扰甚至直接破坏任何疗愈价值。然而，如果听众或读者（无论是孩子还是成人）渴望谈论故事，我建议你引导他们讨论。
- 即使疗愈性故事是专门为某个年龄段编写的，有时它也会对其他年龄段的人说话——保持对此可能性的开放。“故事”的本质反抗被固定在适合年龄的框架内。疗愈性故事中的隐喻具有流动性，通常可以用不同的方式对不同的年龄说话。

不同类型的故事情节

没有特定的模板或公式可以用来编写用于悲伤和失落的疗愈性故事。然而，在准备这个故事集的过程中，出现了几种类型的故事。

以下列出了这些类型，并进行了探讨——它们是可以在悲伤和失落情境中使用的疗愈性故事的样本：

- 反映故事
- 开放式故事
- 提供“另一种形式的爱”的故事
- 针对因悲伤和失落带来挑战的故事
- 故事中的护身符和具有实际延伸的故事

镜相法故事

有时仅仅通过使用图像来承认或反映情况就能有所帮助。“镜相法”是一种文学手法或技巧，它可以通过一种安全而微妙的方式为情况带来深度和意义，使故事能够以不讲道或说教的方式处理其他难以处理或敏感的话题。故事旅程和故事隐喻呈现的不是赤裸裸的真相，而是包裹在想象的织物中。

一位西班牙的老师在她的侄子托马斯去世后写了一个故事，托马斯是双胞胎中的一个，不幸的是只活了几天。这个故事（《鸟巢》，第 47 页）是关于两只鸟，皮奥和酷卡，它们选择从星星上的高巢来到人间生活。皮奥享受着他在人间的所有新冒险，但酷卡却小心翼翼，感到不舒服，并且怀念他星星上的温暖巢穴，他想回去。

酷卡振翅高飞，越飞越高……一直飞到天空……当夜幕降临，皮奥从草地上仰望星空，而酷卡则从他的巢穴中凝视着同样的星星。

这位老师将故事制作成图画书，作为支持礼物送给整个家庭。她还与她五岁的儿子分享了这个故事，告诉他失去小表弟的消息。这个“反映”故事中的图像帮助她的儿子理解了情况。他的反应是立即的：“现在托马斯可以从上面看星星，而帕布罗可以从下面看。”

另一种不同类型的故事情节，但使用了类似的高巢中鸟的意象，是为一个小女孩的父亲写的。它反映了定期但非常困难的分离时刻的情况——父亲的林业工作被迫他与女儿相隔很远（《护林员和小鸟》，第 150 页）。

在选择反映故事的图像时有无数的可能性；在以下示例中，作者们使用了：

- 一支蜡烛（《小蜡烛》，第 55 页）
- 一个冒泡的泉水（《伯布尔小姐》，第 79 页）
- 一簇竹子（《竹子家庭》，第 216 页）
- 一株番茄植物（《连根拔起》，第 241 页）
- 一列黄色的火车（《小黄火车》，第 127 页）
- 厨房橱柜里的一套杯子（《杯塔》，第 141 页）

- 形状王国里的三个圆形朋友（《圆圈朋友》，第 314 页）
- 一位裁缝和一件刺绣的和服（《花色和服》，第 234 页）
- 一个甜美多汁的橙子（《赣南橙》，第 145 页）

通过镜像法有时可以为家庭在悲伤时刻遇到的难题提供答案。在为一个患有不治之症的男孩所写的《狼男孩的回家之旅》（第 50 页）故事中，男孩的“需要知道”的答案（“我将被埋在哪里？”）被编织进了故事旅程中。

……第二天，狼爸爸醒来时，狼孩提出了一个棘手的问题。“爸爸，你会把我埋在哪里？”狼妈妈向狼爸爸点了点头，说道：“你觉得那棵老杉树怎么样？那里可以看到美丽的山景。”

“是的，”狼孩说，“我们今天能去那里吗？这样你就可以让我看看那个地方”。狼爸爸记得猫头鹰说过，狼孩会提出正确的问题来让他们做好准备。

镜像法有时需要反映黑暗的地方和黑暗的经历，就像包括积极光明的时刻一样。一位名叫妮娜的丹麦母亲，她从中国领养了一对双胞胎，写了一个关于两只小鼠宝宝从鼠车上掉下来的故事（《裂缝》，第 135 页）：

两只小鼠宝宝掉进了一个地缝里，突然间一切都变得非常黑暗，他们所能感觉到的只有冰冷的泥土。幸运的是，两个宝宝都紧紧抓住了对方的尾巴。在黑暗中，他们滚在一起，害怕得发抖。

妮娜解释说，反复听到关于可怕时刻的故事对两个男孩来说是多么的宣泄。用她的话来说，“感觉就像是他们一次又一次地回到了被遗弃在寄养家庭，或者在某个黑暗和绝望时刻的感觉”。

开放式故事

有时一个故事需要开放式结局，或者它可能只是在结尾留下一点暗示。在故事旅程中提供任何解决或最终的东西不是必需的，可能的或适当的。

在萨格勒布，一位母亲参加了一个关于故事疗愈的研讨会。她和一个朋友一起为她17岁的女儿创作了一个故事，这个女孩正遭受着完全失去行动能力的痛苦。这个少女已经无法自己行走，但她拒绝使用轮椅。这个故事，名为《黑石》（第206页），对女孩产生了显著的影响，多年后的今天，她成为克罗地亚残疾人服务的倡导者。

以下是最后几句话——它们有助于揭示一种可能的前进方式：

当她跌倒时，石头从她手中滑落，并在落地时裂开，露出了它内部的绚丽紫色，它的内在色彩和光泽。在石头的光芒照耀下，女孩继续了她的生命之旅。

你会发现上面的故事并没有以一场讲座或任何类型的信息来结束，暗示应该使用轮椅。整个故事中根本没有提到轮椅。实际上，值得注意的是，这种“说教”或“教师谈话”并不适合在故事疗愈中出现。《黑石》这个故事的构建方式是让青少年自由地得出自己的结论。

另一个开放式故事的例子是我为环境悲伤和失落所写的故事《沙子里的

信息》(第 264 页)。这个故事使用了一个多臂多口的怪物来代表海洋污染的状态，这个怪物正在呈指数级增长，似乎没有解决方案。然后，曾祖母海龟有了一个灵感。她建议所有海龟向人类传达一个重要信息的方式，希望这个信息能被听到并付诸行动。故事以一种可能性的微弱暗示结束：

第二天早上，人类在沙滩上发现了六个字。它们只在那里停留了很短的时间，然后潮水将它们冲走了。

提供“另一种形式的爱”的故事

小说家弗朗茨·卡夫卡[4]有一天在公园里散步时遇到了一个小女孩。女孩因为丢失了她的洋娃娃而哭泣，看起来非常伤心。卡夫卡立刻开始向她解释发生了什么。“你的洋娃娃去旅行了”，他说。女孩惊讶地问他怎么知道的，他回答说：“因为她给我写了一封信——我明天会带过来。”

当他回到家时，卡夫卡写了那封信，然后第二天在公园里遇到了那个女孩，并为她朗读了信。“请不要为我哀悼，我去环游世界了。我会写信告诉你我的冒险经历。”这是许多信件的开始。当他们每天见面时，他为她朗读了心爱的洋娃娃想象中的冒险故事。小女孩得到了安慰——她的失落被另一种现实所取代。

这引出了一个问题：“卡夫卡为女孩提供了一个虚假的现实吗？”根据小说的法则，人们可以认为他的方法是真实的——洋娃娃确实去冒险了，尽管信中的描述与它真正的冒险(没有人有任何信息)不同。

过了一段时间，卡夫卡给了那个孩子另一个显然与原来的洋娃娃不同的洋娃娃。附带的信解释说：“我的旅行改变了我……”

现实生活中的故事在这里变得有些模糊，但有一个版本说，多年后，已经长大的女孩在她非常喜爱的替代洋娃娃里发现了一封信。总结起来就是："你所爱的一切，最终你都会失去，但最终，爱将以不同的形式回归。"

即使这个故事并非完全如此，卡夫卡的行为中所蕴含的智慧对我们这些编写疗愈性故事的人来说是有趣的。他试图通过找到一种方式来帮助小女孩找回"另一种形式的爱"，来帮助她处理失落。

关于物质损失，我们可以从中学到一些重要的东西。我们太专注于这样的损失时，往往会错过那些就在我们面前、触手可及的生活的美好方面。卡夫卡展现了极大的敏感性。他有智慧没有对小女孩说："你总能找到另一个洋娃娃"。

在故事《再见，雪莉》（第 98 页）中，当珍妮的珍贵贝壳被快速上涨的潮水冲走时，奶奶安慰她，但很小心地这样做：

奶奶没有说的一件事是，"你总能找到另一个贝壳"。珍妮很高兴她的奶奶很明智，知道说那句话不会有任何帮助。

这个故事集中提供"另一种形式的爱"的故事例子包括：

《新的黎明》（第 157 页）这个故事是为一个在孟买与流浪狗建立了深厚感情的男孩写的；然后他的家庭搬到了城市的另一个地方。通过故事的旅程，他的爱和依恋转移到了"鸟儿"身上——这更加可行，因为他现在住在高层公寓里，只有一个阳台与外界相连。他开始在阳台上撒种子，种子吸引了住在邻近树上的鹦鹉。即使在今天，观鸟仍然是他的爱好。

《天堂魔法》（第 59 页）这个故事是为一个名叫陶陶的中国男孩写的，他在一年前的一次溺水事故中失去了父亲。陶陶即将开始上学，他的母亲担心他无法放下他的特殊毯子（他已经因这件事被取笑了）。在故事的旅程中，一些天堂的魔法将毯子变成了一个毯子包，一个可以轻松随陶陶到处走的包。

《海狸和橡树》（第 74 页）这个故事是为两个男孩写的，他们的祖父和表亲在一次车祸中丧生。故事开始于森林中一棵被闪电劈成两半的壮观树木。它曾是许多森林生物——鸟儿和昆虫——的家，现在它们无处可住。然后海狸来了。它们唱着歌，忙碌地工作，啃咬和雕刻倒下的木头，为森林生物塑造新家。那棵壮观的树和它所代表的一切，现在以另一种形式存在。

讲述挑战作为悲伤和失落的故事

这个选集中的一些故事被编写出来，旨在解决由于悲伤和失落情境引起的各种行为挑战。对于这些情况，我使用了“疗愈性故事”[5]写作模型，相关的故事能帮助将失衡的行为或情况重新调整回某种平衡状态。

这种编写疗愈性故事的构造模型，是基于“隐喻”“旅程”和“解决”框架的。尽管它们紧密交织在一起构成最终的故事，但分别识别和讨论它们是有帮助的。

这里提出的框架只是一个建议的方法。本书中包含的许多故事并非基于这个（或任何其他）基础编写，而是遵循了自己的直觉路径。首先，你需要清楚地知道你在编写疗愈性故事时试图实现什么。一个旨在帮助或治愈行为挑战的故事，是关于试图在孩子的青少年 / 成人的自身经历中重建完整或平衡。同样重要的是要理解，行为是情境性和关系性的。任何失衡的行为很少能有效地单独解决。在处理挑战性行为时，讲故事只是许多可能的方法和策略之一——整体结构中的一条线索。

积极的解决

在疗愈性故事中，解决意味着恢复一个已经变得混乱或失衡的情境或行为的和谐或平衡。解决时提供肯定而非引发内疚感是很重要的。尽管解决办法会出现在故事的结尾，但在规划时通常先考虑这一点是有帮助的。如果解决办法不明确，那么就难以知道你的旅程和隐喻应该朝哪个方向努力。

建立紧张感——旅程和隐喻

旅程是构建模型的组成部分。随着故事的发展，一个充满事件的旅程有助于建立“紧张感”。为年幼的孩子[6]编写的故事通常只需要简单的事件和旅程中少量的紧张感，而对于年龄较大的孩子，事件可以更详细或复杂，并随着旅程的展开提供更大的紧张感。

障碍和帮助隐喻的使用与旅程紧密相连。紧张或冲突（就像拉弓弦）通常是通过障碍隐喻的参与来建立的，而解决则是通过帮助隐喻来实现的。

这里总结了一些使用这个三部分框架编写的故事的例子。

《芭蕾舞女演员和音乐盒》（第 57 页）这是一个帮助一个五岁女孩克服她对睡觉恐惧的故事。一个月前，她因为父亲突然生病去世了。由于他是在家中睡觉时去世的，这个女孩对睡觉感到极度恐惧，也非常害怕她的母亲去睡觉。

失衡状态：睡眠不足，害怕睡觉。

更平衡的状态：健康的睡眠模式，对睡觉有信心。

《扇形飞行器》（第 94 页）这个故事是为了一个在荷兰的十岁男孩写的，他的父亲在一场车祸中悲剧性地去世了。这个故事帮助男孩将他对所发生事情的愤怒（他之前将这种愤怒指向他的母亲）转化为对未来有益的积极行动。

不平衡的情况：愤怒，缺乏动力。

更平衡的情况：愤怒减少，有动力接受新项目。

《小贝壳和珍珠》（第 208 页）这个故事是由斯洛文尼亚的一位女性作为自我疗法创作的。她一生中经历了极端的困难，包括在三岁时失去了一只眼睛。

不平衡的情况：内疚感，愤怒，羞愧和痛苦。

更平衡的情况：自信心增加，愤怒减少。

故事中的护身符和具有实际延伸的故事

有时，护身符与故事旅程相关联。这样的象征物品可以加强疗愈体验。护身符通常是一种矿物（如宝石）、植物（如四叶草）或动物来源（如羽毛）的物品，人们相信它拥有神奇的属性，能为拥有者提供特定的力量、能量和特定的益处。

大多数孩子，由于他们与自然界更开放、更精神上的关系，会毫无疑问地接受与这些物品的联系。有些人将这种联系带入成年生活，（我也是）可能会随时在口袋、手提包或旅行包中携带一个贝壳、羽毛、石头、叶子、珍珠或其中几个，或将其作为珠宝佩戴。

社会和医学科学长期以来都将压力状况和情境与魔法思维和象征性物品的增加联系相关联。在缺乏控制感、安慰和保证的情况下，它们可以提供一种感觉。[8]

护身符可以与疗愈性故事一起赠送。一些例子包括：

- 与《黑石》故事（第 206 页）相关的紫水晶戒指
- 《彩虹鸽》故事（第 107 页）中的羽毛

- 《彩虹石》故事中的彩绘石头（第 302 页）
- 为《护林员和小鸟》故事（第 150 页）的小玻璃蓝鸟

有时，一个故事旅程可以围绕着，或者包括一个名为“点亮夜晚的 30 个故事”的实际活动的想法构建。例如，对于那些最近有朋友或家人因疾病或意外去世的人来说，《记忆宝盒》的故事（第 109 页）包括制作和收集特别物品、分享关于它们的记忆故事，以及将它们保存在一个特别的记忆盒中的活动。

其他例子包括：

- 一个小镇上的孩子们（最近受到丛林火灾威胁）将一年的记忆编织成不同方块，制作成一条毯子（《记忆毯》，第 228 页）
- 肯尼亚的两姐妹在父亲去世一周年时编织茉莉花冠，给自己勇气（《塔吉·拉·托普托，爱的冠冕》，第 61 页）
- 一个包括歌曲的植树仪式，以纪念一个心爱宠物的去世（《唐娜和斯克夫》，第 154 页）
- 在微小的家中为餐桌编织一个草和薰衣草的巢（《薰衣草巢》，第 251 页）

调整故事以适应不同情况

请随意使用本书中的故事，以任何可能与您和 / 或您的孩子、家庭、客户、班级或社区产生共鸣的方式。有时分享可能需要一些轻微的改变以适应情况。可能感觉更合适的是改变角色或角色；或者您可能需要简化故事旅程，或者使其更复杂。

如果您在本书中找到一个与您的情况相呼应的例子，但需要改编一些，我邀请您使用“诗意许可”，但同时努力保持故事的完整性，以及其积极的意图，即使它是微妙的。

在悲伤和失落的时刻使用故事疗愈时，我们必须对故事保持敏感——如何提供希望的低语，但如何不显得过于沉重或自以为是。

希望很重要，因为它可以使当前时刻变得不那么难以承受。如果我们相信明天会更美好，我们今天就能忍受困难。[9]

关于隐喻的思考

简单来说，隐喻将一件事表现为另一件事，通过这种方式扩展了我们看待世界的方式，通常使我们的感知变得更鲜活和生动。拉科夫和约翰逊简洁地将其描述为“心智的基本机制”，隐喻使我们能够利用对物理和社会经验的了解，来理解无数其他主题。

在书面和口头语言中，通过图像、意象的媒介，隐喻直接与我们的想象力对话，绕过了我们的理性大脑。这些隐喻的幽径和通道使我们能够探索那些位于或超越我们理性思维背后的想法、力量和能力。隐喻克服了我们固定分类的局限性，以及日常人类语言常常笨重或笨拙的局限性，它提供了一种“更高”或更全面的认知形式[10]。肯·迪贝内代特这样说：

隐喻将熟悉的概念并置，以揭示更高层次的原型概念。这些更高层次的概念无法用熟悉的语言直接表达。这些概念是“无名”的；没有单一的可定义词汇附属于这些“思想实体”，它们也不易被抽象的逻辑推理所触及。它们是通过熟练操纵、熟悉概念而化为思想和语言的诗意直觉。[11]

隐喻语言存在于想象的领域，这对于学习和认知来说，和认知领域一样有效。阿尔伯特·爱因斯坦对此理解得非常透彻。他有一句名言说道：“逻辑会带你从 A 点到 B 点，想象力可以带你去任何地方。”

隐喻与明喻不同。明喻通过使用“像”这个词将一件事与另一件事进行比较，并强调它们的相似性（“你的微笑像朝阳”），而隐喻则完成了将某物变成另一物的神奇转变（“你的微笑是我的朝阳”）。在明喻中，比较的过程涉及我们更理性的大脑，我们的思维过程，而隐喻则深入我们的灵魂想象中，并简单地说，“触动了我们的心”。

因此，长期以来，隐喻一直是神秘主义者、精神导师、诗人、讲故事者和其他表达艺术家的语言。隐喻是一种心灵工具，帮助我们探索那些位于我们理性思维背后的想法、力量和能力。

伦敦儿童心理健康中心教育与培训主任玛戈特·桑德兰认为，隐喻（图像语言）和故事是儿童健康情感消化系统的重要部分。她相信，儿童的自然情感语言不是字面的日常语言——一种思考的语言——而是图像、隐喻和故事——一种想象的语言。[12]

故事或图像语言可以像句子中的一个单词或短语一样简单。我儿子去牙医那里补牙的经历证明了这一点。牙医告诉我儿子，“你需要在你的牙齿里放一个银星，以保持它的坚固”。之前不愿意的孩子大大地张开嘴巴接受了“银星”（尽管牙医补充说，把星星放进牙齿里会有点疼）。

这是我第一次认识到图像语言的力量有多大。然后我开始在我的育儿和教学中尝试它。将鞋子说成是“一起的朋友”比讲授整洁和照顾你的东西的重要性要有效得多。我发现使用图像语言的成功率要高得多，结果是孩子们会把鞋子一起放在门口，而不是踢掉它们，让它们散落在其他地方。

在我的一个在线课程中，一位中国家长鼓励她八岁的儿子每当感到愤怒时，都要成为一个“避雷针”。他开始双脚坚定地站在地板上，双臂高高举起，手掌合拢。这给通常充满攻击性和破坏性的时间带来了新的宁静。在男孩有了这个“画面”来应对之前，他不知道如何处理自己的愤怒，经常会向不同的家庭成员或家具发泄。

画面或故事语言可以以如此多的方式渗透和丰富我们的日常生活和工作——而且不仅仅适用于儿童！心理学家苏珊·莱恩[13]曾咨询一位新妈妈，她已经悲痛了六个月。她的宝宝很健康，但她因为不得不进行剖腹产而不是计划中的自然分娩而伤心。苏珊问她：“如果你被困在一个门卡住的房间里，你会怎么做？”女人立刻回答：“我当然得从窗户爬出去”，然后她笑了。画面语言深深地触动了她，帮助她的悲痛慢慢消散。

另一位心理学家找到了一种方法，通过一系列强大的隐喻与一位在监狱中的患者建立联系。他的患者是一位 17 岁的男孩，由于他在醉酒状态下开车撞到树上，导致三名朋友死亡。这个男孩是唯一的幸存者，心理学家发现很难与他建立联系，因为他处于严重的抑郁状态。经过几次访问几乎没有进展后，心理学家开始谈论一位带领士兵进入战斗的队长。所有的士兵都死了——这是队长做出的糟糕决策的后果。但队长幸存下来，身上有一处如此深的伤口，以至于没有医生能找到子弹。队长回到家乡，寻找并转化“隐藏的子弹”。心理学家为年轻人留下了一个空白的日记本，在下次访问时，他看到了日记本中写满了许多页。年轻人让他阅读了这些笔记。他继续使用隐喻，为队长列出了许多任务，以完成这次寻找。这些任务包括了帮助被杀士兵家庭的不同方式。

一位当地医生的桌子上放着一系列小雕像——包括人物、动物、树木、房屋、童话角色。他用它作为横向参考点，帮助他的患者开始以隐喻的方式与他们的身体和/或情感状况建立联系。通过这种方式，帮助找到患者自己独特的处境的隐喻。医生报告说，这种象征性的方法帮助他更有效地理解他的患者，同时也让他们真正感到"被听到"。

隐喻疗法

上述内容，无论是有意识还是无意识地，有意还是无意地，都是隐喻疗法这种心理疗法的实例。隐喻疗法使用隐喻作为工具，帮助人们象征性地表达他们的经历。隐喻性的生命解释，而不是类比性的，将过去与新鲜事物结合，简单与复杂结合，表面与深层结合。

在他的书《人及其象征》[14]中，卡尔·荣格解释说，有很多东西超出了人类理解的范围。因此，一个人自然地并不断地使用象征性的术语来代表他们无法完全理解或定义的概念。

神经语言编程师和作者大卫·戈登描述隐喻"作为我们的经验"（不仅仅是谈论我们经验的方式），设定了我们感知和理解世界的过滤器。因此，隐喻可以作为强大的杠杆，能够移动感知、经验和行为。他认为"疗愈性隐喻"提供了通过更直接的方法（通常无法获得的关联深度和洞察潜力）。隐喻通过创造疗愈师和患者之间的共享语言——一个共享的世界——来做到这一点，在这个世界中，关于问题以及如何解决它的沟通变得更加容易和有影响力。此外，一旦创造出来，那个隐喻世界[15]可以成为一个人发现他或她自己解决问题方案的世界。

有时，这种共享的隐喻语言可以在同事之间、朋友之间或家庭成员之间有所帮助。即使这种效果只是微小的变化，也应该被重视。

故事中的隐喻

隐喻的使用是编写疗愈性故事的关键成分。隐喻帮助建立听众的想象联系。它们负责以间接的方式传递故事信息，避免任何羞辱、判断或耻辱。重点是故事中的角色和角色的旅程，从而将聚光灯从听众和听众的情境上移开。在这里，玛戈特·桑德兰说，故事的力量、安全性和智慧所在。[16]

随着旅程从问题到危机到解决方案（或开放式结局）的推进，隐喻可以扮演消极和积极的角色：它们可以是障碍或阻碍，帮助者或向导，转变者和/或桥梁建设者。

融入故事中，一个隐喻或许多隐喻可以，像在精神著作和诗歌中一样，具有有时微妙、有时强大药用性的神秘和魔力。隐喻似乎在生动的互动中变得栩栩如生，并从彼此中获得能量，通过这个过程，它们有可能产生强大的故事药效。

一位 55 岁的女性，在生活中经历了几次损失（先是她的丈夫，然后是她的工作）后，患上了抑郁症，在克罗地亚的一个疗愈性故事研讨会上为自己写了一个故事。以下是故事的摘要：

……一只萤火虫失去了它的光，独自在黑暗的洞穴中飞行，不知道自己是谁，也不知道自己在哪里。然后，偶然间，一束银色的月光通过洞顶的一个小裂缝照了进来。银色的光线照亮了萤火虫，让它重新找回了光亮。

这个小故事帮助这位女士找到了走出抑郁黑暗的道路，并鼓励她开始进行灌木丛徒步旅行和露营。显然，她的朋友和家人都曾鼓励她去徒步，走进大自然，但她一直忽视他们的建议，是故事中的隐喻和想象之旅深深触动了她。

在东欧的一次旅行中，我在保加利亚为心理学家举办了一场疗愈性讲故事研讨会。其中一个小组为一个五岁的小女孩（之前提到过）创作了一个故事，这个小女孩一个月前因为一场突如其来的疾病失去了父亲。由于他是在家中睡觉时去世的，这个小女孩非常害怕睡觉，她也害怕她的母亲睡觉。她会尽一切努力试图保持清醒——在房子里跑来跑去，尖叫和哭泣，拒绝躺下；当她因为极度疲惫而入睡时，几小时后她会醒来，跑到她母亲那里把她叫醒。

这位悲痛和缺乏睡眠的母亲尝试了多种策略——星星图表、巧克力奖励、合理化（“你的父亲在看着你，他会很高兴看到你睡觉，这样你第二天在学校就能更好地学习”）。但这些策略都没有奏效（这位母亲使用了之前提到的“思考的语言”）。因此，这位母亲去拜访了一位心理学家寻求帮助。

这位心理学家碰巧参加了我那个周末的疗愈性讲故事研讨会。她和一小群同事一起创作了一个故事，希望能帮助小女孩“想要去睡觉”。

你可能会想知道从这样一个故事开始应该从何说起。小女孩的兴趣是芭蕾舞、音乐和娃娃，所以这是我推荐的起点[17]。小组进展不是很顺利，但后来一位参与者提出了“一个住在音乐盒里的芭蕾舞女演员”的想法。这对故事之旅来说是一个完美的契合。盖子的开合，以及随之而来的芭蕾舞女演员的舞蹈和休息，是醒着和睡着之间平衡的绝妙体现。小组引入了一张四条腿的桌子来代表家庭。这是一个不寻常的隐喻，但他们想要尊重母亲在失去丈夫后保持事物“三条腿平衡”的艰难立场。

你可以在第 57 页阅读完整的故事，题为《芭蕾舞女演员和音乐盒》。三周后，我收到了来自索非亚的心理学家的母亲的电子邮件：

这个故事做了一件神奇的事情。小女孩非常喜欢它，要求她的母亲给她讲了好几次，然后就会深深地入睡。故事极大地减轻了小女孩的紧张和焦虑。她问了很多关于梦之精灵的问题。我们与一位在索非亚艺术学院学习的年轻女性取得了联系，她在小女孩床头的墙上画了梦之精灵。效果就像童话故事一样。睡眠问题似乎已经解决了。

在这种情况下，通过选择合适的隐喻（芭蕾舞女演员、音乐盒、桌子、风暴、断腿、梦之精灵）在疗愈性故事旅程中协同工作，创造了有效的故事药效。这帮助女孩克服了她的恐惧，并使她每晚都“想要”去睡觉。

在北美的一个工作坊中，使用了不同的隐喻和故事旅程。目标是找到新的力量和生命，以应对父亲自杀后的局面。小组以自然循环为主题，故事讲述了一棵被风暴摧毁的强壮橡树。在橡树的根被拔出的地方，一颗橡子被丢进了土壤。在黑暗的土壤中，独自一人的橡子在橡子壳的怀抱中慢慢开始发芽。

这种情况与保加利亚的情况大相径庭。小组认为，故事应该主要为母亲而写，以鼓励她找到力量来拥抱和支持她年幼的孩子。

在许多不同的情况下，精心选择的隐喻都能提供帮助——无论是儿童、青少年还是成年人。一位 22 岁的肯尼亚男子在内罗毕接受无国界医生组织的照顾。在他生命只剩下几个月的时候，他写了一个关于兔子家族的故事，讲述了他生活中真实而重要的事情，以及关于他父亲虐待他母亲和妹妹的相当震惊的事情。这是一个六页的宣泄故事，他的文化不允许他以事实的形式表达。

在葡萄牙，一个关于“童话和故事疗法”的会议上，六位女性为她们共同的失去尊重和关怀的情况写了一个故事。她们都感到不堪重负和被低估。她们以戏剧的形式为小组表演了这个故事，并通过使用竖琴作为中心隐喻而感到相当强大，这是她们都同意会长期留在她们心中的形象。以下是故事摘要：

从前有一把美丽的竖琴，它是大房子的中心——竖琴建造得非常坚固，能演奏美妙的音乐。所有的家庭成员和朋友都想弹奏它，甚至连狗都想弹奏。竖琴超负荷工作，最终一些弦断了。然后竖琴被扔出房子，放到了花园里，因为它已经没有用了。它在各种天气中度过秋天和冬天。然后在春天的一天，一只夜莺飞下来，停在竖琴的顶部，开始唱一首非常美妙的歌。竖琴的深处与歌声产生了共鸣，它又开始演奏柔和的曲调。家人和朋友们听到了音乐，把竖琴带回了屋里，擦亮了它并修好了所有的弦。现在竖琴又开始演奏美妙的音乐了，但这次竖琴知道如何照顾自己（鸟儿的歌声包含了智慧的秘密）。任何想要弹奏它的人必须先问，有时竖琴会说“不，现在不行”，或者“明天再来”，或者“是的，但只能一小会儿”，或者“是的，但要非常小心”。

如今，各个年龄段的人们都非常需要故事疗法，对它的渴望也是如此强烈。

关于想象力的思考

疗愈性故事工作的一个基础要求我们既要尊重我们想象性的“认知方式”，也要探讨“什么是想象力？”这个问题。

故事与我们的想象力对话——有时被称为右脑、右半球或平衡和整体的存在方式。想象力曾经被视为我们人性的核心，但现在，随着科学成为主导的世界观的出现，想象力的重要性不幸地被削弱和贬低了。一些教育家和哲学家对此表示担忧——而且理由充分。在《想象力的失落知识》一书中，拉赫曼认为，为了我们的未来，我们必须重新获得想象的能力，并重新平衡想象力[18]和科学之间的影响力。

麦吉尔克里斯特[19]在《主人及其使者》一书中用一个生动的标题捕捉到了这种不平衡。他认为我们的社会正遭受着过度主导的左脑失去与它的自然调节“主人”——右脑联系的后果。由此产生了各种困难，对西方文化传统以及全球都有影响。

在我于21世纪初完成的教育学硕士论文[20]中，我主张在教师培训课程中包含讲故事模块。我的理由是需要通过包括更多表达性、想象性的科目——当然，讲故事是其中之一——来平衡课程中理性、逻辑科目的过载（我喜欢称之为“主导的兄弟姐妹”）。我的隐喻意图？——一个平衡的家庭！我设法说服了我所在的当地大学在他们的选修课程中包含一个讲故事模块，而且它已经运行了20年[21]。也许只是小小的一步——但这是帮助恢复不平衡的一种小方式，也是尊重想象力作为有效的学习和认知方式。

每当一位老师在课堂上用口头讲故事来教授不同的学科材料，重启孩子们的想象力时，我喜欢想象那是又一粒“故事沙”被添加以倾斜想象不平衡的天平。每当世界上某个地方体验到疗愈性故事并产生积极效果时，我喜欢想象那是又一粒“故事沙”被添加以倾斜想象不平衡的天平。

与定义共舞

对“想象力”一词的定义包括：“形成实际上并未呈现于感官的内心图像的能力；想象并非真实事物的能力；想出新事物的能力。”然而，这些定义似乎相当有限且枯燥。它们概念性地谈论着并非概念性的东西。如果你想理解一只蝴蝶，你真的需要与它共舞，而不是用网捕捉它。

从不同的文化和诗歌视角出发，我想与这个问题共舞：“什么是想象力？”在这里，我不想试图捕捉确切的答案，而是尝试构建一个关于“想象力”的想象图景。

文化洞察

我很幸运，因为我的疗愈故事集被翻译成多种语言，所以我有机会广泛旅行，曾在非洲、亚洲、欧洲和北美度过大量时间。因此，我有机会吸收不同的文化理解，在这个过程中，我发现每个国家和文化都对故事和想象力怀有深深的敬畏和尊重。

我在东非工作的三年里，每当我遇到新人并告诉他们我写故事时，斯瓦希里语的回应通常是：“想象力是夜晚的光”或者“故事照亮黑夜”。

当我在南非的时间里，我发现桑人（布须曼人）没有“想象力”这个词。对他们来说，“故事”是包罗万象的。他们有一句话：“故事就像风。它来自遥远的地方，你能感觉到它。”布须曼人在穿越沙漠和草原的长途跋涉中，会用故事来“讲述”他们的孩子。没有字面和理性的谈话——“只是再走一千步——我们来数数”，或者“我保证你到了那里会有奖励”。成年人会通过想象来引导行走——会有那个岩石、这丛灌木、那只蜥蜴、那些云朵等等的故事！

同样，在我自己的国家澳大利亚，土著文化中的“故事”包容并连接一切。故事和想象力是一回事，可以追溯到几千年前的梦幻时代，这是土著人对世界的理解，它的创造和它的故事。

在拉科塔语和奥吉布瓦语这两种美洲原住民语言中，“想象”这个词与“梦想”相同。在这些文化中，梦境被认为具有预言和治愈的力量——这是想象力和治愈之间一个有趣的联系。

在中国，当我在我举办的研讨会上提出“什么是想象力？”这个问题时，一个常见的回答是，在中国文化中，想象力很难定义，但最恰当的可能是“道”——所有事物背后的无形力量，所有事物的平衡，自然的心灵力量。一位中国学者，在想象力与自然的联系上声称：“如果树木和花朵能说话，它们当然会用故事来说话！”另一位研究过古代中国画作的人，谈到了每幅画中的空白空间，他理解这些空白是故意留下的，以便为想象力留出空间。

诗歌洞察

历代诗人都努力提升想象力相对于逻辑的重要性，并深深尊重图像和隐喻的神圣性。英国浪漫主义诗人威廉·华兹华斯相信，没有想象力，精神之爱就无法存在，他认为想象力是“她最崇高状态下的理性”。

这种精神上的爱既不行动也不可能存在，如果没有想象力，实际上，想象力不过是绝对力量和最清晰洞察力、心灵的广阔，以及理性最高境界的另一种名称。[22]

一个人在阅读华兹华斯的经典诗作《我孤独地漫游，像一朵云》时，可以感受到沐浴在爱与惊奇之中，被自然之美所吸引。他的诗歌似乎将我们带离日常，进入更精神、更高层次的境界。

另一位帮助我超越平凡、日常的诗人和哲学家是欧文·巴菲尔德。在我对想象力的诗意理解的探索中，阅读巴菲尔德的作品让我有了一个激动人心的发现。这一点在他的论文《物质、想象力与精神》[23]中表现得尤为明显，他描述了两个现实——“精神的”和“物质的”，“隐藏的”和“日常的”。但他给了我们成年人动力，因为他暗示了两者之间的一座桥梁，一种从一个到另一个的旅行方式。物质与精神之间的这座桥梁或连接就是“想象力”——巴菲尔德将其描绘为“想象活动的彩虹桥”。这是故事的领域，隐喻的领域，象征的领域。

带着这些诗意的想法，现在让我们来审视问题“为什么故事语言（故事、诗歌和歌曲）似乎对孩子们来说是如此自然的语言？”为什么桑德兰德[24]主张为了健康的情感发展而使用它？在巴菲尔德思想的启示下，答案似乎很简单：这是因为我们的小家伙们刚刚跨越了彩虹桥，他们刚刚来到“日常”世界。对他们来说，这个想象的世界是如此之近，是如此真实。

对一个孩子来说，想象和精神世界可能和物理的日常世界一样真实。孩子们似乎有能力像蝴蝶一样来回穿梭，而大多数成年人则像笨重的多足毛毛虫一样，从一个领域挣扎到另一个领域。

想象力是一个有趣的现象。在人类发展中，我们大多数人在身体上、社交上和心智上变得更强壮，但在与精神的联系上以及在我们的想象力上却变弱。大多数成年人需要努力保持他们的想象力绽放，通过冥想、诗歌、故事、音乐和其他艺术媒介来培养他们的想象花园。

孩子们天生就有这种能力，但对我们许多成年人来说，这种联系已经淡化。我们必须努力构建这座想象力桥梁。这对我们作为教师、治疗师、父母来说是一个挑战：我们如何重新发展、重新滋养和重新强化我们的想象力，以便我们可以使用孩子们最熟悉的语言与他们一起工作？

如何滋养和强化我们的想象力

作为一个长期研究各种精神实践的学生，我对发展精神感知器官的精神科学方法[25]特别感兴趣：想象力、灵感和直觉——通常被称为三个“我”（用大写字母“I”表示）。但我可以公开承认，我没有达到这些崇高的发展阶段。这种实践带有一个预告——这是一项漫长、艰难和艰巨的任务！

然而，在我们缓慢地沿着这条道路前行时，我认为意识到并尊重我将要称之为小写的“i”们——即我们日常生活中的想象力、灵感和直觉——是重要的。我们有时会从某个地方得到一种直觉。有时我们感觉到有某种更伟大的东西在通过我们工作。有时我们从精神世界接收到礼物、恩典。我们有时甚至会说，“我对……有一种直觉”或者“我得到了一个灵感”。

我确信小写的“i”们和大写的“I”是相连的，但从我个人的经验来看，这种更广泛的意识给了我写作故事的创作勇气。我曾经被问到一个问题：“如果你没有开发出你的高级感知官，你怎么能声称创作疗愈性故事呢？”我的回答是：“我敢于这么做是因为我们的世界需要故事，需要更多的故事。”

我鼓励大家思考自己对这三个小写的“i”的体验。你可能会像我一样惊讶地发现，它们比你可能意识到的更频繁地在你的日常生活中闪耀着光芒。但即使我们发现这些小写的“i”礼物有时照亮了我们的生活，我们如何才能滋养和加强它们呢？特别是关于“想象力”，特别是与创作故事有关，我们如何找到方法让它们更明亮、更频繁地闪耀呢？

这里有七个可能有帮助的建议：

- **阅读**——阅读许多故事。沉浸在民间故事、神话、传说的图像、主题和节奏中。
- **倾听和观察**——让大自然母亲对你说话。大自然有很多东西可以分享。在森林里、海滩上、公园里散步。闲坐在花园或阳台上，闲坐在盆栽植物之间。观察和研究可以帮助我们了解故事——蝴蝶如何落在花朵上？海龟如何在沙滩上移动？它吃什么？它在哪里产卵？故事的隐喻想法可以来自最不寻常的地方，例如，扫帚和簸箕作为合作的隐喻。通过观察，无论是在家里还是在花园里，无论是在城市街道还是在森林中，我们都能意外地学到很多东西。
- **散步**——诗人和哲学家都证实了散步对我们的创造性思维有积极的影响。查尔斯·布鲁斯·查特温[26]是20世纪著名的旅行作家，他走过澳大利亚，穿过巴塔哥尼亚和南美洲。他认为，如果你走足够远的路，就不需要宗教。在他的著作中，有许多关于散步的创造性和精神益处的参考。从我个人的经验来看，我发现我大部分的故事想法都是在我非常长的“七英里”本地海滩上散步时涌现的。
- **通过不同的艺术形式探索想象性的想法**——绘画、素描、雕塑、舞蹈、音乐、戏剧。有多种创意学习和认知的方式。不同的艺术形式为不同个性和气质的人提供了刺激的可能性。在阿布斯的理想世界中，据称[27]，“六大艺术”——视觉艺术、戏剧、舞蹈、音乐、电影和文学——应该包含在所有教育课程中。在理想的世界里，你不需要阅读这些提示，因为你的教育经历已经培养了你的想象力！

- **尝试故事写作练习**——这些可以鼓励你的想象力飞翔，因为它们可以给你提供有用的和有趣的结构来遵循，也可以帮助绕过逻辑思维。在我的第二本书[28]中可以找到许多，本书中也提供了一个额外的（见“随机故事写作练习”，第 212 页）。
- **给它时间**——让你的创意想法有时间发展和流动……在你的想法上睡觉……睡觉和做梦，然后再多睡一会儿。
- **尝试一下**（一个“澳洲”说法）——当你创作了一个故事后，尝试找到一种方式来分享它。努力使它尽可能完美，但同时，接受没有什么是完美的。以莱昂纳德·科恩的歌曲《赞美诗》中的合唱团为鼓励：“万物皆有裂痕，那是光透进来的地方。”

运用上述提示可以帮助我们锻炼和强化想象力。这将有助于我们选择隐喻和编写想象之旅的疗愈性故事。

然而，这种写作体裁并不是关于食谱，它不像烹饪课。我提供了一个框架以及许多帮助过我以及我研讨会中的参与者的提示和技巧。但大部分努力必须来自你自己——玩耍、探索、尝试和再尝试，使用你的三个小“i”，慢慢地沿着你自己的自我发展之路前进。

如今有许多情境可以通过使用想象之旅和特别选择的隐喻的独特创作的故事来完成。我相信，作为教师、治疗师、顾问、父母和社区工作者，我们的任务是接受这一挑战；即使我们的写作可能只是与民间或童话故事的美丽和深度相比的“续貂之作”，我也鼓励我们所有人“续貂”下去！

当我们用故事续貂时，我们可以被约瑟夫·坎贝尔——比较神话学的伟大权威——的思想所鼓舞。他给了我们一个勇敢的信息去思考，他建议我们的世界需要新的神话，新的故事——那些深深赋予我们力量，为我们与自然和宇宙提供有意义的联系，同时给我们希望和勇气去处理我们日常的问题。他还强调了我们的道德秩序需要“赶上”，要适合当前时代，因为根据坎贝尔的说法，“活在旧的神话中不适合今天”。[29]

作为最后的思考，让我回到我在本节介绍中使用的一个形象比喻。请放心，每次你运用想象力编写一个疗愈性的故事，或者任何形式的故事，都是在向想象不平衡的天平上添加另一粒“故事沙”。

真理的故事

我最初是在深圳的一次会议上听一位中国女性讲述这个故事的（她是从前一年在会议上听一位以色列老师讲的）。由于我无法找到原始故事，我根据当时所做的笔记重写了这个故事。这是一个匿名的故事，它在本书悲伤和失落集的引言中呼之欲出，希望被分享。

曾经有一个地方，一切似乎都以完美的方式发生。

有充足的食物，充足的阳光和充足的雨水。所有的人都生活得很好，和平相处。

但没有什么好事是永恒的。

有一天，一个陌生人来到了这个地方，走在人群中。这个陌生人很老，长长的白发，赤身裸体。每当这个裸体的人走近时，人们就会跑开，躲进自己的家里。这个陌生人走遍了所有的地方，试图与人们见面，但他们总是因为他的裸体而恐惧地逃跑。

与此同时，另一个陌生人也来到了这个地方——他穿着华丽，披着一件上面装饰着许多鸟、动物和花朵的流动斗篷。当人们看到这种美丽时，他们冲出来靠近，坐下来热切地听这个陌生人讲许多故事。这个美丽的陌生人走到哪里，都受到热烈的欢迎，人们喜欢听故事。他们可以指向斗篷上的任何一幅画，肯定会有相应的故事等着被讲述。

有一天，在森林里，年老的裸体者和穿着斗篷的故事讲述者在路上相遇了。被称为真理的老人问这位穿着华丽的人，为什么能被所有人喜欢并倾听。故事讲述者微笑着，脱下斗篷，将其一分为二，给真理一半，让他穿上。

“如果你穿上我的故事斗篷，人们就会想听真理要说的话，但如果没有它，真理往往太震撼、太强烈、太可怕而难以接受。”

从那天起直到现在，真理一直穿着故事的外衣在大地上游走，分享着被故事装扮的智慧。

参考文献

1. 参见 https：//www.etymonline.com/word/therapy。

2. 自 2019 年起，美国哥伦比亚大学提供了一个“叙事医学科学硕士”课程，该课程专注于“倾听患者的故事”。叙事医学最好被定义为一个跨学科领域，它将来自人文和艺术的强大叙事技巧——即激进倾听和创造力——引入所有寻求和提供医疗服务的需求中。叙事医学是一种在临床实践、研究和教育中利用人们的叙述作为促进愈合的一种方式的医学方法。它旨在解决与身体疾病同时发生的相互关系和心理维度，试图处理患者的个人故事。通过这样做，叙事医学不仅旨在验证患者的经历，而且旨在鼓励医生的创造力和自我反思。

3. 在我的第一本书《挑战行为的治疗故事》中，我专门用一整章（第 6 章）为制作和讲述故事提供了详细的适龄指南。

4. 弗朗茨·卡夫卡（1883—1924）是一位捷克小说家和短篇故事作家。

5. 在我的书《挑战行为的治疗故事》和《治疗性讲故事：101 个儿童治疗故事》中，我详细探讨了这一模型，包括许多图表和案例研究。

6. 大多数 3~4 岁的儿童以及一些 5~7 岁的儿童。没有精确的方法来确定故事的正确年龄，一些敏感或更具想象力的年长儿童仍然会被原本为年幼儿童设计的故事完全吸引。

7. 你将在《关于隐喻的思考》第 30 页找到这个故事的详细分析。

8. 斯图尔特·维斯，《相信魔法：迷信心理学》，牛津大学出版社，牛津，2013 年。

9. 一行禅师，越南佛教僧侣、诗人和和平活动家。

10. 乔治·莱考夫和马克·约翰逊，《我们赖以生存的隐喻》，芝加哥大学出版社，芝加哥，2003 年。在这一更新版中，作者提供了一个后记，概述了他们的隐喻理论如何在认知科学中发展，成为我们如何思考以及如何用语言表达思想的中心。

11. 肯·迪贝内代特，《门槛上的隐喻》，2005 年，可在 http：//moonchalice.com 访问（2020 年 8 月访问）。

12. 玛戈特·桑德兰，《将讲故事作为儿童治疗工具使用》，斯佩奇马克出版社，米尔顿凯恩斯，2016 年，第 2-6 页。

13. 苏珊·莱恩是一位澳大利亚心理学家，以其与儿童和家庭的创造性工作而闻名——参见 http：//www.creativelivingwithchildren.com/。

14. 卡尔·荣格，《人及其符号》，毕加索出版社，伦敦，1964 年。

15. 大卫·戈登，《治疗性隐喻：通过镜子帮助他人》，独立出版，桑德兰，2017 年。

16. 桑德兰（英国英格兰东北部港市），注释 12，第 16-18 页。

17. 在我的第一本和第二本书中已经广泛探讨了选择故事隐喻的不同技巧和方法，因此在本书中没有重复。

18. 加里·拉赫曼，《失去的想象力知识》，弗洛里斯图书，爱丁堡，2017 年。

19. 艾恩·麦吉尔克里斯特，《主人及其使者》，第二版，耶鲁大学出版社，纽黑文和伦敦，2019年。

20. 苏珊·佩罗，《非洲教师培训中的讲故事：一项跨文化研究》，德国蓝博特科学出版社，德国，2009年。

21. 参见 https：//www.scu.edu.au/study–at–scu/units/eng00355/。

22. 威廉·华兹华斯（1770—1850），来自《前奏曲》——第七节诗句。

23. 欧文·巴菲尔德，《意义的再发现及其他论文》，巴菲尔德出版社，伦敦，1977年，第143–154页。

24. 桑德兰，注释12。

25. 鲁道夫·斯坦纳，《人的智慧、灵魂与精神》，斯坦纳书籍，纽约州哈德逊，1972年3月。

26. 查尔斯·布鲁斯·查特温（1940—1989）是一位英国旅行作家、小说家和记者。他的第一部作品《在巴塔哥尼亚》使他成为旅行作家，尽管他自认为是一个讲故事的人，对揭示不寻常的故事感兴趣。

27. 彼得·阿布斯，《逆流而上：艺术、后现代文化与教育》，劳特利奇出版社，伦敦，2003年。在这本书中，阿布斯提出了以下论点，强调在学校课程中六种伟大艺术的重要性：它们形成了一组相关的，尽管在很大程度上是自主的实践；所有艺术都通过审美来工作；所有艺术都针对想象力；所有艺术都关注人类意义的象征体现。

28. 在我的第二本书《故事知道怎么办》中，你会发现许多其他练习来激发“想象的活力”，包括每个故事类别部分末尾的“故事骨骼”练习。

29. “约瑟夫·坎贝尔与神话的力量”——与约瑟夫·坎贝尔和比尔·莫耶斯合作的六部分系列。

失去亲人

在本章中，你会发现为失去兄弟姐妹、双胞胎、父母或祖父母的儿童所写的故事；为失去新生儿的家庭所写的故事；为失去孩子的父母所写的故事；以及为学校和 / 或社区中有人因疾病或事故去世的情况所写的故事。

大多数这些故事，都以尊重和敏感性，可以用于为它所创造的相反性别的情况。例如，第一篇故事《鸟巢》，是关于两只雄性小鸟的，可以改为关于两只雌性小鸟的故事；《狼男孩的回家之旅》可以改为《狼女孩回家的旅程》；《祖母的光之斗篷》可以改为《祖父的光之斗篷》。

为了帮助你找到方向，我已经将每篇故事的背景总结如下。

《鸟巢》——为一名五岁男孩所写，他的双胞胎表弟去世后（第 47 页）。

《狼男孩的回家之旅》——为一名三岁男孩及其年长的兄弟姐妹所写，以帮助家庭度过这个小男孩不治之症的过程（第 50 页）。

《小蜡烛》——为一名五岁女孩所写，她的父亲最近去世了（第 55 页）。

《芭蕾舞女演员和音乐盒》——为一名五岁女孩所写，她的父亲在睡梦中突然去世（第 57 页）。

《天堂魔法》——为一名五岁男孩所写，他的父亲在溺水事故中去世（第 59 页）。

《塔吉·拉·托普托，爱的冠冕》——为两名女孩（分别为三岁和七岁）所写，她们的父亲一年前突然因心脏病发作去世（第 61 页）。

《给西尔维娅的洋娃娃》——为一名五岁女孩所写，她在内罗毕的 SOS 儿童村，在部落袭击中，失去了整个家庭（第 64 页）。

《祖母的光之斗篷》——为祖父母或年长亲戚去世时的年幼孩子所写的故事（第 66 页）。

《小鹿和亲爱的朋友的故事》——为一个七岁女孩所写，她最近因长期癌症失去了叔叔（第 68 页）。

《海狸和橡树》——为两个男孩（分别为六岁和九岁）所写，在他们的祖父和表亲在一场车祸中去世后讲述给他们听（第 74 页）。

《西尔维和星星》——为那些母亲患有不治之症，或者母亲最近去世的 6~10 岁的孩子们所写（第 76 页）。

《伯布尔小姐》——为一对八岁的双胞胎兄弟所写，他们的阿姨去世了（第 79 页）。

《黄鹂和樱桃树》——为一所小学的学生所写，那里的一名学生在车祸中去世（第 83 页）。

《玫瑰公主和花园女王》——为一个失去母亲的年长女孩或青少年（8 岁 +）所写（第 85 页）。

《玫瑰和荆棘》——应挪威一所小学的要求所写，为七岁及以上的儿童；目的是在岛屿大屠杀的创伤事件后提供一些希望，许多青少年在事件中失去了生命（第 88 页）。

《奶奶去世时》——适合在祖父母或远亲去世后与年长的孩子和青少年一起使用（第 90 页）。

《扇形飞行器》——为一个十岁的男孩所写，他的父亲在车祸中丧生（第94页）。

《再见，雪莉》——为年长的孩子和家庭所写，关于失去最珍贵的宝藏（第98页）。

《一位无法抗拒的小明星》——为失去出生即去世的婴儿的父母和家庭所写（第103页）。

《轻声细语，做个好梦》——一些祖母的想法，为失去出生即去世的婴儿的父母和家庭所写（第105页）。

《彩虹鸽》——用于纪念已故朋友和家庭成员的聚会；适用于所有年龄的故事（第107页）。

《记忆宝盒》——适用于所有年龄，用于那些家庭或社区中有临终病人的家庭（第109页）。

《花园》——为失去珍贵的孩子、亲爱的亲戚或朋友的家庭/社区所写（第112页）。

《于是，宁静的夜晚来临了》——来自印度古代经文《梨俱吠陀》的一个神话故事；关于双胞胎阎罗王的死亡，以及夜晚的创造，让他的妹妹雅美族人有时间治愈悲伤（第115页）。

鸟 巢

（埃斯特－莫雷诺，母亲和早期儿童教育家，西班牙）

埃斯特是一位教师，也是两个男孩的母亲。这个故事是在她的双胞胎侄子巴勃罗和托马斯早产出生后写成的。他们出生几天后，托马斯，作为双胞胎中较小的一个，也是第二个出生的，生病并夭折了。这对全家来说，是一段非常艰难的经历。埃斯特决定写下这个故事，并配上插图，制作成一本小书，这样她就可以在未来作为礼物送给巴勃罗和他的家人。她希望这个故事能帮助她的侄子构建起对所发生一切的想象，一个激发爱和接纳的形象。

这个故事已经对埃斯特的长子产生了积极的影响，他在听到这个悲伤消息时只有五岁。在母亲与他分享这个故事后，他的第一反应是："现在托马斯可以从上面看到星星，而巴勃罗可以从下面看到。"

埃斯特还制作了一个悬挂于婴儿房天花板上的装饰品。用她的话说："当一个婴儿在出生或出生后几天内夭折时，突然之间，你会感到情感和身体上的空虚，你几乎没有关于婴儿的记忆，同时家里的一个地方（一个巢）也不再有任何意义。同时，也有一个需要和愿望，希望婴儿的记忆能在家庭中保持鲜活，这样他或她将永远被记住，并在某种程度上存在于他们的日常生活中。这就是为什么我建议这个活动可能具有双重疗愈功能：创造和填补一个物理空缺的行为本身。"

从前，有两只小鸟住在森林最高的巢窝中。这棵树非常高，它一直延伸到无尽的天空，巢窝就坐落在伸向星星之外的树枝上。从巢中，小鸟们可以看到美丽的风景，那里绽放着五彩缤纷的花朵，一条清澈的小溪流淌着，以及一片嫩绿且沾着露珠的草地。

第一天早晨，两只小鸟中较大的那只——皮奥说："我们离开巢窝吧！让我们飞下去闻闻花香，沐浴在水中，躺在柔软的草地上休憩吧！"另一只小鸟——库特，比较谨慎，更喜欢留在巢中。

然而，在一天的黎明时分，两只小鸟决定去探险。皮奥飞到油菜花田，从一朵花飞到另一朵花，他的心中充满了鲜花的甜美香气。库特来得慢一些，他小心翼翼地嗅着花香。他感到无比快乐和满足。

第二天，他们决定去河边。皮奥带着极大的快乐和兴奋，从一块石头跳到另一块石头，把头扎进水里。库特先湿了脚，然后是喙。他虽然也感到快乐，但对他来说水有点太冷了，很快就开始怀念巢里的温暖。

几天后，他们又飞了下去，这次来到草地上。皮奥在植物间躲藏，和蝴蝶玩耍，玩得很开心。库特找到了一个安静的角落，可以小憩一会儿。"这个地方太棒了！"皮奥兴奋地说。库特微笑着："是的，是的……但我还是怀念巢穴。那里没有阵阵冷风，一切都是那么地柔软和温暖。"

皮奥听到库特不像他那样享受这个地方，感到一丝低落。库特深爱着他亲爱的兄弟，非常了解他，对他说："我们每个人都有自己的路要找。我会在巢里过得很好！从那里，我可以看见花儿、河流和草地。它们总会让我想起你。"

库特飞向空中，越飞越高，一直飞到天空中。

就这样，库特回到了他伸向星星之外的巢穴，而皮奥继续他的“世界之旅”。

当夜幕降临，皮奥在草地上仰望星空，而库特在他的巢穴中凝视着同样的星星。他们俩都怀着感念的心情入睡，因为他们知道，在天空的另一边有一只小鸟永远陪伴着自己。

埃斯特使用了一首墨西哥民歌来结束这个故事——在西班牙语中，它被称为《De Colores》（多彩多姿）。

狼男孩的回家之旅

（希尔克 · 罗斯 · 韦斯特）

希尔克是《如何给孩子讲故事》的合著者，一位幼儿园教师，也是新墨西哥陶斯塔尔多夫学校的联合创始人。她一直在支持新墨西哥陶斯的金柳树哀悼小组，通过讲故事和举行仪式帮助家庭度过失去孩子和父母的悲痛。

狼孩的故事是基于一个三岁男孩被诊断出患有无法治愈的突发疾病这一令人心碎的经历而创作的。他的家人刚刚搬了家，不得不以巨大的勇气应对这一艰难时期。陪伴一个垂死的孩子度过每一天，需要我们找到庆祝这个生命的方式。这个故事帮助了他的家人和我们的社区理解这个小灵魂是多么强大，以及我们如何在垂死过程中最好地向他表示敬意。

家庭临终经历要求我们参与并面对它。天堂和地球对我们这些小家伙来说仍然是相连的，像“你永远是我们中的一员”这样的说法是重要且真实的。我们的一部分会随着这个生命体一起前往另一边，生活将永远不同。但我们会继续前进，星星是一个重要的连接点。

星星并不孤单。我们仰望星空，可以看到狼孩在我们的社区中，而他也在俯瞰我们。也许狼孩可以教我们关于在地球上珍贵的日子。如果你有一个生病的家庭成员，你如何能给他们的内心带来欢乐？你能做些什么来帮助他们的灵魂越过彩虹桥？动物议会往往是你要召唤的社区。智慧的猫头鹰可能是你的医生或临终关怀工作者。

狼爸爸带着他的三只小狼崽在周围走动。他们在温暖的夏日晨曦中嬉戏，互相追逐。突然，狼男孩撞在了一棵树上。当每只狼都笑起来时，他摇了摇头，开始摇晃。这很奇怪。

狼爸爸领着小狼们去的新巢穴，一个他们最近新发现的地方。那里非常美丽。狼妈妈正在那里等着，准备了美味的早餐。

“我不想吃”，狼男孩说，然后开始用头撞地板。“停下来”，狼爸爸喊道。狼男孩开始哭泣。狼妈妈把他抱起来，说“我觉得他是身体不舒服”。

这种情况连续发生了三天。

到了第三天晚上，狼爸爸决定去找智慧的老猫头鹰寻求建议。他在老祖母月亮的光照下，走到一棵古老的雪松树下。在那里，他大声且清晰地唱出了他的歌，“我需要帮助，有人吗？”

“谁，呼呼在叫我？”

“是我。狼爸爸。我的儿子行为很奇怪。我不知道该怎么办。”

“他叫什么名字？”猫头鹰问。

“我们叫他狼男孩。他是我们唯一的儿子。”

猫头鹰抬头看着星星，然后停止不动。“狼男孩只能在这个地球上待很短的时间。在冬天结束之前，他必须回到星星那里。”

“不！”狼爸爸嚎叫着，那是他一生中最长的嚎叫，“我不想让他走！”

“这不是你能决定的，”猫头鹰回答，“他选择只待一小段时间。你的任务会很艰难，但你能做到。回家把这个信息告诉狼妈妈和其他小狼，你需要让狼男孩在地球上的生活充满欢乐。回答他的问题。他知道如何帮助你们准备迎接彩虹降下来标记他回家的路。唱他最喜欢的歌。告诉他关于他的祖父和祖母的故事，他们在他之前已经回家了。当他离开时为他哭泣。告诉他，他曾经每一天的生活都是给你们所有人的礼物。”

猫头鹰叫了一声，飞向夜空，朝着老祖母月亮飞去。

狼爸爸感觉自己的心变成了沉重的石头，每一步都像是陷入沼泽。他回到洞穴，把消息告诉了狼妈妈。

“我们必须听从智慧的猫头鹰，我们将陪伴狼男孩。”她说，吞下了她的泪水。其实在她心里，她早已感应到这个消息迟早会来。

早餐后，狼家族走向古老的雪松树。

“坐下，”狼爸爸喊道，“我有猫头鹰的消息要分享，这个冬天，狼男孩将走过彩虹桥，去看望他的祖父母。”

“他们的名字是什么？”狼男孩问。

“走过彩虹桥是什么意思？”小妹妹狼问。

妈妈抚摸着三只小狼。“这就像出生，只是相反的方式。死去，也是回家。我们每个人总有一天都会死去，也是回家。”

“我们可以和狼男孩一起去吗？”大姐姐狼问。

“不，”狼爸爸说，“这就像是出生一样。他必须独自完成这段旅程，但会有引导星带他回家。那是狼星！”

“我们今晚能看到狼星吗？”狼男孩问。

“是的，我们可以，我们将一起对着老祖母月亮嚎叫。”

回家的路上，狼男孩需要被抱着，因为他已经无法走那么远了。晚上，他们又走到外面对着月亮。狼妈妈用婴儿毯子抱着狼男孩。他们对着狼星唱了最美丽的歌，狼男孩带着微笑入睡了。那是一个美好的夜晚。老猫头鹰叫着，赐予这个小家庭力量和勇气。

第二天晚上，狼爸爸在老杉树下召集了动物议会。他分享了他儿子即将死去的消息。他们一起对着月亮嚎叫。甚至，一只小兔子和一只老鼠也和他们在一起。这是他们很长时间以来听到的最悲伤的消息。

“我需要你们帮忙做一件非常重要的事情！”狼爸爸说。“请你们帮助我，让狼男孩在地球上和我们在一起的日子里，让他的生活更快乐。我恳请你们，每晚都在我们的洞穴外面唱你们知道的最美的歌。如果你们中的任何一个能讲甜蜜的故事，希望你们可以来拜访。很快他就不能再离开洞穴了。”

兔子跳上前来，分享从美丽的彩虹那边带来的故事。老鼠提出让所有的亲戚在外面的门口放下食物。土狼愿意来唱歌，狐狸说他会站岗，可以保护这个家庭，并带女狼崽出去玩耍。

第三天，狼爸爸醒来时，狼男孩提出了一个难题。

“爸爸，你会把我的骨头和身体埋在哪里？”狼妈妈点了点头，对狼爸爸说，“你觉得老杉树怎么样，那个你可以看到美丽山峰的地方？”

“是的，”狼男孩说。“我们今天能去那里吗？你可以指给我看那个地方。”

狼爸爸记得猫头鹰说过，狼男孩会问正确的问题来让他们做好准备。当他们到了那里，狼男孩说，“这是我在这个广阔世界中最喜欢的地方。”

女狼崽们开始挖一个洞。狼男孩要求洞要挖得足够深，这样他就能和树下的根精灵说话。“他们有好故事！”他说。

第四天，狼男孩醒来，他的腿都不能动了，转头也很困难。“狼爸爸，你能快点把我带到山顶吗？这样我就能靠近我的星星。”

时间越来越近，狼爸爸带着狼男孩上山，带着狼妈妈在家里做得特别美食。那天，狐狸来带狼女孩们去玩耍。成百上千只老鼠带来了食物，兔子妈妈带来了一些她柔软的毛皮，给狼妈妈做软床垫。

这将是狼男孩最后一次进入荒野。许多月亮过去了。狼男孩开始睡得很多。

猫头鹰飞过来拜访狼爸爸。“时间快到了！”他说。

连续三个晚上和白天，狼妈妈、狼爸爸和狼女孩们一直陪着狼男孩。“他在用眼睛说话。”小狼女孩说。“你将永远是我们家庭的一部分。”大姐姐喊道。

狼妈妈和狼爸爸感觉到了狼男孩的最后一丝温柔呼吸，就像柔和的春风。“回家吧，狼男孩，”他们说。“走过彩虹桥，跟随你的星星！我们每晚都会寻找你！”

事情就是这样。所有的动物都帮忙挖了一个深洞，这样狼男孩，被包裹在他的婴儿毯子里，就能听到来自地下的根精灵的故事，而他的灵魂将回家到狼星。

那天晚上，满月周围有一道彩虹。所有的动物都为狼男孩献上了一首歌，并感谢他来到地球。“我们爱你！”他们唱道，“我们永远会记得你！”

直到今天，每当月亮满月时，他们都会纪念他。古杉树的树精灵在地下讲述着故事，野花开始在狼男孩的安息之地绽放。

小蜡烛

（苏珊特·埃利森，幼儿教师）

这个故事是为一个五岁的小女孩写的，她的父亲最近去世了。她的母亲被这个举动深深感动。苏珊特记得，写这个故事并与孩子分享是一种“治愈”，因为她能够承认小女孩的悲剧性损失。

用苏珊特的话来说：“我相信，简单的承认行为本身就具有治愈的力量。很难确切知道这样的事情对一个人真正的影响（我们如何衡量它？），但我认为找到与孩子们和家庭联系的方式很重要，从让他们知道，‘我看到你，我听到你，我关心你’开始。”

从前有一支小蜡烛，它还未曾被点燃。

在一个非常特别的日子里，两支大蜡烛来到了它的身边。它们非常靠近地悬浮着，然后一起用温柔的吻触碰了它。小蜡烛感到痒痒的和一股温暖的流动贯穿了它的全身。就在那时，它意识到那一吻点燃了一束小光，在它的头顶上明亮地闪耀。

在许多快乐的日子里，它闪耀并摇曳着。它以爱之火焰跳舞、歌唱。

与此同时，两支大蜡烛站在它的后面——注视着、保护着它，它们的光芒环绕着它。

小蜡烛一直能感受到安全和温暖，因为它知道有两支大蜡烛在它背后发光。

然而，有一天小蜡烛感到一阵寒风拂过。在它还没明白发生了什么之前，风已经吹熄了其中一支大蜡烛的火焰——只留下了一根冒着烟的烛芯。

周围似乎变得越来越暗。小蜡烛感到前所未有的不安和寒冷。于是，它靠近另一支大蜡烛以求温暖。

过了一段时间，小蜡烛开始习惯背后只有一支蜡烛的奇怪新光。实际上，当它的眼睛适应了这奇怪的新光后，它注意到远处似乎有一些以前从未注意到的小火花。当它注视着，闪烁的火花似乎越来越近。

很快，小蜡烛被许多美丽的闪烁光芒包围。它想知道它们都是从哪里来的，于是它抬头向上看。

令它惊讶的是，它看到了最明亮的闪烁光芒。它能听到微弱的歌声：

当你的爱之光似乎要消逝时，抬头看看。

万千闪烁的蜡烛之光为你我闪耀。

每一个小蜡烛，会在夜晚闪耀，

在月亮和星星中找到它的光芒，

与我们分享它们的光。

芭蕾舞女演员和音乐盒

这个故事构思是由一群心理学家在保加利亚索非亚的一个疗愈性故事写作研讨会上创作的。它是为一个五岁的小女孩准备的，她在一个月前因为突发疾病失去了父亲。由于他是在家中睡觉时去世的，导致小女孩非常害怕睡觉，也非常害怕她的母亲去睡觉。这个故事，加上在女孩卧室墙上画的“梦之灵”的画，给了她睡觉的信心。在引言部分，“关于隐喻的思考”中，有关于故事写作过程的详细记录。这里完成的故事，是根据发送给我的从保加利亚语翻译过来的大纲写成的。

从前，有一个美丽的芭蕾舞女演员住在音乐盒里。这个音乐盒放在镇边一座小彩屋的坚固桌子上。每天，音乐盒的盖子都会打开，芭蕾舞女演员就会不停地跳舞。哦，她是多么喜欢跳舞。当她累了，音乐盒的盖子就会关闭，她可以休息去了。

于是，生活就这样日复一日地继续——芭蕾舞女演员会跳舞，然后休息，然后再跳舞。

有一天晚上，美丽芭蕾舞女演员的生活发生了变化。当她在音乐盒里休息时，一场可怕的暴风雨在夜里来临。它猛烈地摇晃着彩屋，以至于桌子前后摇摆，几乎要倒下。桌子的一条腿裂开并掉了下来，音乐盒的盖子被吹得大开，再也无法关闭。芭蕾舞女演员醒来，开始跳舞，她跳了一整天，一整夜，又跳了第二天——她不停地跳舞——她跳啊跳，停不下来。

一天晚上，梦之灵经过小彩屋的窗户。她往里看，看到芭蕾舞女演员不停地跳舞，她想自己或许能帮上忙。于是她溜了进去，唱了一首特别的歌，帮助音乐盒的盖子找到重新关闭的方法。那天晚上，芭蕾舞女演员终于能够好好地休息了。

第二天早上，梦之灵又回来了，这次是为了唱一首不同类型的歌——唤醒之歌。音乐盒的盖子打开了，芭蕾舞女演员又能够跳舞了，她跳啊跳——哦，这个芭蕾舞女演员是多么喜欢跳舞！

从那时起，在梦之灵的帮助下，生活得以继续，日复一日——芭蕾舞女演员可以跳舞，然后休息，然后再跳舞。

天堂魔法

我为一个五岁的小男孩写下了这个故事，他在北京，他的父亲在前一年的一次溺水事故中去世了。我与他的母亲会面，以了解更多关于这个男孩的信息——他喜欢的东西、玩具、动物、他喜欢做的事情。他最喜欢的童书之一是关于一只小兔子的故事，而他自幼最喜欢的物品就是他的小兔子毯子。

我还花时间观察了他在幼儿园的情况，可以看出他与他的“小兔子毯子”有着非常紧密的联系。他无论去哪里都带着它，每当有任何微小的事情让他感到不安时，他就会把自己包裹在毯子里。

他的母亲计划搬到一个新的国家，她的儿子将被安排进入一所新的学校。她认为对孩子来说，能够不带毯子进入“大”（小学）学校是很重要的，以免他被嘲笑；但迄今为止，她所有试图减少孩子对毯子依赖的努力都未能成功。

这个故事的目的是双重的——帮助他的安全毯子转变为两个特别的携带包（一个给他，一个给他的玩具兔子），并帮助建立这个男孩与他和他母亲相信他的父亲已经去往的地方（天堂）之间的联系。在男孩没有带毯子外出的那段时间里，母亲计划将它缝制成两个包，并用一些剩余的碎片为他的玩具兔子制作一个毯子外套。

当男孩回家时，他的床上有一个用特别的“星空”纸包裹的礼物等着他，故事被卷成一卷放在里面（用金色线系着）。

当男孩打开礼物时，他非常高兴。母亲反馈说，他毫无质疑地接受了毯子变成包的转变。

✳

从前，有一个特别的毯子，属于一个叫作陶陶的小男孩。这个小男孩非常爱他的毯子，每晚都和它一起睡觉，无论去哪里都带着它。毯子是他的朋友，陶陶也是毯子的朋友。他们在一起很快乐。

多年来，毯子喜欢这段特别的友谊，但随着陶陶渐渐长大，它越来越难以跟随他到每一个地方。像所有成长中的男孩一样，陶陶喜欢爬树、跳水坑、在秋千上荡得很高，而毯子已经太旧太累了，无法做所有这些事情。但毯子仍然想成为陶陶的朋友，想在他成长为一个高大强壮的男孩时帮助他。

陶陶的父亲从高高的天堂向下看，想要找到帮助他们的方法。最后他有了一个主意。他施展了一些天上的魔法，将毯子变成一个毯子包，一个可以轻松跟随陶陶去任何地方的包。这个新包可以携带陶陶的特别物品——他的玩具、蜡笔和书。

而且，作为一个额外的惊喜，当陶陶的父亲施展他的特殊魔法时，还剩下足够的布料为陶陶的新玩具兔子制作一些小外套——给小兔子的婴儿外套和给大兔子的爸爸外套。兔子们喜欢住在毯子包里，他们全都成为朋友。

爱的冠冕

（塔比莎，幼儿园教师和导师，内罗毕）

肯尼亚两个基库尤女孩的故事（一个三岁，一个七岁），由她们的阿姨塔比莎编写。女孩们的父亲一年前突然因心脏病去世。两个女孩都喜欢生日和庆祝活动，这帮助引导了故事的旅程。故事和编织花环，以爱纪念，是在她们父亲去世的第一个周年纪念日与女孩们分享的。塔比莎反馈说，来自太阳、月亮和星星的礼物给两个女孩留下了深刻的印象，“它们将永远在她们心中”。

从前，有个名叫吉通加的人，他和妻子以及两个美丽的女儿住在肯尼亚山的山坡上。女儿们分别叫作马肯纳（幸福）和尼亚姆布拉（雨）。早晨虽然寒冷刺骨，但吉通加工作非常努力。一听到金翅雀的歌声，他就会准备好开始新的一天，亲吻告别他美丽的女儿们，然后出发去照料咖啡种植园，那里所有的红色浆果都需要采摘。

每天都是如此。父亲照料咖啡种植园，女儿们则去上学。

晚上，父亲和他的女儿们喜欢一起去骑自行车。他们会小心翼翼地沿着一条通往河边的小路骑行。父亲会装满他的浇水壶，然后在女儿们的帮助下给树苗浇水。然后他们会坐在河边，喜欢一起唱给鸟儿听。

你可以建造一座塔。

我的小鸟小鸟，请你躲起来，

如果你被看到，你就不再属于我。

飞吧，飞吧，飞得高高，

与彩虹的颜色一起跳舞。

他们会对着鸟儿唱歌，然后骑自行车回家吃晚饭。他们的妈妈会准备一些美味的伊里奥。他们会一起享受晚餐，然后在睡觉前出去看月亮。对女孩们来说，这是一个神奇的时刻。她们会坐在父亲的膝盖上，听他讲故事，而妈妈则用一张温暖的马赛毛毯把他们都盖上。

有一天晚上，当他讲述一个新故事时，吉通加给每个女儿的头上都放了一个用美丽的茉莉花藤制成的王冠。故事是关于一个如此深爱他的女儿们的人，他给了她们所有她们想要的东西，现在是时候给她们接受非常特别的礼物了。

从太阳那里，他们每天都会得到温暖，温暖他们的心；

从月亮那里，他们每晚睡觉时都会得到勇气，照亮他们的世界；

从星星那里，他们得到了许多朋友和家人的礼物，这些朋友和家人将永远爱他们。

吉通加告诉玛肯纳和尼亚姆布拉，他即将踏上一段期待已久的旅程，去一个美丽的不归之地。在那里，他将默默地、无声地守护她们，陪伴她们生活的每一步。

女孩们只要在每次需要父亲时戴上美丽的隐形王冠，他将永远在那里，在她们的生日、毕业典礼和其他每一个特别的日子里。

那天晚上，当父亲把她们哄睡时，他在她们的枕头旁边放下了王冠，最后一次亲吻她们的额头后便去睡觉了。

那是爸爸最后一次亲吻她们……他那颗金子般的心停止了跳动，悲伤充满了他们的家。

每天黎明，女孩们都会等待温暖的太阳升起；到了晚上，等待月亮照亮她们的床；等待闪烁的星星照耀她们。

从那时起，玛肯纳和尼亚姆布拉永远珍惜所有美好的回忆。她们带着勇气面对每一个新的日子，因为爸爸在天堂之门守护着他的小女儿们。

你可以建造一座塔。

我的小鸟小鸟，请你躲起来，

如果你被看见，你就不再属于我。

飞吧，飞吧，飞得高高的，

与彩虹的颜色一起跳舞。

（伊里奥是一种传统的基库尤人的传统菜肴，由玉米、土豆和绿叶蔬菜制成。）

给西尔维娅的洋娃娃

我在内罗毕的一位讲故事学生在 SOS 儿童村工作。在一次培训模块结束时，她问我是否可以写一个故事来帮助一个新来的叫作西尔维娅的孩子，这个孩子每晚都有睡眠困难症。这个小女孩在五岁时因为恐怖袭击，她所在的村庄包括家人都被杀害而成为孤儿——她被 SOS 儿童村收养，在那里她将生活到 18 岁。

在听完全部情况后，我的第一反应是说，“不，对不起，我不能做这个。”然后我问学生她认为一个故事如何能对一个孩子生活中如此可怕的经历产生任何影响。学生恳求说，“也许故事能帮上一点忙，即使不能治愈。”

回到澳大利亚后，我根据这个目标编写了一个简单的故事——希望能帮助改善女孩的情况。我被告知西尔维娅的家人是虔诚的基督徒。这个信息指导了我选择一个故事旅程。故事被电子邮件回肯尼亚，由她的老师讲给西尔维娅听，第二天早上西尔维娅发现床上有一个穿着银线和金线绣花衣服的娃娃在等着她。这个娃娃成了西尔维娅非常特别的朋友和睡觉伴侣。老师和宿舍妈妈后来反馈说她的游戏和与他人的互动有所改善。

这是一个令人谦卑的经历，也让我意识到有些故事可能只能以微小的方式产生帮助……如果它们能做到这一点，那该有多好。

西尔维亚的妈妈和爸爸在天堂里很安全。除了西尔维亚留在地球上，他们的所有孩子都和他们在一起。

在夜晚，当星星闪烁时，他们可以看到他们的小女儿在她的床上安然入睡。他们很高兴她有了一个安全的新家和一个新的母亲来照顾她。但他们看到他们的女儿很伤心和孤独，他们想从天堂送下一个礼物——一个给西尔维亚的朋友，可以陪她白天一起玩耍，晚上一起睡觉。

在天使的帮助下，他们从太阳中收集了金色的线，从月亮中收集了银色的线，在天堂的织布机上编织了一块特殊的布，用来制作一个小娃娃。

当布娃娃准备好时，一位天使将它抱在怀里，穿过闪烁的星星的天空，来到地球。当她到达西尔维亚的新家时，她将手伸进窗户，把布娃娃放到西尔维亚的床边，紧挨着她的头。

第二天早上，当西尔维亚醒来时，她的新礼物正等着向她问好。布娃娃的裙子在晨光中闪烁着金色和银色的光芒，西尔维亚很高兴看到它。她知道这是一个来自天堂的礼物。

她给它取了名字……娃娃成了她的特别朋友。

祖母的光之斗篷

这是一个适合与小孩子分享的故事，当一个祖父母或年长的亲戚去世时。这个故事最近在一个老人的葬礼上由她的孙女朗读。

祖母坐在她最喜欢的花园椅子上，回忆起她生命中所有美好的时刻。她即将踏上返回繁星闪烁的天堂的漫长旅程。周围的蝴蝶和鸟儿在金色阳光的光束中飞进飞出，为祖母编织了一件特殊的光之斗篷，供她旅途穿着。

到了傍晚，太阳准备去睡觉，让月亮在天空中接替它的位置。祖母仍在外面。花园的椅子太舒服了，她已经睡着了。

月亮妈妈洒下她的银色光芒，夜晚的精灵们将一些月光编织进祖母的斗篷。然后所有的小星星轮流照耀，向布料中增添了一丝额外的闪烁。

当光之斗篷准备就绪时，祖母醒来，紧紧地裹在她疲惫的老肩上，开始了她的旅程。

当她穿越天空时，她停了下来，只是片刻，向她所有的家人吹了一个飞吻。清晨的云朵捕捉到了这个吻，夹在它们的晨光中，当家人醒来时，他们可以看到它在日出中闪烁。

（在一位老人的葬礼上，由她的年轻孙女朗读。）

小鹿和亲爱的朋友

（安妮·布莱恩特，故事讲述者和歌曲作者）

这个故事是为一个七岁的小女孩写的，她最近失去了一位非常亲近的叔叔，他长期与癌症做斗争。小女孩和她的妈妈、叔叔以及祖父母都非常亲近，他们在一起度过了小女孩生命中的大部分时间。她的叔叔在她出生前不久首次被诊断出病情，所以她叔叔的状况一直是她生活中持续存在的。

由于她对动物有着深厚的爱和联系，这也是她和叔叔共同拥有的，我选择将故事背景设定在动物世界，故事的焦点从她森林家园的深处转移到了对外界日益增长的探索欲望，反映了她自己童年早期的成长旅程。她的妈妈希望故事能反映出女儿对家庭和财产之外的兴趣。

她的叔叔和他的亲密朋友们都有不寻常的昵称，比如“一切”和“亲爱的朋友”，小女孩总是喜欢听这些。因此，我以类似的方式给故事中的角色命名。在给女孩读了小鹿的故事后，她的妈妈注意到小女孩开始在自然界中看到更多她叔叔持续存在的迹象——比如出现在他们家和小溪旁的秃鹰家族，或者在听叔叔最喜欢的音乐或谈论他时，天空中出现的彩虹。她妈妈写道：“我真的认为，整个经历，以故事为基础，改变了她对死亡和死后生活的看法，这是我无法用言语解释的方式。”

从前，在一片浩瀚森林的中心，一个靠近阳光照耀的空地边缘，那里长满了柔软的苔藓，有一只小鹿生活在那里。她斑驳的皮毛，柔软而轻盈，她的小蹄子在森林的地面上奔跑时发出悦耳的铃声，她的心充满了金色的善良，以至于每棵树、每只动物和每只鸟都深深地爱着她。

小鹿在森林的慈爱怀抱中跳舞、玩耍、梦想和成长，特别是那些空地上的可爱树木。这些高大、强壮而壮观的树木在小鹿身边生长，它们特别照顾她。

小鹿的一边站着一棵美丽的幼树，它的枝条优雅，长长的枝条上挂满了随风摇曳的叶子。小鹿喜欢跳进那些令人安心的枝条中，翻滚玩耍，然后紧紧蜷缩着，每晚都快乐地入睡。这棵树她称之为“亲爱的”。

不远处，有两棵老树并排站立。它们粗糙的深色枝条经过多年生长，已经紧密地交织在一起，以至于无法分辨哪根枝条属于哪棵树，它们古老的树皮上的每一个凹痕和沟壑都充满了奇妙的故事。这两棵树她称之为“智慧的长者”。

然后是“亲爱的朋友”。它的树干细长，枝条精致，位于空地的正中央，尽管它的枝条细而苍白，但它无疑是所有树木中最高大的。事实上，“亲爱的朋友”非常高大，以至于小鹿确信它的枝条一直延伸到了天堂。在它的树干里有一个小小的空洞，刚好足够小鹿完美地容身，她喜欢躲在那里。在空洞里，她有时确信自己能听到“亲爱的朋友”的心跳，就像她自己的心跳一样，偶尔她甚至认为自己能看到一种神奇的光芒。

“亲爱的朋友”还有其他神奇之处。无论她每天长得多大，空洞似乎也会神奇地变大，因为它总是刚好适合她的大小。当小鹿爬进去时，“亲爱的朋友”会幸福地叹息，她的闲聊和歌声、笑声和故事充满了它的树干。因为她知道它既强壮又有点神奇，所以她信任它，把所有的秘密都告诉了它。特别是那些顽皮的风悄悄告诉她的秘密。那个淘气的风充满了关于遥远地方和奇怪动物的故事，所有这些听起来对小鹿来说既令人兴奋又有点恐惧。只有在空洞的安全中，小鹿才敢低声说出风的故事。“亲爱的朋友”聆听着她的兴奋和恐惧，最后以一种友好的笑声回答说：“不久后，当你听到你真正的名字时，你就会知道你已经准备好去见森林之外那些奇怪的朋友了。”

当他说话时，“亲爱的朋友”比以往任何时候都更加明亮。

“但我怎么知道我的真正名字呢？”她问。

“你会找到它的，小鹿，就在我不在的那场大旅行之后。”

“亲爱的朋友”经常谈论它的“大旅行”。在它的梦中，它练习着，为它真正会飞越森林、在云中跳舞、俯瞰它们树木家园之外的奇妙土地，并且随心所欲地快速自由飞翔的时刻做准备。当小鹿听到那些遥远的土地时，她想知道它们是否能像风的低语中提到的那些令人兴奋和可怕的地方？

“也许我也能参加你的大旅行？”她胆怯地建议。

“哦不，小家伙，你确实很快就会去那些遥远的地方，但当我在高空中飞翔时，你将生活在其中。”

小鹿听到这个感到兴奋，这让她暂时忘记了每次想到亲爱的朋友离开她去进行它的魔法之旅时的悲伤。

几天后，小鹿又在森林里狂野地追逐风时，她跌进了一个她以前从未去过的地方。她停下来探索，和栖息在树上的鸟儿聊天，吃着附近灌木丛中爆裂的美味浆果。突然她停下来。她听到了附近的声音，奇怪的声音，她从未听过的。噪声越来越大，小鹿悄无声息地跳到一根倒下的木头后面，几乎不敢呼吸，从她的藏身之处向外观察。

片刻之后，她看到了她见过的最奇怪的两种动物跑向浆果丛，开始疯狂地吃起来。他们笑着，果汁从他们奇怪颜色的皮肤上流下来，当她意识到他们只用两条腿站立时，她惊讶地倒吸一口气！听到她的呼吸声，这些生物迅速转过身来，自己也发出惊讶的声音，发现小鹿正看着他们。她像闪电一样冲向她森林的家的安全地带，她的蹄子轻快地跳过木头和小溪，风中只传来微弱的喊声，“……等等……朋友……”。但小鹿没有停下来，直到她终于回到了“亲爱的朋友”的洞穴的温暖安全的光芒中。话语从她口中涌出，每一句都充满了兴奋、恐惧和惊奇，直到“亲爱的朋友”最终让她平静下来，轻柔地唱着歌，哄她害怕的身体入睡。

小鹿梦到自己在飞，就像“亲爱的朋友”在梦中那样，但这感觉比她想象的还要美妙。她穿过云层，俯瞰她的森林家园，然后看向连绵起伏的绿色山丘和无尽的闪闪发光的水面。她从未意识到森林和远处的土地是如此美丽！她在柔软的云朵中跳跃和舞蹈，翻滚和滑翔，像风一样自由，直到最后云朵开始轻轻地引导她回到森林。当她靠近空地时，熟悉的歌声充盈了她的耳朵。歌声越来越响，当她逐渐飘下来，下来，下来，回到“亲爱的人”的怀抱和智者们坚定的目光中，他们的声音一直伴随着她，直到她最终降落在凉爽柔软的森林地面上，她蜷缩在“亲爱的人”的苔藓根部。

不久之后，小鹿带着微笑醒来。但当她意识到梦中的甜美歌声仍然围绕着她时，微笑很快变成了困惑。现在她完全清醒了，整个森林都在唱歌。她抬头看着“亲爱的人”寻求安慰，美丽的幼树深深地微笑着，然后将目光转向空地的中心。小鹿也看过去，那里，几乎完全被柔和的光芒所覆盖，是“亲爱的朋友”细长的四肢。它看起来如此美丽！喜悦涌上她的眼眶，快乐的泪水顺着她的脸颊流下，当小鹿加入歌唱。就像她所做的那样，那团坚实的明亮云朵开始上升。光越来越高，穿过空地，照亮了灰蒙蒙的黎明天空，它越升越高，直到最终与升起的太阳金色光芒融为一体。只有当太阳高高地升到早晨的天空时，树木和动物们才终于停止了他们的歌声。

就在那时，小鹿记起来了。她冲向那棵树和她知道“亲爱的朋友”不再居住的洞穴，开始寻找。在那里，坐在小鹿经常躺下休息的那片小土地上，是一条项链。她几乎不敢呼吸，慢慢地拿起挂在藤蔓上的光滑种子荚吊坠。她摇晃着里面的小小种子，然后翻过来，发现木头上刻着精致的字迹。

在金色的阳光下，她仔细地读着上面的铭文：

谢谢你和我一起飞行，勇敢的心。

从那天起，小鹿在整个森林，以及许多遥远的土地上，都以她真正的名字而闻名。她经历了多次冒险，和各种奇怪而奇妙的生物交朋友。他们从她的温柔话语和甜蜜天性中得到安慰，甚至带着她回到“亲爱的朋友”曾经的家——那棵伟大的圣所——树洞中寻求疗愈或友谊。

每晚，蜷缩在“亲爱的人”柔软的苔藓根部，智者们的故事安抚她入睡，她梦想着飞翔，在天空中，和“亲爱的朋友”一起笑着分享秘密。

海狸和橡树

（莫希尼·弗兰克尔·哈顿和音乐家斯蒂芬·夏普）

这个故事是在苏格兰福里斯的疗愈性叙事研讨会上创作的。它最初是为了讲给两个男孩听，他们一个六岁，一个九岁，他们的祖父和表亲在一起车祸中去世了，两个孩子正在经历悲伤的过程。

母亲反馈说，这个故事给孩子们，最重要的是，带来了希望，关于自然界中生命循环的感觉……树木生长，倒下，然后发现自己躺在森林的地面上，最终以成为许多其他动物的家园而重生。

此后，它已被用于其他突发损失的情况，包括父母对未出生婴儿的意外和悲剧性损失。

从前，在一个美丽的森林中央，矗立着一棵高大而壮观的老橡树。这棵树是许多大大小小动物的家。树上攀爬着一株令人惊叹的红玫瑰，它缠绕并交织在树干周围。

在玫瑰上生活着一只正在筑茧的毛毛虫，它安全地被树木的力量所庇护，被玫瑰的美丽和脆弱所滋养。

有一天，一个炎热而闷热的日子，乌云开始聚集，然后电闪雷鸣，树和玫瑰被击中而倒在地上。

松鼠、猫头鹰、蜘蛛、蚂蚁……所有大大小小的生命都聚集在那里，不敢相信。这怎么可能？我们现在要住在哪里？我们的树会发生什么事？为什么没有人警告我们？我们的幼崽现在要住在哪里？

三天三夜，没有鸟儿的歌声……松鼠沉默了，蚂蚁静止不动，一切都静悄悄的。

然后两只海狸来了……它们听到了这里的情况，知道出了什么问题。它们边唱着歌边忙碌地工作：

我们是勇敢的海狸，雕刻和啃食这棵树。

正如夜晚跟随白天，我们不停地忙碌，

知道生活会迎来崭新的一天。

经过许多天、许多夜和许多季节的更迭，通过阳光、风、雨和雪，最终在它们面前矗立的是一座雄伟的木屋，它自豪地坐落在森林的地面上。这里有猫头鹰的栖息处，鸟儿的巢穴，兔子的隧道，松鼠的树枝，以及每一个动物都能安全共存的庇护所，这让它们在森林中共同生活多年。

当动物们庆祝它们搬进新家的第一个夜晚时，它们听到了一个声音。它们抬头穿过树枝，看到挂在倒下的玫瑰上的蛹已经变成了一只美丽的蝴蝶，并在天空中高高飞翔！

西尔维和星星

（伊冯娜·多诺霍）

为 6~10 岁的儿童编写，他们的母亲患有无法治愈的疾病，或许他们的母亲最近去世了。

当她的一个孩子在一次突如其来的事故中去世时，伊冯娜·多诺霍失去了比生命本身更宝贵的东西。在接下来的几年里，她深刻理解了悲伤的疗愈力量。在她的书《灵魂裸露——通过悲伤成长》中分享了她在深刻失落后的生活故事。伊冯娜慷慨地为这个选集贡献了这个故事和另一个短篇故事——《再见，雪莉》。

从前有一个小女孩，名叫西尔维。她和她的妈妈以及奶奶一起住在海边悬崖边上的一座漂亮小屋里。

每天晚上，西尔维都会从她卧室的窗户向外看星星。它们看起来像是一床明亮的灯光，照耀在深邃、黑暗的海洋上。她喜欢它们形成的图案，并会编一些有关星星的睡前故事。她最喜欢的星星是黄色的星星、闪烁的星星和最亮的星星。西尔维想象它们就像她的家庭一样。

黄色的星星是奶奶，闪烁的星星是小女孩，最亮的星星是妈妈。当她把睡意朦胧的头埋进柔软的枕头里时，她会想象她的星星家庭一起进行奇妙的冒险。很快，西尔维就会进入一个深沉、平静的睡眠。

有一天，她醒来时听到了柔和的哭泣声。她想知道是不是只是温柔的微风的声音。仔细倾听，她能听到低语的声音，是奶奶和妈妈在交谈。当她加入时，她们告诉她妈妈病得很重。小西尔维非常难过，她不想让妈妈生病。也许如果她整理好房子，洗好碗碟，妈妈就会好起来。奶奶悲伤地笑了笑。“亲爱的女孩，如果可以的话，我们会尽一切可能让妈妈好起来，但有时候，世界上所有的爱，所有的愿望和所有的整理都不会改变事情结果。”

她的妈妈紧紧地拥抱了西尔维，并说：“我们将在接下来的几个月一起创造美好的回忆。”

这就是她们所做的。

妈妈教西尔维她最喜欢的食谱。她们一起缝制了一条漂亮的被子，上面装饰着缎面心形。它既柔软又舒适，就像妈妈一样。她们制作了一个充满回忆的相册，妈妈还为西尔维编写故事和创作甜蜜的诗歌。

随着冬天一天天过去，妈妈变得越来越虚弱。西尔维知道她很快就要离开了，当大颗的咸眼泪滑下她的脸颊时，妈妈紧紧地拥抱她并试图让她振作起来。

她说她将去星星上生活，每晚都会看着西尔维。她解释说西尔维一开始会感到非常难过，但随着时间的推移，她将能够再次感到快乐。“而且，”妈妈说，“你的心里将永远有我的爱”。

说完这些话，她给了西尔维一条美丽的爱心形项链。“每当你感到难过时，只要用手指握住这个小爱心，闭上眼睛微笑，知道我正在从星星上向你发送爱和亲吻。你不会看到我，但你能感受到我的爱。”

那天晚上，当西尔维躺在卧室的窗户旁看着她的小星星家庭时，明亮的“妈妈”星星开始闪烁。突然，它变成了一颗流星。它在夜空中闪耀着无比明亮的光芒，然后消失在黑暗中。当它消失时，西尔维听到了妈妈说：“再见，亲爱的。我会永远爱你。”

西尔维躺在床上感到非常难过，门轻轻地打开了，奶奶进来，悄悄地躺在床上，紧挨着西尔维。当她们俩都躺在那里，泪水轻轻滑落时，夜空中出现了一些神奇的东西。就在西尔维的窗户前，出现了一颗新星。她知道在她的心里，那是妈妈在守护着她。

西尔维悲伤地微笑着。当她触摸到她的心形项链时，她对着夜空低语：“谢谢你，妈妈，我会永远爱你。”

伯布尔小姐

（安娜·巴里希奇，理学硕士，作家，克罗地亚）

我应一位参加我的研讨会的老师的请求写了这个故事。这个故事是为两个二年级的双胞胎兄弟所写，他们八岁了。他们和阿姨非常亲近，阿姨最近去世了。

在和他们的妈妈通电话时，我了解到他们总是和阿姨玩得很开心。她带他们去散步，在院子里和他们玩得很开心。有时她会和他们一起玩一个射击空中泡泡的电子游戏。他们一起吃披萨，和她谈论一切。

她让他们做大多数父母可能会限制的事情：多玩一会儿电子游戏，多一些乐趣，多走走。然而她生病了。

她与癌症抗争了很长时间。男孩们一直陪伴在她身边直到最后一刻。即使她不能再说话，他们也会尽可能地依偎在她的床边。男孩们问他们的妈妈，“谁会取代他们的阿姨？”

我写了这个故事并发送给了男孩们的老师。她在全班面前大声朗读了这个故事。之后，孩子们写下了听这个故事的感受。这是双胞胎 A 关于带泪的段落所写的：“可爱而又悲伤。”他还画了一张自己（不是故事角色，而是自己！）跳进伯布尔小姐怀里的画。双胞胎 B 写了一整段关于和伯布尔小姐一起玩耍的内容，并画了一张故事角色和她一起玩耍的画。

他在男孩们跳下的岩石上画了一个大大的笑脸。

几个月后，妈妈给老师发了一封感谢信。她说，老师的参与，加上在全班面前朗读故事以及给予孩子们关注，极大地帮助了她和她的儿子们。

在喷泉之地盖塞里亚，一个靠近海岸的小木屋中，住着沃特斯一家：母亲的名字是沃特琳，父亲的名字是沃特福德，他们有两个双胞胎儿子，沃特利和沃特比。他们还有亲爱的祖父母和一群好朋友。

沃特利和沃特比就像盖塞里亚的任何其他男孩一样。他们的皮肤是淡蓝色的，他们戴着蓝色的王冠，在他们的手和躯干之间有一层薄薄的折叠的纱幕。如果他们想要飞行，纱幕就会像翅膀一样展开，一旦他们跳进清澈的水中，它就会帮助他们游得更快，潜得更深。

盖塞里亚是一个充满阳光的绿色山丘的地方。每座山丘上都有一条小溪流下来，形成小河，穿过瀑布的水帘。许多盖塞里亚家庭住在这些瀑布旁的小木屋里。每个盖塞里亚家庭都有自己的小木屋，旁边流淌着一条美丽的白蓝色小溪，从地下涌出。每一个泉水都是特别的，充满活力。每当一个家庭在其中游泳时，泉水就会和他们一起欢庆，充满喜悦。盖塞里亚人本身是由水构成的，所以他们可以很容易地与泉水沟通。他们能完美地理解泉水的潺潺声。

沃特斯家的泉水就在他们家的后面，它的名字叫米斯・伯布尔。每天早上，沃特利和沃特比一从床上起来就会跑到那里去玩耍。这就像是一场庆祝。清澈的米斯·伯布尔流过一个覆盖着柔软苔藓的斜坡。双胞胎会爬到山顶，然后沿着这个柔软的水滑梯滑下来。由于他们也能飞行，他们会飞到空中，做一些环状动作，然后猛地跳进清澈的水中，然后再浮到水面上，他们笑得非常开心。

米斯·伯布尔会和他们一起笑，并制造水气球来给他们带来更多的快乐。男孩子们最喜欢的游戏是“打水气球”。从他们山丘的顶部，他们会看到一些水气球，然后跳上去。有时她会把他们抬得如此之高，以至于他们的木屋看起来非常小。在他们玩耍的过程中，米斯·伯布尔会唱一首欢快的旋律。有时男孩子们会开始跳舞；他们无法抗拒音乐，他们会随着节奏快乐地跳跃。

当他们玩累了，兄弟俩会坐在他们的米斯·伯布尔旁边，和她谈论他们心中的任何事情。米斯·伯布尔喜欢和他们交谈。有时沃特利一个人坐在那里，他会分享一些他的秘密。米斯·伯布尔会仔细倾听，然后用她神奇的水手拥抱他。有时沃特比也会和米斯·伯布尔分享他的秘密和快乐。沃特利和沃特比，以及整个沃特斯家族都非常爱米斯·伯布尔，她也爱他们。

但在盖塞里亚的一天，发生了一场巨大的地震。它震毁了地面，严重干扰了地下水的流动。米斯·伯布尔的泉眼在一个地方裂开了，所以她的水流越来越少了。

当沃特利和沃特比来看她时，他们能感觉到她变得越来越安静，越来越疲惫。水仍然从绿色的山丘中流出，但水位每天都在退缩。双胞胎再也不能从山顶跳下来。他们再也不能潜入米斯·伯布尔。他们所能做的就是和她交谈，在岸边躺在她旁边，听她越来越微弱的潺潺声。然后有一天，当他们醒来跑向他们心爱的米斯·伯布尔时，水已经没有了。连一滴都没有了。

这让沃特利和沃特比以及整个沃特斯家族非常难过。他们想念他们的米斯·伯布尔。他们因为悲伤而不知所措，以至于他们的泪水顺着脸颊流下来，浸湿了干燥的地面。过了一会儿，土壤低语道："感谢你们的眼泪。"

时间流逝。沃特利和沃特比和他们的父母、祖父母、家庭朋友以及其他盖塞里亚的孩子们一起玩耍。有一次，妈妈紧紧地拥抱了沃特利，他因为太高兴而热泪盈眶，一滴快乐的泪水滴到了地上。

地面低语道：

感谢你们快乐的眼泪。现在我可以和你们分享最大的秘密。记得那天地震来袭，米斯·伯布尔消失的那一天吗？你们想知道她的水现在在哪里吗？嗯，她的水流到了另一个神奇的地方。许多地下水在我体内流动。在它们穿过黑暗的地面后，它们又会在一个遥远的、阳光明媚的绿色山丘上重新出现。思念某人是留下的爱。每次你因为爱一个人爱得太深而哭泣，因为他们不在而感到悲伤，每次你因为爱一个人爱得太深而眼睛充满泪水，因为你感激他们就在你身边，你的眼泪变成了我地下水域的一部分。

因此，沃特利和沃特比充满爱的眼泪也成为米斯·伯布尔的一部分。你们越爱彼此，以至于眼睛因爱而流泪，米斯·伯布尔就会越高兴，因为你们充满爱的眼泪正在触及她。当你凝视着你非常爱的人的眼睛时，你将能够在你快乐或悲伤的眼泪的倒影中看到亲爱的米斯·伯布尔的一瞥。

黄鹂和樱桃树

这个故事是在新加坡的一个工作坊里为一所女子学校所写的，那里的一名学生在一周前不幸去世了。这个故事在集会上讲给所有孩子听，作为纪念仪式的一部分；学校有一棵樱桃树在花园里——因此在故事中选择了这棵树。

从前有一棵美丽的樱桃树，它生长在一个大花园的中央，那里有许多鸟儿和昆虫飞来飞去。孩子们喜欢在樱桃树的树荫下玩耍。他们特别喜欢夏天，因为那时树枝上挂满了成熟、红色、多汁的樱桃。

樱桃树喜欢所有围绕它的鸟儿和昆虫以及玩耍的孩子们，但它有一个特别的朋友，一只金色的黄鹂鸟。这只美丽的鸟儿在树的一个顶部枝杈上筑了巢，在那里整天唱着甜美的歌。

但是有一天晚上，没有任何预兆，一场暴风雨冲击了花园。有闪电、雷声、强风和暴雨。一道闪电击中了樱桃树的顶部枝杈，瞬间杀死了那只金色的黄鹂鸟。

暴风雨过后，留下了樱桃树和所有花园里的朋友们哀悼黄鹂鸟的死亡。樱桃树因为失去了它的朋友而非常难过，以至于它拒绝在下一个春天开花——没有花，夏天就不会有樱桃。

喜欢从樱桃树花中获取花粉的蜜蜂围着树飞，并为树哼唱了一首特别的歌。很快，花园里的所有其他朋友都加入了这首歌……蚂蚁、蜻蜓、蝴蝶、鸟儿和孩子们。

这首歌帮助樱桃树找到了再次开出花朵的力量，第二年夏天，它被成熟的红色、多汁的樱桃覆盖。

玫瑰公主和花园女王

这是为一位8~12岁的小女孩写的故事，她的母亲因一场漫长而艰难的疾病去世了。这个故事也帮助我这个成年人接受了我母亲的去世（她在我很小的时候就去世了），并“找到了前进的道路，找到了继续前行的方式”。

（这个故事可能有两个不同的结局，这取决于具体情况和与谁分享。结局可以是“她的美丽玫瑰香充满了空气”。或者可以添加额外的一句：“玫瑰公主现在成为新的花园女王。”）

✳

小粉玫瑰和她的母亲红玫瑰一起生活在温暖的土床上，位于一个大型圆形花园的中心，周围环绕着彩虹般各种颜色的花朵。

这是一个多么美丽的地方。空气中弥漫着甜美的香味，鸟儿唱着欢快的歌曲，蝴蝶翩翩起舞，蜜蜂在花瓣间嗡嗡作响。

花园每天都由一位老园丁精心照料。她住在那里的时间比任何人都要长。因为她最喜欢玫瑰，她在玫瑰床旁边为自己搭建了一个木制长椅。每天她都会坐在那里，享受着来自众多玫瑰花的甜美香气。

园丁把花园中央的壮丽红玫瑰称为她的花园女王。旁边的小粉玫瑰则被命名为玫瑰公主。

花园里的生活很长一段时间都过得幸福而平静。园丁用爱心照料着花朵，玫瑰和其他许多花朵的香气充满整个花园。

但是，有一天，一切都变了。玫瑰公主抬头看着她的母亲，注意到一些奇怪的斑点。园丁也注意到了她的花园女王身上的这些斑点，并立即调制了一种特殊的治疗油，涂抹在她的叶子上。

起初只有几个斑点，但每天它们都在变大。很快，它们就蔓延到了大部分的叶子上。治疗油并没有起作用，园丁非常难过——她不知道还能做些什么。

玫瑰公主能看出她的母亲病得很重。她的叶子开始一片片地落到地上，她曾经直挺挺、强壮的枝条无力地垂了下来。最糟糕的是，一些红玫瑰上的深红色花瓣甚至在花朵开放之前就慢慢地脱落了。

玫瑰公主感到困惑。她一直以为她的母亲会永远存在。毕竟，她是花园女王！

她悲伤地弯曲着玫瑰的叶子。

然后她听到了上面传来的一首轻柔的歌。

抬头看，玫瑰公主——吸入我深红色玫瑰的最后一缕香气。

抬头看，玫瑰公主——沉浸在我红色花朵的最后美丽中。

这些将成为帮助你前行的记忆。

这些将成为帮助你前行的记忆。

玫瑰公主试图跟随那首轻柔歌曲的歌词，尽管这并不是一件容易的事。她吸入了母亲美丽香气的最后一丝，沉浸了她红色的美丽。

很快，园丁知道是时候来挖出花园女王，带她去她的安息之地了。

玫瑰公主独自留下。

但不久，园丁回来用爱心照料这棵小而精致的玫瑰。她每天给她浇水，仔细地为她的根部除草和施肥。

慢慢地，哦，如此缓慢地，玫瑰公主长高了，伸展着她的枝条——有些伸进了她母亲曾经生活过的空旷空间，其他的则向不同的方向生长。

最终，在园丁的爱心帮助和照料下，她被大朵粉红色的花蕾覆盖，这些花蕾慢慢地为全世界绽放。她那美丽的玫瑰香气充满了花园。

玫瑰公主现在成为新的花园女王。

玫瑰和荆棘

这是一个应挪威一所小学的要求而写的故事，面向七岁及以上的儿童。其目的是在 2011 年 7 月 22 日发生的岛屿大屠杀事件之后提供某种希望，那次事件中有 77 人丧生，其中大多数是青少年。

故事中的图像受到了在奥斯陆组织的玫瑰游行的启发，该游行旨在帮助一个震惊的国家恢复团结和希望。挪威首相斯托尔滕贝格在对持玫瑰的人群讲话时说："邪恶可以杀死一个人，但永远无法击败一个民族。"

从前有一位王子和一位公主，他们住在一座被美丽花园环绕的城堡里。在这个花园里生长着许多种类的花朵，但其中最美的是一株玫瑰丛。这株玫瑰丛与众不同——它有一朵完美的红玫瑰，似乎永远不会凋谢。它有一根光滑的绿色茎和光滑的绿色枝条，上面没有任何刺。

人们从四面八方远道而来，只为一睹这样的完美……一朵没有刺的玫瑰，似乎永远不会死亡！每天，王子和公主都会穿过他们的花园，停下来感谢这朵玫瑰的奇迹和美丽。

然而，在玫瑰丛深处，隐藏在茎的最底部，有一根长而尖锐的刺，它渴望找到出路。它已经在玫瑰丛中生活了很长时间，慢慢地，慢慢地，慢慢地，它正向顶端移动。当它穿过绿色茎干向上移动时，它会撞击到木质的边缘，但这些边缘对刺来说太坚固了，刺无法穿透。

然后有一天，长而尖锐的刺到达了丛顶，那里有一朵柔软的红玫瑰在阳光下闪耀。这里为长而尖锐的刺提供了一个容易的通道！它径直穿透了红玫瑰的心脏，来到了日光下。

当刺穿透玫瑰的心脏时，所有的红色花瓣都脱落了，飘落到地面。那天晚些时候，当王子和公主在花园里散步时，他们对所见感到震惊。他们美丽的红玫瑰已经枯萎，所有的花瓣都被风吹散在花园里，茎和枝条也枯萎变褐。唯一在午后的阳光下闪闪发光的，是一根指向天空的银色刺。

王子和公主迅速叫来城堡的园丁，让他们挖出死去的玫瑰丛。然后他们回到城堡，为失去美丽的红玫瑰而哀悼。那天晚上，浓雾降临在花园上。

许多白天和夜晚过去了。夏天过渡到秋天，然后秋天又过渡到冬天。城堡和花园似乎在浓雾的重压下消失了。

但随着春天的阳光散下来，冬季的浓雾在明亮的新光中慢慢融化。一个美好的春日清晨，王子和公主从城堡的窗户向外望去，一个奇妙的景象映入他们的眼帘。在花园的每一个地方，曾经有玫瑰花瓣飘落的地方，都长出了一株玫瑰丛，玫瑰不断长高变强，并且开始长出玫瑰花。

随着太阳在天空中爬升，每一朵新的玫瑰花蕾都向阳光展开花瓣。有许多不同种类的玫瑰，散发着不同的香气，有着不同的颜色——黄色、橙色、蓝色、紫色、粉红色、红色和白色。王子和公主满怀喜悦和希望地走出花园，人们从四面八方远道而来，感谢玫瑰的奇迹和美丽。

祖母去世时

（迪亚娜·佩特罗娃，保加利亚）

这个故事适合与年龄较大的儿童和青少年一起使用。它是保加利亚获奖儿童和父母疗愈性故事讲述系列《全家人的故事》的一部分，作者是迪亚娜·佩特罗娃。

这些故事被儿童发展心理中心、社会教育基金会和领养者与被领养者协会所使用。

它们可以用来引入困难话题，或者作为父母和孩子之间讨论的基础。

当祖母永远离开这个世界时，我正要带着我的雪橇出门。

妈妈告诉我发生了什么后，我穿上夹克离开了家。我没有带上我的雪橇。我走下街道。几根冰柱，在阳光下闪闪发着光，悬挂在其中一幢房子的窗玻璃下。雪正在融化，水滴从上面滴落。我看着雪慢慢变重，然后掉落。就像眼泪一样。

我折断了一根冰柱，然后又一根，再一根。我将它们收集在手中，然后回家。我回到家里，将它们放进冰箱。

妈妈坐在厨房的桌子旁哭泣。我决定不能哭，因为如果她看到我也在哭，那只会让情况变得更糟。她开始想对我说些什么，但当她看到我不想说话时，她再次把脸埋在手中。

我回到自己的房间，躺在床上。我试着读书，但没有用。只有一个念头在我脑海中打转：祖母现在会是什么样子？我听到姑姑和舅舅来了，但我没有起身去迎接他们。我只是让我的门稍微开着，看着舅舅拥抱他的妹妹，也就是我的妈妈。后来，她和我的姑姑小声交谈，而舅舅坐在椅子上，凝视着桌子上的彩绘曲线。妈妈给了姑姑一把房子的钥匙。然后她走进我的房间，吻了我。她紧紧地抱住我——以至于有一刻我停止了呼吸。之后，她没有看我，就和爸爸一起离开了房间。

不久，舅舅离开了，只剩下了姑姑。她建议我们玩棋盘游戏，但我不想玩。

“如果你愿意，我们可以谈谈她。”她在思考了一会儿后提出。

“好的。”

我们沉默了一会儿，然后我们开始回忆关于祖母的很多事情。先是她的烹饪，然后是她过去常用来钩织的衬衫和桌布。她从手中编织出各种形状的花朵，虽然有点皱，但非常美丽。我们回忆起她是如何熨烫的，然后我们是如何将它们带到商店去卖的。

祖母很健谈。她知道邻里间每个人的所作所为，谁去了商店，买了什么。我想知道她是如何了解到所有这些细节的，因为她总是看起来忙于她的编织。只有在最后，当她生病时，她才得以休息。

我们继续讲述着故事。与此同时，我的胃开始疼。姑姑告诉我不要担心，这是正常的，然后她问我是否想去洗手间。我去了几次，感到累了。她为我做了我最喜欢的奶酪吐司配番茄。

我吃完东西便躺下了，她坐在我旁边。她透过窗户看去，没有再说什么。

我醒来时，她的手正在抚摸我的头发。是时候起床换衣服了。和以前不同，我醒来时感到快乐。但很快，我突然感到对祖母离世的悲伤。

现在很晚了，但妈妈还没有回来。姑姑解释说，我的妈妈要在祖母家过夜，我们明天会在那里见到她。我们一起画画，然后姑姑做了晚餐。我们早早就上床睡觉了。她拉出折叠床，放在我的床旁边。她握着我的手，之后我睡着了。我没有睡得很好。我醒了几次，要水喝。姑姑起身给我拿水，然后她给我按摩背部，我又睡着了。

早上我不想起床。我的胃还在疼。姑姑说她会在出发前给我泡些玫瑰果茶，我恳求她放三块糖。我听到她和我妈妈通电话——她们在讨论我是否应该去。就在这时，我冲进厨房告诉他们我想要再见祖母最后一面。姑姑放松了握着电话的手，点头同意了。

祖母家门前有很多人。她的朋友，各种亲戚。他们都想摸摸我的头。这开始真的让我很烦，我希望他们都消失。

当我走进屋内，我首先看到的是爸爸。他吻了我的额头。就在那时，他的电话响了，他走开去接电话。我们继续走向祖母的房间。她的房子已经不再一样了。陌生的人们来来往往，没有脱鞋。走廊的橱柜被移走了，衣帽架上挂满了衣服。除此之外，整个地方都弥漫着蜡烛的味道。我走进房间，祖母就躺在中间。她看起来有点瘦，但她的脸上有一种如此平静的表情，看起来她只是在睡觉。我不记得妈妈是从哪里出现的。她牵着我的手，我们一起走近祖母。妈妈开始谈论祖母现在应该在天堂。我完全不理解。她怎么能待在那里而不掉下来？

祖母穿着自己绣有玫瑰的衬衫之一。我把一只手放在她的手上。祖母的手非常冷，以前从未这么冷过。然后我又看着她的脸。祖母不可能不知道她要去哪里。祖母总是知道一切。嗯，现在我真的哭了。我甚至不在乎妈妈是否看到我。她再次紧紧地抱住我，就像昨天一样。

不久，姑姑带我离开，这是件好事，因为我觉得我再也站不住了。我们决定回家的路上散步，因为天气变暖了。我们谈论了学校，以及我第二天是否会回去。姑姑没有浪费口舌问我太多问题。她让我只说我想说的话。现在我感觉好多了，因为一切都结束了。我甚至想为自己表现得这么好而祝贺自己。我的胃也不再疼了。

我们停下来，姑姑从书店给我买了一本笔记本。她说，把我想的事情写下来对我有好处。

我们一回来，我就从冰箱里拿出冰柱。我回到我的房间，打开窗户，把它们放在外面。我关上窗户，坐在书桌旁。我翻阅着我的新礼物，它闻起来很香。我看着窗台。冰柱开始融化，滴水。我看着下面形成的小水坑。它们并没有消失，只是改变了形态。就像祖母一样。

我向前倾，写在我的笔记本上："祖母不在天堂。祖母在我心里。"

然后我合上了它。我决定去看看姑姑在做什么。她已经有一小时没有来看我了。当我走进厨房时，我看到她站在那里，靠着烤箱。她无声地哭泣。眼泪像我融化的冰柱一样静静地从她的脸颊上滚落。我拥抱了她，她的身体在我的怀里抽搐。

是时候让妈妈回家了。

扇形飞行器

这是为一个十岁的小男孩写的故事，他的父亲在一场车祸中悲剧性地去世了。这个故事的目的是以任何小方式帮助重新引导这个男孩对他所发生事情的愤怒——他正将这种愤怒对准他的母亲——转化为对他未来的有益事物。故事侧重于男孩最喜欢和父亲一起做的事情，那就是飞行机器。

这个故事被交给了他祖父，他把它传给了男孩在荷兰的母亲，让她读给她的儿子听。之后，澳大利亚的祖父收到了孙子非常热情的电话。男孩解释说他的父亲是一个发明家（在某种程度上他确实是），他制造了一架飞行机器，他们都很享受其中。然后飞行机器坠毁了……男孩说那是他父亲发生的事故，这就是导致他死亡的原因……（这是一个有趣的解释，与我在选择故事隐喻和旅程时想象的非常不同）。

祖父觉得这些话“残酷的诚实和感人”。

“我也想成为一个发明家！就像我的父亲一样，”他说。他的祖父告诉他，他已经打包好了他父亲的所有工具寄给他，这样他就可以用它们来工作，并且可以用它们来制造他的发明。

祖父反馈说他喜欢听到孙子的这个解释，而且男孩现在立志成为像他父亲一样的发明家！他的态度从愤怒转变为动力。

✳

从前，在一个遥远的地方，有一个忙碌的发明家。这位发明家身边有一个乐于助人的年轻学徒，他们每天都会花很多时间在工作室里忙碌，用金属片、电线和木块制作各种东西。他特别喜欢制作会动的东西——无论是小巧的还是大型的，慢的还是快的。他为道路和公路制造了电动自行车和汽车；为雪地和冰面，制造了带有滑行器和太阳能加热器的雪橇；为运河和河流，制造了风力驱动的船只，以便在阳光明媚的夏日使用。

但他最得意的发明，他最心爱的创造，是他亲昵地称之为FFM——奇妙的飞行机器。这位发明家花费了多年的时间进行规划和设计，现在它正在建造中。他的学徒每天都会早早到来开始工作——剪切电线，这里钻孔，那里钻孔，以及分类和重新排列金属片，以实现完美平衡的机器。一旦完成，它将被送去进行多次试飞，以确保它能飞得很高并安全返回。FFM的一个特别之处在于它携带了一台高功率相机，这为从高空拍摄地球提供了美妙的可能性。

经过各种复杂的调整后，FFM终于能够飞得如此之高，以至于它能飞越云层；FFM能够飞得如此之远，以至于它能穿越山谷和丘陵，飞越海洋。当它飞行时，它的许多部件发出嗡嗡声、滴答声和旋转声。与此同时，相机不停地拍摄，带回了从高空中拍到的美丽照片——羽毛般的云朵、拱形的彩虹、海洋的图案、长长的金色海滩和在阳光下闪闪发光的蜿蜒河流。

但有一天，FFM在云层中飞行时，突然遇到了一场可怕的风暴。闪电强烈地闪烁，以至于将机器劈成了碎片，碎片纷纷落下，落入了下方的海中。

FFM的一些部件沉入了波涛之下。但其他部分漂浮起来，最终被海浪带到了岸边。在这里，它们被发明家的一个朋友捡起，而这个朋友恰好那天早上在海滩上散步。

当被救回的部件归还给发明家的那天，他仍然因为心爱的FFM遭遇的不幸而感到非常沮丧，以至于他甚至不想看它们。他把它们放在了工作室里最高的橱柜的最高层架子上。他关上了橱柜门，然后关上了工作室的门。

几周过去了，曾经忙碌的工作室变得寂静无声。灰尘慢慢地落在了长凳和工具上，金属和木头的碎片静静地放在黑暗的橱柜里。

发明家待在自己的房子里，他的年轻助手没有工作可做。

但几个月后，学徒每天无所事事开始感到无聊。他想念忙碌的工作，想念制作和劳作。于是，一天清晨，他回到了工作室，悄悄地推开了门。他爬上橱柜的架子上拿到了旧FFM的碎片，并小心翼翼地把它们放在了工作台上。然后他开始尝试制作一架新的飞行器。他每天都回来工作——剪切电线，这里钻孔，那里钻孔，分类和重新排列金属片。他并不确切地知道自己在做什么，但他强烈地知道自己想要尝试。当他觉得机器准备好了，他就安装了一个新相机。然后他把它带到工作室后面的花园里进行第一次试飞。

这时，发明家正坐在厨房里，安静地享受着一杯茶。他听到了一个声音，然后向外看去，原来是一个看起来像是FFM的东西正在从工作室屋顶上升起。他惊讶地看着它稍微升高，然后慢慢地开始下降。

当发明家到达工作室的另一边的花园时，小FFM已经回到了地面。他的学徒正忙着用扳手调整这里和那里的部件。"我很抱歉，"他说，"我就是无法让它像你以前的那架一样工作"。

发明家露出了温暖的微笑。"但你已经尝试了！"他说，"这太棒了。这很重要。继续忙碌和劳作，下次你的新FFM可能会飞得更高"。

然后发明家回到工作室，从口袋里掏出一把钥匙，打开了一个装满许多新材料的储藏室。“请随意使用这里的东西。”他说，并把钥匙交给了学徒。

有了各种新材料可供选择，学徒继续他的新项目。每次试飞，它都飞得越来越高，飞得越来越远。它越过了树木，飞越了城镇，飞越了山丘，最后飞越了海洋。但它总是能找到回家的路。

时间流逝，每个新季节学徒都会努力改进他的FFM设计，这让他的主人感到骄傲和喜悦。多年以后，它飞得如此之高，飞得如此之远，相机捕捉到的图像如此出色，它们被分享给全世界的人们——羽毛般的云朵、拱形的彩虹、海洋的图案、长长的金色海滩和在阳光下闪闪发光的蜿蜒河流。

再见，雪莉

（伊冯娜 · 多诺霍）

这是一个关于失去最珍贵宝藏的故事，适合年长的孩子和家庭阅读。当伊冯娜·多诺霍的儿子在一场突如其来的事故中去世后，她失去了比生命本身还要珍贵的人。在接下来的几年里，她深刻理解了悲伤的治愈力量。她在她的书《灵魂被剥裸——通过悲伤成长》中分享了她在深刻失去之后的生活故事。伊冯娜慷慨地为这个选集贡献了她的短篇故事。

珍妮喜欢海滩。

没有什么比感受温暖的沙子在脚趾间，咸咸的海风拂面更好的了。她喜欢海鸥的叫声，喜欢探索岩石池。每当珍妮看到阳光在水面上跳舞时，她总是想象那是美人鱼在撒下数百万颗钻石。

如果可能的话，珍妮每天都会去海滩，但她住在离海岸很远的农场上。透过卧室的窗户，珍妮可以看到围栏和马匹，而不是沙丘和海豚。现在，她可以看到他们新农场的狗，布鲁伊，在拖拉机上的爸爸身边兴奋地跳跃和吠叫。爸爸一直在河边种植西瓜。这个念头让她心花怒放，因为她知道几个月后，当西瓜成熟时，夏天就到了。夏天意味着可以去拜访住在海滩的祖父母。

珍妮本应该做作业，但她却盯着她最珍贵的财富——去年夏天她找到的一个大贝壳。珍妮喜欢在海滩上寻找宝藏，当她看到这个贝壳时简直不敢相信自己的眼睛。它在早潮中被冲上岸，粉红色，有珍珠般的光泽，这是她见过的最美丽的东西。奶奶总是对珍妮从海滩上拿走什么很严格。通常她必须把她的宝藏留在那里，因为那是它们的家。奶奶教珍妮关于栖息地和生态系统的知识，珍妮也热爱照顾环境；但当她的祖母看到她有多爱这个贝壳时，她让珍妮破例保留了它——就这一次。

假期结束，珍妮回到农场时，她带着贝壳一起回来了。她找到一个小盒子，用妈妈做芭蕾舞裙剩下的柔软闪亮的缎子填满。她小心翼翼地把她的贝壳放在缎子的巢里，放在她的书桌上。每天下午做作业时，珍妮都会看着她的贝壳微笑。她甚至会对着她的贝壳说话，问它像“7 乘 8 等于多少？”这样的问题。当然，贝壳无法回答，但它似乎总是能帮助她找到答案。

每天晚上，珍妮都会把盒子拿到床边的桌子上，在睡觉前，她会把贝壳举到耳边，聆听大海的声音。闭上眼睛，她会想象自己在海滩上，她的贝壳在给她讲述它在海洋中冒险的故事。珍妮想知道它在找到她之前去过哪些地方。它去过热带岛屿吗？它曾被美人鱼用来装她美丽的珍珠吗？也许它曾与海盗一起去冒险！

珍妮画了她的贝壳的图片，并制作了一本名为《雪莉的冒险》的短篇故事书（雪莉是她给她的贝壳取的名字）。珍妮甚至告诉雪莉她的秘密，每次这样做后她都会感觉更好。她的烦恼似乎消失了，她的恐惧在分享之后也会消散。雪莉就像她最好的朋友。

很快夏天到了，珍妮正在打包去海滩度假。她列了一个清单：泳衣、帽子、蛙鞋、衣服、牙刷，在大写字母中她写下了“雪莉”。她的妈妈质疑她是否真的需要带着一个贝壳去海边度假。

“求你了妈妈，求你了！没有我雪莉在这里会孤独整整六个星期的。”她恳求道。当她的妈妈给了她那种特殊的表情，意味着“好吧，但我觉得你有点傻”时，珍妮跳起来给了她一个大大的拥抱。

第二天，经过漫长的旅行，珍妮的祖父母在火车站接到了她。很快她就跑进了海里，拍打着浪花。她很高兴能回到海边。一个新家庭搬进了隔壁的房子。他们有一个和珍妮同龄的女孩，她的名字叫马迪，很快两人变得形影不离。

有一天，海浪太大不能游泳，所以两个女孩花了很长时间建造了有史以来最好的沙堡。它有很多房间，有连接的隧道，还有一个巨大的护城河围绕着它。珍妮小心翼翼地把雪莉放在其中一个房间里，并假装自己是雪莉——海洋女王。她收集了很多小贝壳，放在雪莉周围，好像它们都在坐着听她讲故事，被她的冒险故事迷住了。

女孩们决定去探索岩石池。奶奶正躺在她最喜欢的沙滩椅上。从她的书上抬起头来，她检查了女孩们是否戴着帽子，然后挥手告别。她们大喊着向海滩的另一端跑去。岩石池里充满了有趣的海洋生物。她们花了很长时间探索岩石池。珍妮找到了一些刺海胆，马迪找到了一些有趣的海参，还有成百上千的贝壳。贝壳是珍妮最喜欢的海洋生物；她喜欢看它们关闭壳上的小门。珍妮总是确保在观察后小心地把它们放回原处（就像一个真正的科学家）。女孩们如此专注于观察海洋动物，以至于忘记了时间。她们没有意识到潮水正在上涨。

当珍妮转过身时，她看到波浪正迅速地冲上岸。沿着海滩，她们回到奶奶坐着的地方，周围人都在匆忙地把他们的毛巾和包从上涨的潮线旁移开。珍妮立刻意识到这意味着什么——她们的城堡可能会被冲走。

“快跑马迪，快跑。我们得在波浪把她冲到海里之前救出雪莉。”

两个女孩像风一样飞跑。她们跑得尽可能快，但珍妮担心她们会太晚。她们离城堡大约 100 米远时，一个大浪冲上了海滩，完全把城堡夷为平地。

“不！”珍妮边跑边哭喊。当她跑到城堡所在的地方时，沙子已经恢复平整，小气泡在她的脚下爆裂。雪莉无处可寻。

“哦不，哦不。”她边挖沙子边重复着。然后她跑到水边。珍妮四处寻找，但都找不到雪莉。上涨的潮水不断把她推回去，最终她不得不放弃搜索，带着泪水，走回奶奶身边。

“发生了什么事？”奶奶问。珍妮大声地抽泣着解释了发生的事情。奶奶知道雪莉对珍妮来说是多么特别。“我不知道她在城堡里。如果知道我会为你救她的。”

珍妮爬到奶奶的腿上。她不在乎自己已经十岁，即将上五年级。她不在乎别人看到她在哭泣。她感到麻木，她的心像是被击碎成了上百片。

奶奶安慰她。她哼着小摇篮曲，一边摇晃着珍妮。被摇晃的感觉很好，但珍妮仍然感到比以往任何时候都要伤心。上一次她感到这么伤心是在他们的老狗霍尼去世的时候。

奶奶开始非常平静地说话。“哦，珍妮。我真的很抱歉亲爱的。我知道雪莉对你意味着什么。你知道你将永远拥有与雪莉的美好回忆。”她甚至承诺为珍妮的特别照片做一个相框——那是珍妮去年夏天第一次找到雪莉时画的。“你可以把它挂在墙上，每次你看到它，它都会提醒你和雪莉一起度过的快乐时光。”然后奶奶说了一句非常出乎意料的话。“你知道，珍妮，即使雪莉实际上不在你身边，她总是在某个地方，所以你可以随时向她发送爱和快乐的思绪。”

“你认为她回到海洋里会快乐吗？”珍妮小声地问。

“我相信她会想念你，但我认为她会很高兴开始新的冒险。她来和你小住了一段时间，但海洋才是她的真正家园。”奶奶解释说。

珍妮开始想象雪莉开始了新的冒险。她微笑着想象雪莉骑在海龟的背上或者和五彩缤纷的海葵玩耍。她甚至想像雪莉回到了美人鱼那里；也许她在帮她们保管珠宝或特别的梳子。珍妮知道她会非常想念她，但一想到雪莉是快乐的，这让她感觉稍微好了一些。她会一直感激他们在一起的时光。

奶奶没有说的一件事是，“你可以找到另一个贝壳”。珍妮很高兴她的奶奶很明智，知道说那句话不会有任何帮助。珍妮不想要任何其他的贝壳——她想要她的贝壳，她美丽的雪莉。也许珍妮还会有其他的贝壳，但雪莉永远是特别的。

一位无法抗拒的小明星

（帕梅拉·塞莱斯廷·珀金斯，教育学硕士）

这个故事是为那些在孩子出生时就失去了宝宝的父母（以及他们的家人）所写的。它献给诺拉和所有现在在我们头顶闪耀的小星星们。这个故事被用作美国一家医院 NICU（新生儿重症监护病房）护理包的一部分。志愿者们制作羊毛编织的裹尸布来包裹孩子，加上小小的毡制星星宝宝（如果母亲愿意带走一个），以及法兰绒“爱物”。

当你在夜晚仰望天空，看到成千上万的星星在黑暗中闪烁发光时，你知道其中一些曾在地球上与我们短暂共存吗?

据说，只有极少数特别的星星被赋予了一项精致而重要的任务：它们在人类心中播种爱的种子。这种爱如此深沉，如此深远，以至于无数人的生活因它的光芒而永远改变。

这光芒虽然美丽无比，却也明亮得让人痛苦，同时又充满喜悦；人们有时描述这种体验像是被天使触摸过。

你看，这些独特的星星在时间的短暂瞬间化身为小小的婴儿，留下它们的光之礼物，然后必须再次返回那深邃无垠的蓝色天际。但它们留下的光之礼物永远闪耀。

当你在一个晴朗的夜晚外出时，带着敬畏和崇敬仰望星空。知道在我们地球母亲之外的神秘中，有一颗小星星曾经短暂地来到一个地球母亲和一个家庭，但它不能停留，只能以爱和光的形式作为礼物照耀所有敞开心扉的人。

手工艺活动

缝制一个金色的毛毡星星，适合放在一个淡紫色的毛毡月亮口袋里（或你选择的任何颜色）。这个毛毡口袋是一个带有半圆形缝制在前面以形成口袋部分的圆形。参见图案和模板，第 346 页。

轻声细语，做个好梦

（林恩 · 麦考密克和查尔斯 · 金斯利，《水孩子》*）

这些话语和故事的影像，是由祖母林恩在庆祝一个完美而又静谧的小生命的诞生与夭亡的聚会上说出来的。

当我现在想起他时——我看到他在那条我为他编织的红色毛毯中，被我的父亲抱着，周围环绕着在我之前去世的其他家庭成员，以及那些在他之后去世的人……他们都在相互照顾，照顾我们的小宝贝，周围是他们最美好的金色光芒……

我的心与你们同在……他的妈妈和爸爸，如此措手不及，然而却是希望与爱的战士。

我找不到任何话语来表达我对这个孩子的爱和关怀，对于他的母亲和父亲，所以我改述了查尔斯 · 金斯利在《水孩子》中的话：

水孩子之王后被问到她去过哪里。她解释说她一直在为生病的人们抚平

* 查尔斯 · 金斯利，《水孩子》，企鹅图书，1863 年，第 42–43 页。

枕头，向他们的耳朵低语甜美的梦话，然后她说……“但我给你们带来了一个新的小弟弟，并且一路守护着他来到这里”。所有的仙女都因为想到他们有了一个小弟弟而高兴地笑了。

现在这个曾经如此热切、口渴、不适的小家伙，急切地跳进了清澈凉爽的小溪。他跳进去不到两分钟就进入了最安静、最阳光、最舒适的睡眠，那是他一生中最美好的睡眠；他梦到了一切，又什么都没梦到。

他为什么会入睡呢？……其实很简单……只是仙女们带走了他。

有些人认为世界上没有仙女。但这是一个广阔的世界，有足够的空间容纳仙女，除非人们在正确的地方寻找。你知道，世界上最奇妙和最奇怪的事物，正是那些人们看不见的事物。你体内有生命；正是这生命使你成长，使你移动，使你思考：然而你却看不见它；所以世界上可能有仙女，她们可能正是让世界运转的事物，然而除了那些心灵与她们同频的人之外，没有人能看到她们。

啊！现在小家伙来到了这个奇妙故事中最奇妙的部分。小家伙随后醒来，当然他会醒来——孩子们总是在睡了对他们有益的时长后醒来……他发现他的整个外壳都被洗去了，那个美丽的小家伙从里面被洗了出来，就像蝴蝶从它的茧中飞走一样……

彩虹鸽

这是一个特别的故事，献给一位在火灾中悲惨失去女儿的朋友。她的女儿是一位致力于帮助他人、探索生活深层精神层面的非凡年轻女性。我使用了“彩虹鸽”的形象来捕捉她美好的品质。

这个故事后来在一些我深爱的朋友和家人的追悼会上被使用——有一次，给在场的每个人都分发了色彩斑斓的羽毛。

从前有一只美丽的白鸽，她总是想要飞得很高。她没有像其他鸽子一样花时间觅食或是在森林的树枝间玩耍，而是对探索天空的秘密更感兴趣。

最终，白鸽飞得如此之高，以至于她到达了彩虹的顶端。在那里，她遇到了彩虹精灵，彩虹精灵教给了她颜色的智慧。利用这种新的智慧，白鸽能够将她所有的白色翅膀羽毛变成彩虹色。她非常高兴！

白鸽飞回森林，穿梭在树木之间，留下了一些她新的、鲜艳的羽毛，让家人和朋友们找到这些可以永久保存的彩色宝藏羽毛。

白鸽拍打着她的彩虹翅膀，飞向高空去见太阳。

收集羽毛活动

从花园、公园、森林中收集羽毛，将每根羽毛单独挂起制作成风铃，或者用作“捕梦网”底部的流苏，或者保存在特别的罐子或花瓶中——随着你找到它们或想起更多特别的回忆，继续添加羽毛。

记忆宝盒

这是一个适合所有年龄的家庭/社区成员的故事，他们家庭/社区中有人患有终末期疾病。这个故事也是为了帮助那些最近因疾病或意外失去祖父母、父母、朋友或亲戚的家庭/社区成员。

死亡的话题在西方文化中很少被提及，这可能会让人感到非常孤独。一个能让朋友和家人分享记忆的故事，在失去亲人后的几周、几个月甚至几年里可能会有所帮助。它还促使一些家庭/社区创建记忆书籍，以及收集记忆珍宝的盒子。

我为我的两个侄女制作了这样一本书，她们的父亲（我的弟弟）在她们很小的时候就去世了——这本书通过图片和文字帮助她们更全面、更丰富地了解他的生活。由于我的弟弟在他年轻时是个四处游荡的人，没有留下他所做和去过的地方的记录，所以很难涵盖一切，所以我把这本书命名为《记忆宝盒》。

保存记忆是人类的特质。从洞穴艺术到壁画，再到我们家里的现代照片拼贴，找到珍视和保存我们记忆珍宝的方法很重要。在一些文化中，拼布者用针线和布料来捕捉家庭故事和记忆。传统的地毯编织者将羊毛故事编织进他们的地毯，刺绣者用彩色线绣出家庭记忆。不管记忆如何保存，像这样的故事都希望能鼓励在可能的孤独时期进行记忆对话。“王后”可以改为“国王”，男孩改为女孩等，以适应情况。

✳

王后病得很重。

国王召集了所有的家人到城堡。国内最好的医生告诉他，王后没有多少时间了。

孩子们和孙子孙女们从王国的各个角落赶来。成年人坐在母亲的床边，而孙子孙女们则在城堡内外玩耍，消磨着日子和时间。

然而，最小的孙子很快就厌倦了这些游戏，独自坐在花园的一个角落。她感到太悲伤和困惑，无法尽情玩耍。她爱她的祖母，希望她没有生病。但她被告知，医生已经无能为力了。

当她坐在花园里时，一片金色的羽毛飘落到地上，落在她的脚边。她捡起羽毛，握在手中。羽毛帮助她回忆起她和祖母一起散步的特别记忆。那时祖母身体还很好，她们一起在森林里，一只翅膀颜色像金色阳光的鸟飞过她们的路。

当她拿着羽毛时，园丁走了过来。女孩告诉园丁她的特别记忆。园丁请女孩跟着他。他带她到他的工作棚，拿下一个大木箱。箱子有一个结实的盖子和一个闪亮的黄铜扣。园丁说："拿这个箱子，用你祖母的记忆填满它。这将帮助你即使在她离开后也能把她留在你的心里。"

女孩感谢园丁后，把金色羽毛放进箱子里。她小心翼翼地把箱子带回城堡。其他孩子看到女孩拿着箱子，想知道她在做什么。当他们听说箱子是用来保存记忆珍宝的时候，他们开始思考自己关于祖母的记忆。很快，箱子里就装满了各种特别的东西。一个孙子找到了一块闪亮的蓝色石头——"这让我想起了祖母闪烁的眼睛的颜色"，他一边说一边把它放进箱子里。另一个孙子拿了一些蜡笔和一大张纸，画出了他最喜欢的回忆——和祖母在城堡池塘里划船。最大的孙子，他有很多年的记忆，做了一个折叠拼贴画放进箱子里。

在王后去世后的许多天、周、月里，整个家庭会围坐在宝藏箱旁。他们含着泪水分享着每一个特别记忆的故事。

手工艺活动 1

- 作为家庭木工项目制作一个木制宝箱
- 或者在二手店或市场上寻找一个
- 或者使用一个纸板鞋盒，并在上面粘贴图片进行装饰——背面有装饰想法的列表供参考

手工艺活动 2

制作一个记忆拼贴画。你需要以下材料中的全部或大多数：

- 坚硬的纸板或建筑板或厚纸
- 剪刀和胶水
- 各种颜色的纸张——纸巾纸、玻璃纸、折纸纸
- 杂志和可以剪切使用的照片
- 布料碎片、丝带、纽扣
- 小型自然物品——叶子、羽毛、压制的花朵
- 蜡笔、彩色笔或毡尖笔

花　园

（保拉 · 鲍尔斯，心理学家）

为失去宝贵孩子、亲人或朋友的家庭所写的疗愈性故事。他们曾将爱与关怀倾注于这个人。

保拉反馈了以下发自内心的回应："通过失去的痛苦和心碎，这个故事帮助我联系上了某一天重建生活的想法。这是一个自然且逐渐成长的生活——在一个正确的时间。这是一个在支持、爱和对珍贵记忆的奉献中建立起来的生活。"

从前有一个花园——那是一个美丽的花园。它很大。花儿总是鲜艳的，给走进那里的人们带来希望。花香浓郁而感人。这个花园由一个园丁精心照料。使花园处于完美的状态。鸟儿会在周围的树上生活，整天都在彼此之间歌唱。在傍晚时分，花儿和树木常常沐浴在落日的余晖中。

春天的花朵是这片土地上最好的。

花园如此美丽，以至于人们愿意长途跋涉只为了走过它。每年都有更多的人来参观。园丁住在对面，她是一天中第一个来参观的人，也是最后一个。

每个人都爱它，但园丁最爱它。

岁月流逝，季节一个接一个地更迭。然后，在一个冬日，一场旋风开始在海上形成。整天，旋风的强度不断增加，朝着大陆移动。官方发布了旋风警报。每个人都被告知要极度小心。

旋风袭击了大陆，碎片四处飞舞，树木倒下，阻塞了道路，造成了极大的破坏。

旋风袭击了花园。周围的树木被连根拔起，倒在了花朵上。雨水如此猛烈，引发了洪水，鸟儿和动物都逃到安全的地方避难。风暴持续了数天，无论它走到哪里都造成了毁灭。

风暴过后，水位退去，园丁去查看那个曾经完美的花园还剩下什么。

什么都没有留下。

园丁心碎了。所有的快乐都消失了。她觉得她所有的关怀和爱护都白费了。她觉得那些工作时间都浪费了，全都白费了。死去的树木无法移动。强大的水流冲走了植物和土壤——只剩下岩石地面。园丁锁上了通往花园的木门，再也不想看那里了。

当人们听说这件事时，他们感到非常难过，为园丁感到非常遗憾。他们来探望，有些人提出帮忙移动一些倒下的树木。但园丁不想做任何事情，因为地面现在变得如此荒凉了。

一年过去了。

一个冬日，园丁出去买食物，当她走着的时候，她注意到一个曾经有动物放牧的小田野。它现在杂草丛生，无人照料。她走到栅栏边，看着地面。那里长满了杂草。她询问了田野的情况以及它属于谁。她听说田野的主人已经搬走了。

几天后，园丁回来清理了田野中的一些大杂草，并种植了一些球茎。那时还是冬天。

一个月或两个月过去了，她又去了田野。球茎已经变成了美丽的春天花朵，在杂草中看起来非常漂亮。之后，园丁联系了田野的主人，令她惊讶的是，他说他很乐意将田野捐赠给镇上的人们。

园丁又种植了一些花，还种植了一些草药。这些花和草药不需要太多照顾，因为它们可以互相照顾——草药的香气可以阻止许多昆虫吃花。

当地的人们也来帮助园丁。他们感谢她所做的一切。他们非常高兴听到土地的慷慨捐赠。他们中许多人没有花园，他们很高兴有了一个种植食物的地方。

园丁很高兴看到人们加入进来，关心植物。

一年后，当春天再次来临时，园丁正从窗户向外望，看到一些孩子爬过栅栏进入她那片曾经荒凉的花园。这让她想起了很久没有想起的记忆。孩子们爬过栅栏，高兴地继续他们的路。

园丁穿过马路，越过旧栅栏。她微笑着看到，在岩石和瓦砾之间，有一些美丽的野花盛开着。

于是，宁静的夜晚降临了

（由班达娜 · 巴斯，教育学士，印度孟买纳维的“印度教学校”

联合创始人翻译和转录）

这是一个来自《梨俱吠陀》的神话故事，它是印度古老的经文之一，包含了吠陀梵文的赞美诗、故事和评论，解释了地球上这些元素的存在。

《梨俱吠陀》意为“知识的赞美”，是四吠陀或古代印度传统的神圣印欧雅利安经文中的第一个。这些故事温柔地为每个人带来智慧和意识。这里，原始故事经过修改，以适应大一点的孩子和青少年的需要。

这是一个关于“应对死亡”的原始故事；阎摩和阎弥是双胞胎，他们是地球上最初的出生者。他们是兄弟姐妹，是这个世界上第一对出生的凡人。同时，阎摩是第一个死去的凡人。经历了死亡作为通往不朽的门户，他获得了自己的神的地位，成为“死亡之神”。

这个故事讲述了永恒的现在时刻，以及夜晚的最终创造，使得时间的流逝和从悲伤中治愈成为可能。

※

很久以前，有一个男孩和一个女孩，他们是地球上最初的出生者。他们是一对双胞胎，名叫亚玛和亚米，是这个地球上唯一的人类。他们彼此深爱，快乐地一起玩耍。整个地球都是他们的游乐场。河流、树木、森林、动物、鸟儿、昆虫和花朵——他们喜欢与它们相伴。那时候，白天永远不会结束，所以乐趣也是无尽的。他们想吃什么就吃什么，想玩多久就玩多久，唱着快乐的歌。太阳永远明亮地照耀着他们，永远是白天。月亮和星星从未有机会从明亮的天空后面露出来。

有一天，当他们和动物们玩完，吃完了水果后，他们想爬树坐在那里唱歌。就在亚玛开始爬树的时候，亚米看到同一棵树上有一只美丽的小鸟。它色彩斑斓，唱着最美妙的歌。亚米被它迷住了，想多听一会儿。但亚玛一爬树，鸟儿就开始飞走了。

“停下，亚玛！别爬！”她叫道。但那时鸟儿已经飞走了。“看，那只小鸟飞走了！”她失望地说。“我希望我能和它多玩一会儿。”

“我看到它停在另一棵树上，”亚玛说。“你为什么不过去和它玩呢？”

“你会和我一起去吗？”亚米问她的哥哥。

“我不用去，”他说。“你可以自己去一会儿。我会在这棵树上唱歌，你可以看那棵树上的鸟。之后我们可以再一起玩。”

亚米喜欢这个建议。她跟着小鸟从一棵树飞到另一棵树。她喜欢鸟儿的歌声，唱着它唱的歌。它是如此悦耳。她跟了它很长时间，直到它飞得很远，她再也看不见了。她叹了口气，环顾四周，这才意识到她已经离哥哥很远了。于是她开始返回去见亚玛。她很高兴，决定要唱这首美妙的鸟歌给哥哥听。

当她到达她留下亚玛的地方时，她看到他躺在树下，好像睡着了。她轻声叫他的名字，但他没有回答。她坐在他旁边，唱着悦耳的歌给他听。但亚玛没有动静。她轻轻地摇晃他，叫着他的名字，但仍然没有回应。她更用力地摇晃他，试图叫醒他。这时她注意到他的呼吸停止了，身体感觉冰冷而静止。

亚米深感悲痛。她的哥哥亚玛死了！她环顾四周，想知道现在该怎么办。她开始意识到自己是多么孤独，这让她感到更加悲伤。随着时间的推移，她的悲痛只增不减，她大声哭喊："亚玛今天死了！亚玛今天死了！"

鸟儿、花朵、昆虫和动物都在看着，但没有一个能帮助减轻她的悲痛。

她的悲伤就像海洋一样深，当她悲伤时，眼泪涌出眼眶，顺着脸颊流下。她无法停止哭泣，她的眼泪开始填满所有的土地，慢慢地淹没了地球。地球上所有的生物开始四处逃窜。树木被连根拔起，动物被洪水冲走。没有办法阻止亚米的眼泪流淌，因此洪水也无法结束。

照顾地球的神和天使现在既担心亚米也担心地球，他们想保护他们俩。他们来到她身边，拥抱她。他们尝试用各种方式安慰她，但她的悲痛无休无止。亚米无法想象没有哥哥她该如何生活，她不断地说："亚玛今天死了！"

绝望中，神和天使开始思考如何帮助亚米。他们希望她能忘记发生的事情，这样她就能重新开始快乐地生活。突然，其中一个天使说："我希望这一天能结束，这样她的悲痛就能结束，她可能会感觉好一些。"

这时神灵们意识到，直到此时，地球上的白天是永恒的，从未结束。亚米只知道今天。没有昨天，也没有明天。为了让亚米的痛苦减轻，今天必须结束，明天必须开始。所以他们决定结束现在的这一天。他们通过创造日落开始了这个过程。当太阳开始从天空爬出时，一片柔和的蓝色降临，并揭示了隐藏在明亮天空后面的美丽月亮和星星。

亚米被她所看到的惊呆了。她凝视着天空，被夜晚带来的美丽所吸引。月亮与云朵嬉戏，云朵与星星嬉戏，风现在凉爽了。亚米感到凉爽的夜风吹拂着她的脸，慢慢地她感到眼皮沉重。她不知道自己怎么了，但感觉确实很好。不知不觉中，她第一次睡着了。黑暗的天空包围着她，她在夜晚温柔的怀抱中蜷缩起来。睡觉的感觉很好。

当她睡觉时，她的眼泪停止了，地球上的洪水也减轻了。动物和鸟类，蜜蜂和昆虫，都平静下来，睡着了。

第二天早上，亚米感到阳光的温暖照在脸上。她听到鸟儿的啼鸣和蜜蜂的嗡嗡声。她睁开眼睛，环顾四周。她感觉有点不同。她意识到这是一个新的一天，并且她记得，“亚玛昨天死了”。她仍然为此感到悲伤，但幸好不像昨天那么痛苦，事情似乎变得轻松了一些。她四处走动，忙碌着，后来抬头等待着这一天结束。宁静的夜晚逐渐缓解了她的悲伤，随着时间的推移，她感觉比以前更好了。

从那时起，地球上的每一天都会迎来一个宁静的夜晚，可以慢慢治愈所有的悲伤和痛苦。

失去家庭联系

本章包括了为父母已经分离的孩子们、被收养和寄养的孩子们以及因各种原因只能有限的时间内与家人相处的家庭成员们的故事。

为了帮助您找到所需内容，我已经将每个故事的背景总结如下：

《两栋闪闪发光的房子》——为一个三到五岁生活在父母分离家庭中的小孩子所写（第 121 页）。

《三张考拉床》——一个帮助小孩子克服与父母床和/或房间分离的焦虑，学会在自己的床和房间睡觉的故事（第 124 页）。

《小黄火车》——为一个四岁的小女孩所写，帮助她重新与她的大哥哥建立联系（第 127 页）。

《小鸟和鸟爸爸》——为一个五岁的小男孩所写，他的父亲在监狱里（第 130 页）。

《家族之船》——为一个从另一个国家收养了一个男婴的家庭所写。这个男孩在五岁时发现了他的家庭故事，并且想要回到他的出生地，但这是不可能的（第 132 页）。

《裂缝》——一个母亲为她的双胞胎儿子所写的故事，他们仍然常愤怒地发脾气（和对过去经历的恐惧）（第 135 页）。

《梦见花朵的种子》——为一对在孩子五个月大时收养了一个小女孩的夫妇所写；现在这个女孩八岁了，她坚持要知道她出生和早年的事实。除了慢慢分享这些，她的母亲还请求一个故事，以一种富有想象力的方式传达真相（第 138 页）。

《杯塔》——为一个八岁父母已经分离的女孩所写的故事（第 141 页）。

《赣南橙》——为一个 14 岁的女孩所写，她的父母分离后，她被留在寄宿学校照顾（第 145 页）。

《鲸鱼和珍珠》——为一个处于不稳定生活状况的寄养青少年所写的故事（第 148 页）。

《护林员和小鸟》——写给一个在女儿早年无法住在她身边的父亲，以给予希望和力量（第 150 页）。

两栋闪闪发光的房子

一个适合三至五岁生活在分居家庭中的孩子的故事。故事结尾的歌曲可以由双方父母共同使用，以帮助孩子保持一致性。

从前，在海边的一个大岩石池里，住着一群小鱼。他们整天快乐地玩耍，扭动、潜泳、滑行和在他们的岩石池家里滑动。

有一条闪闪发光的小鱼叫作闪闪。她正在向她的兄弟姐妹们学习如何在池边的珊瑚礁中制作夜间床。他们教她如何收集海藻，使她的床变得柔软，这样她就能像可以一样舒适地睡觉。

闪闪发光的摆动，闪亮的小鱼闪闪，
和她的鱼家庭一起玩耍和休息，
闪闪发光的摆动，闪亮的小鱼闪闪，
拥有一个像家一样舒适的海藻床。

有一天早上，闪闪正在和她的兄弟姐妹们玩耍，这时天空中传来了一阵隆隆声。起初闪闪没有注意，但很快她加入了其他人的行列，游到岩石水池的顶部去看发生了什么。

天空中开始聚集起乌云。很快雷声隆隆，闪电噼啪作响。雨开始下起来，风也开始吹拂。所有的鱼都挤在水池中央，等待暴风雨过去。他们非常安静。

突然，水池中发生了巨大的波动，巨大的波浪一个接一个地冲了进来。很长一段时间，波浪不断地涌入岩石水池。它们如此强大，以至于冲走了半边珊瑚礁。

最终，波浪平息下来，水池的水也变得清澈。现在，小鱼家族可以看到发生了什么。

因为许多珊瑚礁被砸碎了，一些鱼家族不得不去附近另一个岩石水池里做他们的夜间床铺。幸运的是，暴风雨在岩石墙的一侧冲出了一个长长的隧道，从第一个水池通向另一个水池。

闪闪觉得穿过这个岩石隧道去拜访另一个水池里的亲戚们相当刺激。她收集海藻，在那里也铺了一个柔软的床，以防她决定在那里过夜。

闪闪发光的摆动，闪闪这条鱼，

拥有一个像可以一样舒适的海藻床，

闪闪发光的摆动，闪闪这条鱼，

和她的鱼家族共享两个家。

现在，小鱼家族生活在两个岩石水池中，小闪闪在两个地方都有床铺，这样无论她住在哪个水池，她总有一个舒适的地方睡觉。每次她穿过岩石隧道时，她总是唱着她那舒适的睡觉歌。

闪闪发光的摆动，闪闪这条鱼，

拥有一个像可以一样舒适的海藻床，

闪闪发光的摆动，闪闪这条鱼，

和她的鱼家族共享两个家。

手工活动

制作一个毛毡鱼。参见图案和模板，第 348 页。

三张考拉床

这是一则帮助小孩子克服与父母分开的焦虑，让他们离开父母的床和房间，独自在自己的床上和房间里睡觉的故事。

当小考拉还很小的时候，他的第一个床是在妈妈的育儿袋里。里面既温暖又舒适。他睡觉，他成长。他成长，他睡觉。经过许多个月的睡眠和成长，他变得太大，无法再待在育儿袋里了。但他还是太小，不能自己睡觉。小考拉该怎么办呢?

然后他听到妈妈在对他耳语："爬到我的背上来，小家伙——这将是你的下一张舒适的床。"小考拉爬到了妈妈的背上，紧紧抓住她柔软的毛发。这是一张多么美妙的新床啊！他特别喜欢在妈妈爬上爬下桉树时，从高处俯瞰这个世界。她总是在寻找新的桉树叶来吃。有时他甚至能伸手自己摘下脆叶作为晚餐。

当妈妈在树上的一根弯曲的树枝上睡觉时，小考拉就睡在她的背上。他们一起睡过了大部分的白天和大部分的夜晚。当他们不吃东西的时候，他们就在睡觉。

然而，经过更多的岁月和成长，考拉变得太大，不能再骑在妈妈的背上了。她没有足够的力气来背他。他不再是只小考拉了！

考拉现在需要自己爬树了。考拉现在需要自己摘树叶当晚餐。考拉现在需要找到自己的睡觉树枝。

他独自爬树做得很好。他独自摘树叶吃也做得很好……但是考拉自己睡觉却做不好。似乎有太多不舒服的干扰！树枝太硬、光线太亮、空气太热。

当他还在妈妈的育儿袋里时，他从未注意到这些事情。当他蜷缩在妈妈柔软的毛背上时，他也从未注意到这些事情。当他更小的时候，入睡似乎很容易。

考拉该怎么办呢？他一天比一天更累。他非常想睡觉！但他找不到入睡的方法。

然后他听到桉树在对他耳语："我可以给你一张舒适的床，考拉。找到我的树枝的一个弯曲处。我会软化我的树皮让你躺下。我会用我的树叶为你遮挡强烈的光线。我会召唤风来为你吹凉风。"

考拉非常高兴。他想知道为什么他以前没有听树的话。他找到了树枝的一个弯曲处，感觉到树在他身下软化了树皮，为他做了一张床。然后树聚集了它的绿叶在他上方，挡住白天和夜晚的光线。不久，风开始在他周围吹拂凉爽的空气。

考拉陷入了长时间的深睡。从那时起，桉树继续成为他的床、他的家和他的朋友。

考拉的摇篮曲

睡吧考拉，睡吧，

把你的疲惫的头放下，

让我用树枝抱住你，

在柔软的树皮床上。

睡吧考拉，睡吧，

闭上你的眼睛，

让我用绿叶遮住你，

远离强烈的阳光。

让我用绿叶遮住你，

远离明亮的月光。

小黄火车

这个故事是为了帮助一个四岁的小女孩重新与她残疾的哥哥建立联系而创作的。故事的请求来自一位居住在伦敦的巴基斯坦母亲，她正面临女儿行为上的挑战。哥哥因脑瘫而坐在轮椅上，而这位小女孩过去总是哥哥最好的朋友，但现在决定不再与哥哥有任何接触。她从学校回家后不再给哥哥讲故事或与他玩耍，而是开始通过假装疼痛来争夺关注。

母亲希望有一个故事能够帮助女儿接受和同情哥哥的遭遇，并停止假装疼痛。作者询问了母亲关于女儿的喜好和兴趣，得到了包括“玩火车”和“黄色”作为她最喜欢的颜色在内的信息。作者和她丈夫在比利牛斯山脉乘坐著名的“黄色小火车”的经历启发了故事的背景，作者使用黄色和蓝色火车的互动来反映期望的结果。

两周后，作者收到了一封电子邮件，附有小女孩推着哥哥轮椅的照片。邮件中说，全家人都很好，想分享这张照片。故事非常有效，小女孩现在与哥哥相处得很好，并且非常愿意帮助他。母亲通过用她涂成黄色的木制火车进行的木偶戏多次讲述了这个故事。她们用蓝色木块作为蓝色机车，空盒子作为火车场，有布覆盖的垫子作为山丘，以及小型木质模型房屋作为商店和城镇房屋。之后，母亲还尝试着用双手作为木偶来口头讲述这个故事。

在遥远的地方，越过海洋，有一个国家，那里有一列小黄火车，深受所有人的喜爱。这个国家有许多山，山势陡峭，不适合汽车和道路通行，所以人们唯一能从一个地方到另一个地方旅行的方式就是乘坐小黄火车。住在城市里的家庭会乘坐黄色火车去山里度假。住在山里的家庭则会乘坐黄色火车去城市购物。

小火车喜欢它的日常旅程，它在明亮的黄色车厢里搭载着各种不同的乘客。它特别喜欢穿越黑暗凉爽的山洞隧道，越过高高的桥梁，以及经过山坡上的花田。它那闪亮的汽笛会响起，黑色的轮子随着旅程的欢乐而歌唱……

咔嗒咔嗒，我们每天沿着铁轨旋转，

咔嗒咔嗒，我们穿越大地，开辟道路。

每天晚上，小黄火车都会回到铁路场，被清洗和擦亮，然后在那里休息直到次日早晨。

铁路场里还住着一台大蓝机车。它不太能正常工作，所以不能离开它站立的轨道。火车机械师们不断地摆弄它的引擎零件，在铁路场里住的孩子们有时会在它里面和上面玩耍。大蓝机车对这一切都非常有耐心，并且喜欢孩子们来玩耍。到了晚上，它特别喜欢听小黄火车的冒险故事。

大蓝机车希望有一天它也能有这样的冒险……穿越黑暗凉爽的山洞隧道，越过高桥，经过山坡上的花田。

一天晚上，小黄火车有了一个主意。它必须把这个想法保留到第二天早上司机上班。司机一爬进他的驾驶室，小黄火车就兴奋地对他耳语。几分钟后，面带微笑的司机已经把小黄火车倒到大蓝机车后面，并开始慢慢地，非常慢地，把大蓝机车推出铁路场。

这是一个多么美妙的景象。人们欢呼挥手，看着小黄火车推动大蓝机车沿着铁轨，离开城市，进入乡村。大蓝机车感到如此幸福，它几乎要爆炸了。它那从未使用过的汽笛开始发出嘶嘶声和微小的欢乐声音，它那生锈的轮子努力地与小黄火车一起哼唱……

咔嗒咔嗒，我们每天沿着铁轨旋转，

咔嗒咔嗒，我们穿越大地，开辟道路。

它们第一次旅行并没有走很远。对于小黄火车来说，推动这么大的蓝机车是一项艰巨的任务！而且小黄火车那天还有其他的旅程要走。在穿过一个短隧道，越过一座高桥，经过一片美丽的花田之后，它的司机在下一站把它转了回来，小黄火车慢慢地把大蓝机车推回了铁路场。

这是大蓝机车有史以来最开心的时候。小黄火车也感到很高兴，因为它能够与它的朋友分享一些它的冒险。从那时起，每当小黄火车有空闲时间，它就会把大蓝机车推出铁路场，去某个地方进行一次小冒险。当它们一起旅行时，人们可以听到轮子的歌唱……

咔嗒咔嗒，我们每天沿着铁轨旋转，

咔嗒咔嗒，我们穿越大地，开辟道路。

小鸟和鸟爸爸

给一个五岁孩子的故事（他的父亲在监狱里）——孩子非常沮丧，不想在学校做任何事情或参与任何活动。这个故事的目的是给孩子的生活带来一些光明和动力。

✳

小鸟停在灌木丛的一个树枝上，头埋在翅膀里。他不想飞翔；他不想唱歌。他只想停着，什么都不做。

灌木丛就在一座大灰房子外面。小鸟知道他的父亲就在那座大灰房子里。如果他从翅膀里抬起头，就能透过窗户看到一个竹笼子挂在钩子上。他多么希望他的父亲能从那个笼子里出来和他一起玩啊！

鸟爸爸坐在那个笼子里的栖木上。他不能飞到任何地方，即使他想飞。他可以唱歌，但他不想唱——他感到太悲伤了，无法唱歌。他知道他冒险太多次了。这就是他被抓并被关在这个笼子里的原因。

许多天，许多夜，还有更多的日子过去了。小鸟继续停在灌木丛的树枝上……鸟爸爸继续停在笼子里的栖木上。

然后有一天，鸟爸爸偶然抬头透过窗户往外看。他看到小鸟坐在灌木丛里。鸟爸爸看到小鸟如此静止感到震惊。起初他不知道他能做什么——他被困在笼子里，所以他不能飞出去迎接他。然后，慢慢地，非常慢地，一阵鸟鸣的记忆在他心中升起，鸟爸爸开始唱歌……起初很轻柔，然后越来越强，声音越来越大。

如果你能飞，就飞得高；飞得高，触摸天空。

如果你能唱，就唱得响亮；响亮而甜美，整天不停。

鸟爸爸的歌声从笼子里传出来，穿过窗户，传向世界。小鸟从翅膀里抬起头来聆听。然后他也开始唱歌，加入了父亲的歌声……起初很轻柔，然后越来越强，声音越来越大。

过了一段时间，小鸟展开并拍打着翅膀，从灌木丛中飞起。然后他飞过窗户，越过灰色建筑的屋顶，飞向天空。

如果你能飞，就飞得高；飞得高，触摸天空。

如果你能唱，就唱得响亮；响亮而甜美，整天不停。

家族之船

这个故事是为一个居住在澳大利亚的家庭写的，他们收养了一个来自哥伦比亚的男婴。男孩五岁时发现了他的身世，他想回到他的出生地。养父母与哥伦比亚男孩的家人有一个法律协议，规定在男孩 18 岁之前不允许有任何联系。这个故事试图反映这种情况的限制。我使用了“家族之船”的隐喻来帮助男孩接受他当前的情况，并慢慢处理与这种新认识相伴的悲伤和失落。母亲反馈说，这个故事帮助家庭一起找到了前进的道路，对他们所有人来说都是“良药”。

曾经有一艘美丽的船，有着彩色的丝绸帆和金黄色的船体。这艘金色的船正在穿越一片非常宽阔的海洋，进行一次漫长的家族之旅，沿途访问了许多岛屿。

妈妈和爸爸是船长，孩子们是船员。妈妈和爸爸轮流在旅途中掌舵和引导船只，白天跟随太阳的光芒，夜晚跟随月亮和星星的光芒。

有时孩子们需要帮忙做任务，有时他们可以玩耍。有太多令人兴奋的事情可以做……攀登桅杆，荡在帆索上，划皮艇，当海面平静时，在金色的船体周围游泳。

这是一次他们共同分享的奇妙冒险。每天家人们都会唱道：

嘿呀嘿呀哦，
我们去冒险，
白天和黑夜跟随光明，
嘿呀嘿呀哦。
嘿呀嘿呀哦，
我们去冒险，
无论天气如何，我们都会应对，
嘿呀嘿呀哦。

在漫长的旅途中，发生了各种各样的事情。有些是美好的，有些则不是那么美好。有美丽的岛屿可以探索。但也有一些难以航行的暗礁，靠近悬崖和岩石海岸线时需要小心。

有银色的海豚与船只一起游泳，有时还会让孩子们骑在它们的背上。但也有一些滑溜的海蛇喜欢爬上船，需要被抓住并放回它们的海洋家园。

海鸥有时会停在桅杆上，发出响亮的叫声。其他日子，美丽的歌鸟会来访，唱着甜美的歌曲，分享甜美的故事。

在漫长的旅途中，家族之船不得不面对各种天气。有狂风暴雨，强烈的雷声和噼啪作响的闪电。其他日子则是平静和阳光明媚的，有美丽的日出和清澈的星空之夜。每天家人们都会唱道：

嘿呀嘿呀哦，

我们去冒险，

白天和黑夜跟随光明，

嘿呀嘿呀哦。

嘿呀嘿呀哦，

我们去冒险，

无论天气如何，我们都会应对，

嘿呀嘿呀哦。

在歌曲的帮助下，船长和船员们保持坚强。他们驾驶着平衡的航线前进，一起度过了风雨。

经过非常非常漫长的旅程，金色的船终于到达了海洋的另一边。

裂　缝

（尼娜·尼亚德，故事讲述者，教师、建筑师）

当她的养子双胞胎五六岁时，他们仍然会发脾气，表现出愤怒和恐惧。这些男孩在丹麦的一个寄养家庭长大，那里有很多保姆和数百个孩子。他们三岁半时到达了他们在丹麦的“家”。

尼娜和她的丈夫在几年的时间里，每晚都要抱着孩子们，轻轻摇晃他们安抚他们的情绪，这需要一小时。用尼娜的话来说，“感觉他们一次又一次地回到了他们被遗弃在寄养家庭，或者在某个黑暗和绝望的感觉。五到六岁的孩子们对他们的生活开始有很多疑问。所以我认为，这个故事帮助他们接受了这样一个事实：在他们最终到家之前，他们经历了一段漫长且不那么愉快的旅程——这都是可以接受的！两只老鼠互相握着尾巴的画面是他们关系的极好写照。所以这个故事实际上只是关于接受事物的本来面目。感到害怕是可以的，有黑暗地发脾气是可以的，发现自己在母亲（和父亲）的怀抱中——这都是可以接受的！”

尼娜的另一条评论是：“从某种意义上说，这个故事也适用于故事讲述者——进入一个非常耐心的状态——无论发生什么，都没关系！当然，那个数不到十的鼠妈妈让他们笑了，并开始数数——数到超过十！”

请注意，在这个故事中，一些幽默和轻松的元素被用来平衡黑暗和绝望的时刻——显然，双胞胎喜欢听那个有太多老鼠孩子的鼠妈妈的故事，她甚至不知道自己有多少宝宝，因为她数不到十以上。

从前，有一只鼠妈妈，她有很多鼠宝宝——超过二十个！实际上，鼠妈妈甚至数不到十以上，所以她也不知道自己有多少孩子。

有一天，她带着所有的鼠宝宝们坐上了一辆大婴儿车。所有的鼠宝宝们在车里的枕头上玩耍。这真是太有趣了——每个人都笑得很开心。所以当两只鼠宝宝从婴儿车的边缘掉下来时，鼠妈妈并没有注意到。

两只鼠宝宝掉进了一个地缝里，突然一切都变得很暗，他们所能感觉到的只有冰冷的泥土。幸运的是，两只鼠宝宝都紧紧抓住了对方的尾巴。在黑暗中，他们滚到了一起，他们因为恐惧而颤抖。

两只鼠宝宝在裂缝里待了很长时间！一只住在附近的鼹鼠发现了他们，觉得他们非常可爱。她几乎每天都会来喂他们，而且有一段时间还把他们抱在怀里——鼠宝宝们非常喜欢这样。每天她都会带一些草根给鼠宝宝吃。当鼹鼠离开鼠宝宝时，他们感到非常孤独和恐惧。他们紧紧抓住对方的尾巴，凝视着黑暗。

这种情况持续了很长一段时间，直到春天的一天，住在那里的农民开始种植苹果树。他把铲子插进地里，正好在裂缝旁边。当他翻动泥土时，他看到了两只紧紧抓住彼此尾巴的鼠宝宝。他把他们带到了自己的谷仓，并把他们放在了墙上的一个鼠洞外，在那里他曾看到一对鼠夫妇进进出出。

鼠妈妈不久后就找到了小宝宝们。她叫来了鼠爸爸，他们俩都爱上了这两只漂亮鼠宝宝。多么幸运啊！鼠夫妇非常高兴！他们非常想要更多的孩子！他们住在一个舒适的房子里，有很多食物——比吃草根要好得多！

他们给鼠宝宝们取了名字，博和莫滕。他们都是男孩。他们几乎都过着幸福的生活——除了有时博和莫滕无法相信他们已经离开了黑暗的裂缝。他们会在睡梦中梦到自己仍然在裂缝里。或者当他们去到一个有泥土气味的地方，那里的气味会让他们想起裂缝里的气味。但那时鼠妈妈和鼠爸爸会抱着他们，安慰他们——并告诉他们，“一切都过去了，宝贝，爸爸妈妈不会离开的”。

有一天，他们去了曾经是裂缝的地方，那里长出了一棵苹果树。它的树根牢牢地扎在裂缝里。在苹果树旁边有一个鼹鼠丘。

鼠妈妈烤了一个甜馅饼，并给鼹鼠写了一封信。

亲爱的鼹鼠：

感谢你在我的漂亮男孩们迷失在裂缝中时照顾他们。希望你会喜欢这个馅饼。

鼠妈妈致以爱的问候。

梦见花朵的种子

这个故事是为一对印度夫妇写的，他们四十多岁的时候收养了一个刚出生五个月的小女孩（这对夫妇没有其他孩子）。他们给她取名为小百合，因为当他们第一次看到她时，她那么小，看起来那么脆弱，就像一朵百合花。

这个家庭住在七楼的一个公寓里，有窗户但没有阳台。窗户有一个宽阔的窗台，被铁栅栏保护着，小百合每天早上都会坐在那里喂鸟，家人也在那里种植植物。小百合喜欢户外活动，她谈论着想要住在农场上种植桑葚、蓝莓和所有可能的水果。

六岁的小百合开始迫切想知道她出生时和早年的事（她出生在一个小家庭，并在五个月大时被交给一个寄养家庭照顾）。她的母亲请求我写一个故事，以一种富有想象力的方式传达真相。故事中的风代表了帮助连接小百合与她的寄养家庭的纽带。关于使用风的主意，我感谢了两个年轻的中国双胞胎，摩根和奥兰多，我很幸运在丹麦遇到他们，并听到了他们自己叙述的收养故事，其中风是改变者。（双胞胎的母亲在这本书中也有自己的故事——“裂缝”，见第 135 页。）

就在这个故事被分享的同时，小百合对小矮人的故事（第 145 页）变得非常依恋，特别是对小矮人的角色，花的故事与它交织在一起。对她来说，这不是关于一个小女孩和植物的故事，而是关于小矮人和植物的故事。但是随着故事的融合，母亲反馈说，小种子的旅程已经在她心中“生根发芽”，在某种程度上，她现在知道自己是被收养的，一场富有成效的对话开始了。

还有其他版本的可能性。我的丈夫是被收养的，当他看到这个故事时，他直接与种子和风的主题联系起来。但他希望他的故事是“梦想成树的种子”——关于一颗被风带到另一个花园长成树的种子，而不是花盆里的花种子。根据许多不同的情况，可能会有许多不同的种子。

小种子孤零零地躺在草和石头之间，渴望温暖的土壤包围她，金色的阳光照耀在她身上。最终，她冻得发抖，进入了深深的睡眠。

当她睡觉时，小种子梦想自己变成了一株闪亮的绿色植物，怀抱着有史以来最美丽的花朵。

当她醒来时，感到周围有动静。起初感觉很奇怪，但她听到了低语——“我是风，你的朋友。请相信我，我会带你去一个你的梦想可以成真的地方。”

小种子很高兴认识了一个朋友。她让风把她抬起来，带她离开了石头和草地。

风带着她飞得很远……越过绿色的山丘和山谷……继续前行。越过河流和森林……继续前行。经过种植着红色和蓝色浆果的农场，在阳光下……继续前行。

小种子惊奇地发现了一个如此美丽的世界。她现在因为兴奋而颤抖（不是因为冷），想知道她的朋友要把她带到哪里。

不久，风到达了一个城市，越过高楼的顶部。它旋转着，然后吹向一栋建筑的窗户。一对父母正拿着一个陶罐站在开着的窗户里……他们是在等小种子吗？

风非常轻柔地吹进窗户，围绕着罐子的顶部，使土壤中形成了一个小凹处，让小种子像床一样安顿下来。然后风轻轻地告别，继续它的旅程，承诺会不时回来看望她的。

小种子在罐子里的肥沃棕色土壤中安顿下来，很快就睡着了。经过这么长时间的冒险，她非常累了。那对父母小心翼翼地把罐子放在窗户的窗台上，让阳光温暖她的土壤，新家庭充满爱心地为她浇水。

许多天后，小种子醒来，感到强壮和快乐地活着。她慢慢地把根扎进土壤，伸出手臂朝着太阳。当她从罐子顶部向上伸展时，小种子可以看到自己正在变成梦中闪亮的绿色植物。

太阳继续照耀，家庭继续为她的土壤浇水。很快，小种子的绿叶就托起了有史以来最美丽的花朵。

许多鸟儿飞下来坐在窗台上，向世界歌唱新来的美丽。家庭照顾着他们的花之宝，每天世界都为她的美丽、魅力和优雅而欢欣鼓舞。

杯 塔

（克罗地亚的教师佩特拉·卡波维奇·维德马尔）

这个故事是为一个父母离异的八岁女孩写的。

来自佩特拉的笔记：

我是在今年参加了你们在奥帕蒂亚举办的疗愈性故事研讨会后写的这个故事。在我的班级里有 24 名学生。大约有 13 个孩子和离异的父母一起生活。我想为他们所有人写一个故事，但是每个案例都是如此的不同。最近，我班上一个学生的母亲和我谈到了她即将离婚的事情。这给了我写故事的灵感，我为她的女儿写了一个故事，希望它能帮助她，也许还能帮助一些面临分离的其他学生。

我在美术课前作为“激励故事”讲了这个故事。听完故事后，所有的孩子都制作了一件艺术作品，画了杯子并进行了设计。我特别希望这个故事能帮到这个特别的女孩，她非常整洁，喜欢一切井井有条，为她生活中即将发生的新变化做好准备。这个学生知道她的父母即将分离。她是独生女，在过去的八年里一直和她的父母住在一所小房子里，但现在父亲要搬到自己的公寓去。

我还见了这位母亲，并给了她一份故事的副本，让她在暑假期间读给她的女儿听。我建议她在读完故事后，和女儿一起为父亲的新厨房买一些杯子，或者把她的艺术作品作为礼物送给父亲。我向她解释了这个故事如何能提供帮助。我确信一件事——它帮助了母亲（也许还有父亲）。有时候，这是一个好的开始！

在海湾的中央有一座小巧多彩的房子。这是一个完美的房子，有着红色的屋顶，白色的墙壁，绿色的窗户配着黄色的窗帘，还有一个摆满五彩缤纷花朵的小阳台。所有的房间都很小，但装饰得很漂亮，非常整洁。

厨房很小，但阳光充足。橱柜、桌子和椅子都是白色的，但是像抹布和插着花的花瓶这样的细节充满了鲜艳的颜色，给房间带来了欢乐。

六个色彩鲜艳的杯子住在这个厨房里。它们整齐地叠放在其中一个橱柜里。你可以透过橱柜的玻璃门看到它们。它们也能看到你。它们看起来就像在观察厨房里发生的一切。六个杯子单独放在每个碟子上是放不进这个小橱柜的，所以它们是互相套在一起的。这样它们就形成了一个小杯子塔。

家庭成员每天早上用这些杯子喝热茶，下午喝加牛奶的咖啡，晚上喝牛奶。所以每个杯子每天都会经历一次旅行。

旅行从早上开始，当它们被放在餐桌上为茶水服务时。因为热茶水（里面有茶包，将水染成红色、黄色或橙色）而感到热乎乎的。当它们为茶水服务时，它们的脸颊会变得红润和热乎。家庭成员非常小心地喝着茶。当杯子空了变冷后，它们被移到厨房的水槽里，享受它们的泡泡浴。洗完擦干后，它们很快又回到橱柜里休息，直到下午喝咖啡的时间。

在供应咖啡时，杯子会听到邻居们的故事，还有一些对它们鲜艳色彩的赞美。咖啡会让杯子变得很脏，所以它们喜欢在水槽里多泡一会儿。现在杯子们又变得闪亮干净，准备迎接它们晚上喝牛奶的时光。

经过漫长而辛苦的一天，杯子们感到疲惫但满足。它们都聚集在厨房的橱柜里，形成了一个小杯子塔。

有一天，杯子们没有像往常一样开始它们的早晨之旅，而是被关进了一个大箱子里。在黑暗中惊恐和惊讶的杯子们等待着它们的命运。几天过去了，箱子才被打开。它们被日光晃得睁不开眼，但很高兴能从箱子里出来。很快它们注意到，它们的厨房橱柜不在原来的地方，也不在厨房的任何其他地方。相反，有完全不同的橱柜和架子。三个杯子被放在一个橱柜的碟子上，另外三个被放在另一个更大、更新的橱柜里。

这是杯子们第一次被这样分开。对于每个杯子来说，这是一个非常陌生的地方，尽管现在它们有了更多的空间。它们也想念它们的玻璃门。现在它们再也看不到厨房里发生的事情了。

在一个橱柜里的三个杯子想知道另一个橱柜里的另外三个杯子在做什么。它们非常想念彼此。

然而，在接下来的几天里，它们意识到它们仍然像以前一样离开橱柜，在厨房的桌子上或在水槽里与分开的杯子相遇。哦，它们又变得那么快乐！分离并没有那么糟糕，因为除了它们在橱柜里的位置外，其他一切都没有改变。而且这并不那么糟糕，因为它们现在每个都坐在自己的碟子上，仍然靠近其他杯子。

分开的杯子几乎每天都在它们的旅途中与另外的杯子相遇。就在它们最喜欢的泡泡浴之前，它们像以前一样组成了一个杯子塔。

新事物是如此令人兴奋！

手工活动

为你的家庭成员设计不同的杯子——你可以用厚纸板剪出来；或者用陶瓷颜料在真正的杯子上绘制设计。参见图案和模板，第 349 页。

赣南橙

（白春燕）

这个故事是为一个 14 岁的女孩写的，她的父母分居了，都不想要他们的女儿——这个女孩被留在了一所寄宿学校。她是一个非常聪明和勤奋的学生。这个故事是由学校顾问写的，并给了这个女孩，以一种不同的方式传达真相——父母委托顾问告诉她这个艰难的消息。顾问分享了这个消息，并且给了女孩一个故事的副本。顾问反馈说，这个故事给了女孩一些小东西去依靠，给她力量。

在中国有一种叫作赣南橙的水果。它以多汁和甜味而闻名，在收获季节，来自四面八方的商人来到赣南，将橙子运出山区，运往世界各地。这就是令每个赣南橙子引以为傲的。

一个美丽的赣南橙子在被水果商人装上火车运输的途中被拿起。它被从箱子里拿出来，作为礼物送给火车上的工作人员。但突然间，随着火车的剧烈摇晃，橙了从列车员的手中滚出窗外。

橙子弹跳着滚进了一片远离铁路线的宽阔杂草丛中。听着火车的隆隆声远去，橙子绝望地哭泣。她知道自己没有机会看到山那边的景色，享受人们的赞美了。她知道自己将留在杂草丛中的孤独和寒冷中。“这太不公平了！”她想。她多么渴望被带走，即使是一个牧羊人可能会剥掉她美丽的外衣，享受她的甜美……

日复一日，橙子带着希望和失望混合的情绪生活着，慢慢地她感觉到自己被白天的阳光和夜晚的冷风晒干了。最后，橙子的一侧裂开了，一颗种子掉出来，滚进地面上的一个小缝隙里。没有母树落下的叶子覆盖她，家现在只是一个记忆。

在荒地的孤独中，她经常回忆起家乡的橙园。在深秋，一层层落下的树叶覆盖在母树的脚下，种子姐妹们在叶子下被保护得非常温暖。在树周围工作的农民和他的家人会踩在叶子上，咔嚓咔嚓地，将种子踩入土壤深处，被熟悉的橙子香味包围。

尽管这颗种子没有被温柔和舒适地照顾，但在一些雨水浇灌之后，她发现自己与碎石和杂草根混合在一起，嵌入土壤中。似乎大地有一种她无法抗拒的吸引力，她开始向土壤深处挤压。

当她努力用新生的根扎进土壤中时，她感到了一种新的自由。新希望在她心中燃烧，她心中只有两个字：扎根！扎根！

种子在接下来的冬天里满怀希望地成长。怨恨、愤恨和悲伤已被抛在脑后，她全神贯注于成长和转变的过程。她开始意识到，依靠自己的力量才是她的真正道路！

她每天都在沉默的土壤中细心照料，从不放弃任何一个伸展根部的机会。她现在相信，总有一天她会发芽，没有人能阻止。

啊！春天终于回到了这片荒芜的土地，大片的草地上长出了嫩叶！太阳融化了剩下的冰雪，产生了足够的水分供种子饮用。她在地下待了很长时间，储备的能量在这时爆发，一个嫩橙树苗在荒地上冒了出来！

太阳似乎特别抚摸着树苗，给她带来温暖和光明。她在大地的支持和太阳的召唤下，一点一点地成长起来。

当炎热的夏天到来时，她长到了一人高，两年后她结出了五个橙子，被一个牧羊男孩摘下来尝鲜。

三年后，她不仅果实累累，而且在荒地上还围绕着许多橙树苗，这要归功于牧羊男孩在荒地上吃橙子时吐出的种子，因此她的后代也长大了。

渐渐地，牧羊男孩长大了，自己也成了一名水果商人，因为只有他知道荒地上有一片甜橙园。

这个橙子和她的后代组成的果园变得越来越大，最终橙子被装上火车，运往全国各地。

这里不再有悲伤的叹息，而是自豪、勇敢和成就感！

鲸鱼和珍珠

（凯特琳·蒂，儿童安全官员，澳大利亚昆士兰州）

这是一个为一位生活在非常不稳定环境中的寄养青少年所写的故事。

凯特琳的注释：

我为这个 15 岁的女孩写的这个故事，她非常喜欢。在我把故事给她不久之后，她就被赶出了家门，在离开之前她只能匆忙抓起几件自己的东西……当我试图为她找到一个新的家时，我在她的包里看到了这个疗愈性故事的打印副本。我向她指出这一点，她说："是的，我走到哪里都带着它！"

从前，有一条鲸鱼生活在深深的蓝色海洋中。鲸鱼居住的海洋底部非常黑暗，这意味着她看不清楚周围的世界。有时候，鲸鱼在广阔的黑暗水域中寻找道路时会遇到很大的阻碍。

有一天，鲸鱼在海底快乐地游着泳——突然，她游进了一张旧渔网，并被缠住了。鲸鱼非常害怕，她在强大的网绳中挣扎。当鲸鱼挣扎时，她想也许她没有足够的力量挣脱。

“也许我会永远困在这张网的底部。”她想。但她没有放弃。她不断地与网绳抗争，直到最后……她自由了。鲸鱼在黑暗的水中向上游，直到周围开始稍微亮一些。现在鲸鱼可以看到一些在水中游动的鱼，因为水不再那么黑了。

在那之后的某个时候，鲸鱼和她的鱼朋友们快乐地游着泳，突然她游进了一种奇怪的黑色液体中。鲸鱼很快意识到那是石油！当她游过石油时，她感到非常恶心。她再也看不到她的鱼朋友们了，因为厚厚的黑色液体包围着她。她感到害怕，因为她独自一人。她感觉像是在黑色石油中游了几天几夜。她觉得她再也看不到清澈的蓝色海水了。

“也许我会永远困在这黑色石油中，再也见不到我的朋友们。”鲸鱼想。她想放弃，不再游泳了。

然后，鲸鱼在厚厚的石油中看到了前方的一个小亮点。光看起来离得很远。鲸鱼向光游去，因为她对透过石油发出明亮光芒的东西感到好奇。她游了几天、几周、几个月——感觉像是很长的时间。

慢慢地，她越来越接近光——光变得越来越大，水中的石油变得越来越薄，直到最后她再次在清澈的海水中游泳……在海洋中央的一个沙洲上，有一颗美丽的珍珠！

鲸鱼知道这颗珍珠是她的，一直在等待她。鲸鱼看到珍珠附着在一根长长的海草上。她把海草绕在脖子上，这样珍珠就骄傲地挂在她的胸前，它的光芒在她胸前闪耀。

从那时起，鲸鱼无论去哪里都带着这颗珍珠。现在她有了一个白色的光，引导她穿过黑暗的海洋。

护林员和小鸟

这个故事写给我其中一个女儿，他是一名森林科学家，由于个人和实际原因，在女儿的早年无法住在她身边，但他可以定期去看望她。每次去看孩子儿子都得经历许多小时的往返驾驶。这个故事被卷起来，作为生日礼物，连同一个小小的玻璃蓝鸟一起送给他女儿。

在给我后续的信息中，他对故事中的意象和小玻璃鸟的护身符表示感谢。

✳

从前，有一个善良的好人，他与树木一起工作。他的家在一个森林里，周围是田野和农场，离海也不远。每天，护林员都会做那些需要做的事情来保持森林的生机和健康——种植、除草、浇水、维护。

在这个森林里，生长着许多种类的树木，有高有矮，有粗有细。当他有空闲时间的时候，护林员喜欢爬上其中一棵树，坐在树枝上。从高处可以看到很多东西，听着鸟儿的歌声，看着阳光在树叶上闪烁，非常宁静。

就在森林的正中央，一座高高的小山上，有一棵树非常高，以至于护林员甚至看不到它顶部的树枝——它看起来像是消失在天空中。这棵宏伟的树太难爬了，以至于多年来护林员都没有去爬过它——它的树干太扭曲，它的树枝刺手且粗糙。它并不是一个舒适的放松场所。

然而，有一天，当他在森林中间的小山上散步时，护林员听到了一阵美丽的钟声般的歌声。他抬头看，注意到在最高的树上有一个新的鸟巢，他可以看到一只珍珠蓝色的小鸟头从鸟巢顶部探出头来。

哦，护林员多么渴望靠近这只美丽的小鸟！当他观察时，它展开翅膀，它似乎在树枝间闪耀着像小彩虹。他从未见过如此美丽的鸟，也从未听过如此美妙的歌声。他知道他必须找到一种方法来靠近这只天上的鸟。

他开始了艰难的攀登。似乎花了很多时间，但最终他足够接近鸟巢，可以清楚地看到小鸟，他在树枝上坐了几小时，享受着生活中这份新的美好。他曾经听说过“幸福的蓝鸟”，以为这只是歌曲中的一句歌词，但现在他知道这样的鸟确实存在。

从那时起，每当护林员有空闲时间，他就会去森林里的小山，希望看到小蓝鸟的美丽和听到它的歌声。爬这棵高树总是那么漫长，下来时更艰难和漫长，但为了他在树顶上新发现的宝藏是值得的。

经过许多次访问，护林员发现小蓝鸟对他越来越适应，让他越靠越近。很快，护林员就能坐在鸟巢旁边的树枝上了。

然后有一天，发生了一件最令人惊奇的事情。小蓝鸟展开翅膀，振翅飞出鸟巢，落在了护林员的肩膀上。它就坐在那里，用它那钟声般的歌声对着他的耳朵唱歌。护林员想，他一定是到了天堂！

从那时起，小蓝鸟开始在护林员爬树时留意它的新朋友，并开始飞下来迎接他一半的路程。很快，这只鸟就足够强壮和勇敢，能够飞到地面。

哦，这两个朋友现在可以拥有多么特别的冒险啊！

有太多的事情要去探索。

小蓝鸟会坐在护林员的肩上，当他沿着小径大步行走——穿过森林，越过田野和农场，有时一直到海边。当小蓝鸟能够伸展翅膀时，它会飞上飞下，四处飞翔。当小蓝鸟能够休息时，它会享受与护林员一起骑行，当他们沿着路走时，它会唱着它那钟声般的歌。

现在，这两个朋友——护林员和小蓝鸟——可以拥有多么快乐的冒险啊！

丢失的宠物

这短短的一章中只有三个故事，但每一个故事及其所包含的建议都可以根据具体情况进行调整，比如心爱宠物的去世，或者不得不与一只被治愈健康的鸟或动物说“再见”的情况。

《唐娜和斯克夫》——旨在鼓励与孩子（以及整个家庭）在心爱的宠物去世后进行对话和仪式（第 154 页）。

《新的黎明》——帮助一个九岁的男孩与他原来居住的社区里的一只流浪狗告别（第 157 页）。

《是时候跟巴布说再见了》——为一个七岁的男孩所写，帮助他向他照顾了数月的小袋鼠说再见（第 161 页）。

唐娜和斯克夫

这个故事是为了鼓励他们在心爱的宠物去世后，与孩子（以及整个家庭）进行仪式和对话而编写的。这个故事可以改编成关于猫、兔子、鸟——实际上，任何类型的宠物。

以下是一位朋友的反馈，最近在她家里的狗去世后与她的孙子们分享了这个故事："读完故事后，我们去散步，收集了松果和野花，并在她坟墓上的花瓶周围围成一个圈——就像故事中的唐娜那样——这真的帮助他们'正常化'了这个新的经历。他们喜欢故事结尾的小歌。我在接下来的几天里会专注于巩固这个概念。"

唐娜和斯克夫从唐娜还是婴儿时起就是朋友。当唐娜第一次走路时，斯克夫就走在她旁边。当唐娜第一次跑时，斯克拉夫就和她一起跑。他们一起做所有的事情。他们在后花园玩耍，在公园玩耍，在海滩上玩耍。晚上，斯克夫睡在他的狗篮子里，就在唐娜窗户外面的阳台上。他是唐娜每天早上醒来时第一个打招呼的朋友。

随着唐娜长大，她会帮助她的母亲清洗斯克夫的饮水碗并装满新鲜的水。最重要的是，她会在洗狗日帮助她的父亲。唐娜会站在凳子旁边的大圆桶旁……给斯克夫的棕色皮毛擦上肥皂泡是多么有趣。洗完澡后，当斯克夫甩掉所有的水滴并在阳光下晒干时，唐娜喜欢把脸埋在他温暖柔软的毛发里。

但是狗的寿命没有人类长。随着岁月流逝，唐娜长得越来越高，她的跑步速度也越来越快，斯克夫似乎变得越来越慢，睡的时间也越来越长。他不想再和唐娜一起跑着玩追逐游戏了。他大多数时候只想躺在阳台上的床上。他已经老了，累了，他的骨头僵硬并且疼痛。

有一天，当唐娜醒来时，她向斯克夫打招呼说“早上好”。但他没有像往常一样回应。他没有叫，没有动，甚至没有睁开眼睛。唐娜叫她的父亲和母亲到阳台上来。她的父亲跪在狗篮子旁边，悲伤地摇了摇头。“看起来斯克夫在我们睡觉时对世界说了‘再见’。现在他安详了，不再痛苦，是时候在花园里为他准备一个休息的床了。”

唐娜几乎看不见眼泪在她眼眶里打转，但她还是跟着父亲把斯克夫抱下了后楼梯。他们一起走向花园底部的树荫。唐娜的母亲拿着一把大铲子和一株小树跟在后面。他们轮流挖坑。当坑准备好后，唐娜给了斯克夫最后的爱抚，然后她的父亲小心翼翼地把他放到新的土床上。

唐娜的父亲填满了坑，留出空间在顶部放小树。当他这样做时，唐娜和她的母亲收集了一些光滑的圆石头，在树周围建了一个圈。然后全家站在坟墓旁，每个人轮流分享他们最喜欢的斯克夫记忆。有这么多！

当他们分享记忆故事时，一阵小风吹过花园。当风吹过时，似乎在唐娜耳边低语着一首歌：

在生命的循环中，我们跳舞和流动；在生命的循环中，我们来来去去。

唐娜接过了歌词，也开始唱：

在生命的循环中，我们跳舞和流动；在生命的循环中，我们来来去去。

不久，她的父亲和母亲也开始唱：

在生命的循环中，我们跳舞和流动；在生命的循环中，我们来来去去。

过了一会儿，小风从花园吹出，高高地吹向天空。它把雨云从山上吹过小镇。在唐娜和她的父母回到屋里后，细雨开始从小树上落下。

那天晚上，全家在屋顶上细雨的柔和声音中入睡。

随着时间的推移，唐娜的泪水干了，小树也长得很强壮。关于斯克夫的记忆有时让唐娜感到悲伤，有时又让她感到快乐。她知道她将永远不会有一个像斯克夫那样的狗。但也许……在某个地方……有一个新的朋友等着来她家生活。

每当唐娜在花园里玩耍时，新树的叶子会在微风中跳舞，唐娜会唱：

在生命的循环中，我们跳舞和流动；在生命的循环中，我们来来去去。

新的黎明

（班达娜 · 巴苏，工商管理硕士，教育学士，印度孟买纳维的印度教学校的教师和联合创始人）

班达娜创作这个故事，是为了帮助一个九岁的小男孩应对分离和失落。这个孩子搬到了一个新的公寓，但他的心却怀念着，非常想念住在旧居附近的那只流浪狗。小男孩和这只狗成为朋友，他习惯了喂养它，作为回报，这只狗成了他玩耍时的伙伴。他很难适应新家，因为他非常想念他的朋友。

他的母亲是一位单亲妈妈，她向班达娜分享了这个情况。这个故事对这个孩子产生了奇妙的效果。后来他要求他的母亲带他去一个花园。

这个故事和他去花园的结果是，现在住在公寓楼七楼的这个男孩问他的母亲是否可以养“鸟”（尽管故事更多是关于蝴蝶的）。她带回家几只情侣鸟，他细心地照料它们。后来他们在阳台上放鸟食，吸引了住在附近树上的鹦鹉。最终这些鹦鹉开始通过呼唤这个家庭来索要食物。这个男孩被治愈了。直到今天，观鸟仍然是他的爱好。

班达娜写道：“这个故事帮助了母亲和儿子建立联系，因为他向母亲求助，他们一起努力重建生活。同样美妙的是他们找到了实现愿望的方式。在孟买这个城市，由于空间有限，很难想象拥有一个属于自己的花园。然而，大多数人都有一个阳台，他们用盆栽植物填满它。他们的阳台变成了这样一个家，一个充满生机和欢乐的绿色阳台。”

根据印度传说，蝴蝶象征着新的开始，或者承诺一个新的开始。虽然这通常被解释为婚姻，但它也与人生进入新阶段联系在一起。

那是一个夏日的午后。阿然坐在他小屋的门槛上，目光投向远方的道路，他在寻找他亲爱的小朋友阳光。阿然肿胀的眼睛透露出他在过去十二天里流下的泪水，当他意识到阳光永远地失踪了。

阿然和祖父母住在一起，而他的父母在国外工作。他称他的爷爷为“爸爸”，称他的奶奶为“妈妈”。两个月前，阳光从一个礼物盒里跳到了阿然的腿上，舔着他的脸。这只 18 天大的小狗有着金黄色的毛皮。阿然从爸爸那里收到了这个柔软、蓬松、令人喜爱的礼物，他尖叫着，非常高兴。

从那时起，阿然就成为阳光唯一的照顾者。他给阳光喂食、洗澡、遛狗。尽管阿然只有八岁，但他照顾这只小狗的能力却非常出色。他最享受的是他们的玩耍时间。阳光喜欢咬硬东西，紧紧地咬住它们咀嚼。而阿然喜欢拉扯阳光咬着的东西。他们的拔河游戏非常有趣，两者在地板上翻滚，阳光像婴儿一样对阿然生气地吠叫。阿然乐此不疲，进一步逗弄他。每天结束时，他们都会互相拥抱，然后一起入睡。他们是彼此最好的伴侣，几乎不可分离。

在那个命运多舛的星期天，阿然坚持要带阳光一起去商店为妈妈买一条面包。当他付钱给店主时，阳光开始对着街对面的一只流浪狗吠叫。那只狗逗弄阳光跟着他，阿然还没来得及做什么，阳光就冲向了那只狗，就在他的眼前，两只狗一个接一个地消失在街道上。阿然大声呼唤阳光，但他只能听到阳光的吠叫声，最终这些声音也消失了。

阿然坐在商店的台阶上，脸上带着最担心的表情，希望和祈祷阳光会回来。过了很久，爸爸才走到商店找他们。阿然跳起来，抱住爸爸开始哭泣。在抽泣之间，阿然设法告诉爸爸发生了什么。他们手牵手在街上一直走到傍晚寻找阳光，但没有任何踪迹。到了晚上，他们终于带着沉重的心情回家了。

现在已经过去了十二天，阿然仍然坐在他的小屋门口，希望阳光会从某个地方跳出来，吠叫着。他几乎不说话也不吃东西。爸爸和妈妈都很担心，希望阿然能找到克服悲伤的方法。

接下来的一周，阿然的班主任宣布周末要进行一次自然小径之旅。尽管不感兴趣，阿然还是在周六早上打包了他的背包。爸爸把他送到学校，和他告别。23 名学生和他们的老师穿过密集的花园。

阿然注意到，尽管就在城市里，这里却感觉像是另一个地方。这里比外面的世界要安静和愉快得多。老师将孩子们分成三组，要求他们去花园的不同部分寻找各种不同的花朵和其他生物。阿然和他的伙伴们一起走着。他们去了一个有导游的地方，开始四处张望。

花园里到处都是美丽的花朵，让这个地方弥漫着美妙的香气。细长的阳光束穿过高大树木的枝叶，照亮了地面。鸟儿们在枝头玩耍，一边叽叽喳喳地叫着，一边从一端飞到另一端，然后消失在树枝间。温柔的小蝴蝶在花丛和灌木上飞舞。它们中的一些在花间嬉戏，一起从一朵花飞到另一朵花。有些在他头顶上盘旋了一会儿，然后飞向远方。

阿然的眼睛跟随着它们，不知不觉中他笑了。他迅速拿出笔记本，开始写下他所看到的一切。然后他拿出他的颜料盒，开始画他所看到的东西。坐在花园中央的地上，他完全被眼前的景象吸引。蜻蜓在他周围飞舞，一只精致的小蝴蝶停在他的膝盖上。他慢慢地把手伸向它，用手指触摸它那细腻的翅膀。这是他第一次意识到它们有多么精致，这让他更加惊叹。阿然被蝴蝶的美丽迷住了。

旅行结束时，阿然回到学校，向老师展示了他所做的工作。老师非常喜欢。当爸爸放学后来接他时，看到阿然脸上洋溢着的笑容和眼中的兴奋，感到非常惊讶。阿然在很长一段时间后又回到了他快乐的小自我！

第二天早上，当爸爸在房子周围浇水时，阿然问他是否可以在后院创建一个花园，这样蝴蝶也可以来访问他们的家。爸爸听到这个很高兴，问阿然是否愿意帮忙。这样会更快实现。阿然大声说"是的！"——并且像蝴蝶一样在房子周围挥舞着双臂。

几个月后，后院变成了一个小花园。一天早晨，当阿然在照料一棵花树时，一只小蝴蝶飞来，停在了阿然的胳膊上。他保持静止，用闪烁的眼睛看着它。他是多么喜欢蝴蝶啊！

活动

用盆栽和种植箱创建一个蝴蝶花园——用于你的阳台或你的花园——或者和社区花园里的其他家庭一起做。

是时候跟巴布说再见了

这个故事是为一个七岁的小男孩写的，以帮助他向他照顾了数月的小袋鼠告别。这个故事可以根据不同情况修改，适用于孩子们短期照顾的不同动物或鸟类——无论是帮助它们恢复健康，还是在它们成为孤儿时照顾它们。故事结尾提到的相册是一个很好的补充——孩子们可以帮忙制作这个相册，或者它可能是一个惊喜礼物，就像这个故事的结尾一样。

✳

贾拉住在被灌木丛环绕的农场上。许多袋鼠生活在灌木丛中，贾拉经常能通过农场的围栏看到它们。他喜欢观察它们在这里跳跳，那里跳跳，寻找灌木丛草地上的新鲜绿色嫩芽。贾拉特别喜欢看到小袋鼠从它们妈妈的育儿袋里探出头来，有时敢于跳出去探索一下，然后又跳回它们温暖的“家中”。

贾拉家的农场一边靠近繁忙的高速公路。通常，袋鼠会远离飞驰的汽车，待在安全的灌木丛中。但有一个夏天，异常炎热和干燥，灌木丛的草已经变得脆弱和棕色。因此，袋鼠开始到别处寻找食物。在高速公路的两侧仍然可以找到绿色的草，这就是可怕事故发生的经过。

贾拉听到了轮胎的尖叫声和巨大的撞击声。他跑到车道上，想看看是什么造成了噪声，一个可怕的景象等待着他。一只母袋鼠在繁忙道路的边缘吃草，因为离路太近，被一辆飞驰的汽车撞到头部，瞬间被撞死了。

贾拉叫来他的父亲帮忙把袋鼠的尸体从路上移走。他的父亲随后拿来他的大铲子，在围栏附近挖了一个坑来埋葬它。

贾拉在旁边看着这一切，令他惊讶的是，当死去的袋鼠躺在坑边时，他注意到育儿袋里有一个微小的动作。

贾拉脱下他的棉质 T 恤，平铺在地上。然后他慢慢地把手伸进袋鼠的育儿袋。他小心翼翼地拉出一只小袋鼠，用温柔的话语安慰它，试图不吓到它。幸运的是，可能是出于震惊和恐惧，小袋鼠非常安静，让贾拉用柔软的棉质衬衫包裹它。“我会叫你‘乔伊’，”他低声说，“它的意思是‘小动物’。请相信我不会伤害你。”

现在乔伊被安全地包裹在这个新的人类育儿袋里，贾拉把它带回了农舍。一进到屋里，贾拉找到一个小篮子，把小包裹放进去。把它带到他的房间，放在床边。包裹已经停止蠕动，因为乔伊已经迅速入睡了。

贾拉躺在床上看书，一只眼睛看着篮子。与此同时，他的母亲开车进城去咨询兽医。一小时后她带着一些特别的配方奶粉、一个奶瓶和一份关于如何喂养和照顾小袋鼠的说明书回来了。

接下来的几周，贾拉负责护理和喂养乔伊，甚至包括夜间！幸运的是，夜间喂养并没有持续太久，小乔伊开始能够睡到早上。

贾拉的母亲用缝纫机为乔伊制作了一个小育儿袋，用旧睡衣的法兰绒作为内衬，一些重型卡利棉作为外层。顶部有一个特殊的缝线，可以穿过一根木棍，这根棍子挂在贾拉床尾的两个钩子上。当然，在接下来的几个月里，随着乔伊的成长，需要制作新的、更大的育儿袋。

此外，随着乔伊的成长，他需要开始尝试一些固体食物，所以贾拉会带着他在草坪上和花园周围走动。贾拉会手持木棍，乔伊的育儿袋挂在他面前，这样乔伊就能伸出小头来啃食新鲜的绿色草尖和嫩叶。

后来，乔伊已经长得足够大，可以跳出去冒险了。幸运的是，农舍的花园周围有一道高高的围栏，所以小乔伊不能跳得太远！

贾拉和乔伊在房子前面的宽阔草坪上度过了许多美好的玩耍时光。贾拉不希望这样美好的生活结束。

但乔伊在不断成长……不断成长……不断成长！最终它达到了需要被释放的阶段。

贾拉害怕这个时刻。“为什么它不能永远和我们在一起？”他恳求父母。

贾拉的父母感激兽医的信息单上有明确的指导方针。一旦乔伊长大到可以离开育儿袋自己生活和进食，是时候让它回到袋鼠群中了。他们反复向贾拉解释，“如果你爱你的新朋友，你需要让它走。如果你继续把它从自己的同类中隔离开来，那将是残酷的。”

幸运的是，那一年雨水充足，灌木丛中有足够的食物。在选定的日子里，经过贾拉多次拍打、拥抱乔伊告别后，他打开了花园的门，看着他的朋友跳走。乔伊跳过围栏，一直跳到通往森林的农场大门。贾拉的父亲在那里等着开门，让它通过，走向自由。

几分钟后，乔伊加入了灌木丛中的袋鼠群。

对贾拉来说，适应没有乔伊的生活很困难。许多周，每天下午放学后，他都会坐在农场的围栏上，看着远处森林里的袋鼠群在灌木丛草地上觅食。

乔伊从未离开群体靠近，但贾拉确信乔伊知道它在那里，并在远处看着它。

乔伊被释放自由几个月后，是贾拉的生日。当他在这个特别的早晨醒来时，床边的桌子上有一份礼物。它是用乔伊的一个旧育儿袋包裹的。

贾拉小心翼翼地解开布料的褶皱，令他吃惊的是，他发现了一个相册，里面充满了回忆。从他把乔伊带回家的第一天到最后告别着拥抱，每一张照片都有。

这是贾拉收到过的最好的礼物。

“我会珍藏这个，直到我生命的尽头。”他对父母说。而他确实做到了！

失去健康和幸福

本章包括了关于长期疾病、对细菌的焦虑、失去行动能力、失去声音（包括选择性缄默症）和失去视力的故事。

为了帮助您找到所需内容，我已经将每个故事的背景总结如下：

《小玫瑰》——一个关于生病时休息的重要性的小故事，适合年幼的孩子（第 167 页）。

《一盒手帕朋友》——一个活动故事，适用于需要长时间卧床的孩子（第 169 页）。

《那个不得不待在家里的小矮人》——一个为 3~7 岁儿童所写的故事，这些孩子在新型冠状病毒感染疫情期间需要待在家里（第 171 页）。

《给小负鼠的手帕》——为新型冠状病毒感染疫情期间过度担心“细菌”和生病的 4~8 岁儿童所写（第 175 页）。

《小兔子唱歌》——一个为一个非常害羞的两岁半男孩所写的故事（第 180 页）。

《孩子和河》——一个东非文化故事，适用于情境性缄默症（第 185 页）。

《公主与珍珠》——一个关于六岁选择性缄默症女孩的故事（第 187 页）。

《渔夫的文字》——一个旨在鼓励有言语运动障碍和言语延迟的儿童（和

老年人）要有耐心和毅力的故事（第 191 页）。

《明亮的灯光》——为一个患有退行性眼病的八岁女孩所写（第 194 页）。

《与文字共舞——来自“我们的孩子”的诗》——三首来自患有慢性严重疾病的年轻人的诗歌（第 199 页）。

《青蛙和奶油桶》——一个简短的俄罗斯故事，鼓励在抗击疾病和逆境中展现出力量和决心，适合儿童和家庭（第 202 页）。

《骨骼愈合》——适用于因脚踝或腿部骨折而暂时失去行动能力的较大儿童或青少年（第 203 页）。

《黑石》——写给一个 17 岁女孩，帮助她接受使用轮椅（第 206 页）。

《小贝壳和珍珠》——一个关于从儿童时期就失去一只眼睛并患有皮肤病的女性的成长故事（第 208 页）。

小玫瑰

一个简单的故事，带着简单的信息，讲给小孩子听——当一个小人儿不舒服时，他或她需要休息。

✳

一只金色的蝴蝶一大早就飞进了花园，去拜访她的花儿朋友们。但是当她飞到花园中央的小玫瑰那里时，她发现有些不对劲。

小玫瑰没有像往常一样，将她粉红色的花蕾伸向太阳，而是显得萎靡不振，虚弱地需要睡眠。

金色的蝴蝶飞过花园，对所有的花儿低语："小玫瑰累了，有些虚弱。小玫瑰需要睡觉。"

花儿们张开了它们明亮的花瓣，对上面的树低语："小玫瑰累了，有些虚弱。小玫瑰需要睡觉。"

树摇摆着它们的绿枝，对微风低语："小玫瑰累了，有些虚弱。小玫瑰需要睡觉。"

微风旋转着，卷起旋风。它旋转成了一阵能够飞向高空的风。在高高的天空中，它对早晨的太阳低语："小玫瑰累了，有些虚弱。小玫瑰需要睡觉。”

太阳露出了温暖的微笑。然后它将金色的阳光穿过天空中的白云，洒向花园，温柔地照耀在小玫瑰身上。

一盒手帕朋友

这个故事的灵感来源于我自己的童年。曾经有一段时间，我生病了好几周，这期间我最美好的记忆（似乎盖过了喉咙的疼痛和其他不适的病状），是一本母亲给我的书。这本书还附带了一盒彩色的手帕，以及如何将手帕变成结娃娃的说明。我确信正是这个手帕朋友家族帮助我恢复了健康！

这本书给了我无数童年的欢乐时光，不幸的是，它现在已经绝版了，只能在古董书店找到……如果你幸运的话，你可能在二手书店找到它。这本书叫作《阿拉明塔、阿拉贝拉和阿里斯蒂德》，由洛娜·诺斯撰写，菲利斯·哈拉普插图（伦敦，1955 年）。

从前有一个盒子，它住在小女孩床边的抽屉里。

如果一个成年人打开这个盒子，他们只会看到一堆整齐折叠的彩色手帕。

只有这个小女孩知道盒子的秘密真相。她被教授了一种秘密的手艺，可以将盒子里面的所有手帕变成她的床边朋友。小女孩只有在生病卧床数日，有时甚至数周的时候才会使用这个秘密。

盒子里有十块手帕，这意味着有十个床边朋友。小女孩只需要一次拿出一块手帕，然后在手帕中间打一个结作为头，每个角打一个结作为手。她想出了一个方法，将一些手帕的四个角扭一扭，打结，制作出手臂和腿都很长的娃娃。其他的没有腿的，就只有长长的飘逸裙子。

小女孩会花大部分醒着的时间和她不同颜色的手帕朋友们玩耍。她会用床单和毯子制作山丘和山谷、小洞穴、长长的隧道，还有房子和卧室。有一个完整的世界等待着去探索。

有时，房间里的其他玩具也会被邀请加入。泰迪熊、老虎、小红车和带花的茶具会等在玩具架上，希望被选中。它们知道并不是所有人都能参与床边游戏，因为床上没有足够的空间让每个玩具都能加入。

但如果它们没有被选中，至少它们可以坐在架子上观看。

就这样，日子一天天过去……在一种舒适宁静的方式中玩耍数小时，还有数个小时的睡眠……更多的玩耍，更多的睡眠，更多的玩耍，更多的睡眠……正是这个小女孩需要恢复的适量时间。

制作手帕结娃娃的活动

使用丝绸围巾、手帕或普通的棉布方块，可以轻松地将它们变成用于创意游戏的娃娃——甚至可以使用纸巾来制作短暂的娃娃。你需要的只是一些小羊毛球或其他填充物作为头部，以及一些线或绳子用于打结。将一个填充球放在每个方块的中间并打结作为头部，然后将两个角打结做成手。

或者，你可以只做一个大的结作为头部，两个小的结作为手。

参见图案和模板，第 350 页。

那个不得不待在家里的小矮人

这个故事是为了与年幼的儿童（建议年龄为3~7岁）一起使用而编写的，这些儿童在新型冠状病毒感染疫情期间不得不待在家里，或者他们的自由受到了极大限制（例如，他们可能可以去上学，但不能参加特别的集会、节日、派对或活动）。故事结尾的歌曲留给教师和家长，让他们和孩子们一起创作更多有创意的诗句。故事可以根据不同情况更改/编辑——例如，母树可以是父树或祖母树或祖父树，或者你可能想要省略关于“精灵学校”的部分。主角也可以改变（例如，故事可以是关于一只困在小屋里的老鼠，或者是一只必须待在巢中休息的鸟）。

我选择用“镜像”结构来写这个故事——故事简单地反映了境况并加以扩展，用图像帮助传达对小孩子来说太强烈而无法直接表达的信息。我没有承诺任何时间线，因为那将是不负责任的，因为在写作时没有人知道。故事的目的是鼓励接受当前的“社交距离”情况，并帮助激励孩子们找到并享受他们可以在家里做的事情。

我把故事放在我的网站上，并在社交媒体上发布了链接，一周内故事已经传遍世界，被翻译成27种语言，并被改编成木偶戏、戏剧、短片，甚至一个钩针动画。我对这个反应感到震惊——这证明了我们的世界在困难时期是多么需要故事语言。尽管这个故事是为年幼的儿童编写的，但许多成年人都评论说这个故事帮助他们对“被困”在家里有了更积极的态度。一位 80 岁的男性朋友联系我说，“这个故事是为我而写的”！

✳

小矮人感到困惑。

为什么他必须待在家里？

难道大家不知道小矮人有多喜欢四处游荡吗！

他不能去矮人学校，也不能在森林里和他的朋友们玩耍，

他的朋友们也不能来拜访他。

小矮人孤独地被困在自己的树根家里。

至少他能透过树根的窗户向外看。他惊讶地发现有这么多东西可以观察。小蚂蚁匆匆忙忙地跑来跑去，五彩斑斓的甲虫吸引了他的注意。长耳朵的兔子在灌木丛中跳上跳下，来回穿梭。

但即使有这么多东西可以观察，小矮人还是变得不耐烦了。

为什么他必须一直待在家里？对他来说，不能四处游荡毫无道理。

然后，大树妈妈对他低语：“事情不再像以前那样了——但请相信我，很快你就会自由——请相信我，请相信我。”

小矮人知道，他总是可以相信大树妈妈。

大树妈妈像智者所能达到的那样智慧。

大树妈妈承载着整个森林的智慧！

大树妈妈对一切都了如指掌。鸟儿和风是她的朋友。它们每天都会来访，带来远方的消息。

小矮人能听到鸟儿飞来的声音。他能听到它们在大树妈妈的树枝上欢快地歌唱。

小矮人能看到风儿吹过。他能看到树枝来回摇摆，有时缓慢，有时迅速。通常，他不得不关上窗户，以防止这阵风将地面上的尘土和树叶吹进来。

每天，大树妈妈继续低语："事情不再像以前那样了——但请相信我，很快你就会自由——请相信我，请相信我。"

所以小矮人不得不信任，小矮人不得不等待。很快他知道他将能够离开树根中的家。很快他知道他将能够再次在森林中游荡——哦，小矮人是多么喜欢游荡啊！

在他等待的时候，他惊讶地发现自己在树根中的家原来有这么多事情可以做。

小矮人会跳舞，

小矮人会唱歌，

小矮人会画画和涂鸦，

并且在地板上做空翻。

小矮人会跳舞，

小矮人会唱歌，

小矮人会打扫和烹饪，

并且蜷缩着看图画书。

小矮人会跳舞，

小矮人会唱歌，

小矮人会编织和缝纫，

揉面团和烤制酸面包。

小矮人会跳舞，

小矮人会唱歌，

小矮人会敲打和拧螺丝，

切割和粘贴，

做炖菜。

如果感到忧郁，

就看看窗外的景色，

对一个小矮人来说，有这么多事情可以做！

对一个小矮人来说，有这么多事情可以做！

对一个小矮人来说，有这么多事情可以做！

手工艺活动

制作一个插图故事书，创作一个木偶剧，跳舞或表演故事，为诗歌制作音乐。

你还可以为诗歌写更多的诗句（你还能想到在家里做哪些活动？）

小矮人可以……

小矮人可以……

小矮人可以……

还有……

给小负鼠的手帕

这是一篇为新型冠状病毒感染疫情期间所写的押韵故事，旨在帮助那些对“病毒”和生病过于焦虑的年幼孩子。

故事中包含了一个“手帕合唱团”，可以按照《我们绕着桑树走》的曲调来唱——或者你可以自己创作一首歌！

重要提示：请不要与那些甚至还不知道细菌和病毒是什么的太小的孩子分享这个故事。

注：负鼠是少数生活在澳大利亚的有袋类动物，和袋鼠一样，母亲会在育儿袋里携带它的宝宝。

✳

小负鼠非常担心。
整天整夜，他都忧心忡忡。
森林里的新闻和闲言碎语，
让他感到非常害怕。

每棵树的树干上，

都挂着一个标志，上面写着："小心！"
在树皮上用大字写着——
"到处都是讨厌的病毒。"

小负鼠非常担心，
到处都是关于病毒的谈话，
他怎么敢甚至呼吸森林的空气呢！

负鼠妈妈告诉他：
"在我们的树上是安全的，
如果你在我身边玩耍，
你会像安全一样安全。"

但小负鼠仍然担心，
他一直待在自己的袋子里。
如果到处都是讨厌的病毒，
他为什么还想出来呢？

每天他的妈妈都恳求他，
"出来在我们的树上玩耍，
从一根树枝跳到另一根树枝，
像自由一样自由。"

但小负鼠仍然担心，
拒绝在树上玩耍。
小负鼠只能想，
“如果细菌抓住我怎么办！”

然后一阵风吹过树枝，
带着清晰的低语歌声。
负鼠妈妈听到了信息，
高兴地欢呼起来！

她向住在所有树上的蜘蛛朋友们喊道，
“我们需要保持安全，
我们需要很多手帕！”

手帕用来捕捉病毒，
每天都要用的手帕。
帮助使森林变得安全，
并让担忧远离。

于是，森林里的蜘蛛们，
开始在所有的树上工作，
开始编织，
制作了许多丝手帕。

第二天早上，从袋子里，
小负鼠探出了头。
他看到了一个珍贵的礼物，
那是用蛛丝线编织的。

很快，每个负鼠都有了一个礼物，
森林里的病毒变少了，
最后我们的小负鼠，
可以从他的袋子里安全地爬出来。

现在所有的森林负鼠，
可以在他们的树上爬上爬下。
口袋里装着手帕，
使用起来……如此容易。

手帕用来捕捉病毒，
每天都要用的手帕。
帮助使森林变得安全，
并让担忧远离。

当手帕编织完成后，
蜘蛛们还有另一项工作。

编织柔软丝滑的洗漱布，
给每个小负鼠的小爪子。

如果你访问负鼠森林，
寻找树上的洗漱布，
许多手帕，
在微风中晾干！

手帕用来捕捉病毒，
每天都要用的手帕。
帮助森林变得安全，
并让担忧远离。

小兔子唱歌

（贝基·惠特科姆，早期儿童教育者）

这个故事是为一个两岁半的小男孩写的，他在与除了父母、兄弟和祖母之外的任何人交谈或进行眼神交流时都非常害羞。家里说两种语言，这可能是造成这种行为的原因。他的母亲担心他对老师和游戏小组的领导者非常封闭，希望他能找到一种声音，并以某种形式感到舒适地与他们交流……于是这个故事就诞生了。

来自贝基的评论："我真的在努力传达一个信息，那就是这个男孩的声音很重要，无论音量大小都值得被听见。当他说话时，魔法就会发生……别人愿意倾听，他们喜欢听他的声音。尽管故事相当长，但这个小男孩被故事深深吸引。"

来自他母亲的评论："我发现整个过程非常丰富和有益，对我们俩都有帮助。我的儿子现在除了家人之外，还会向其他人提供一些特别的词语。他现在与人交流得更多了——用微笑、点头、眼神交流和给人东西来表达自己，比以前更频繁。他也会在别人面前和家人说话，这在听故事之前是很少的。已经发生了微妙但强大的变化。当他第一次听到这个故事时，他似乎真的有反应，这似乎帮助他向外界开放，并使用非语言方式与他人交流。我和他一起唱过一次！"

来自老师的评论：“当这个孩子听过故事之后再次和我见面，他第一次和我进行了眼神交流。这本身就是巨大的进步。比如他会准备礼物作为信任的表示。这很美！之前，他在游戏小组里几乎不和任何人说话，即使是在他妈妈面前。他会在第二语言中耳语。现在他毫无畏惧地说话，声音也大了！”

从前，有一家兔子家族住在温暖舒适的洞穴里。有一对兔子父母和两只小兔子。他们的毛发是金棕色和蓬松的白色，既干净又明亮，鼻子闪着粉红色的光泽。

最小的兔子喜欢唱歌，他一醒来就开始唱歌。

他特别喜欢为家人唱歌。只唱给家人听。这会带来很多乐趣和快乐。

啦啦啦，我唱我的歌，
每天我都在唱，
啦嗒嗒，啦嘀嘀，
快乐地一起唱。

当他们离开洞穴去寻找食物时，小兔子会紧紧跟随，一边轻声唱歌一边蹦跳。

啦啦啦，我唱我的歌，

每天我都在唱，

啦嗒嗒，啦嘀嘀，

快乐地一起唱。

但每当兔子家族在森林中遇到其他动物时，小兔子就会低头停止唱歌。只有当他们走远，消失在远处时，小兔子才会抬头继续唱他的歌，一边蹦跳一边唱。

啦啦啦，我唱我的歌，

每天我都在唱，

啦嗒嗒，啦嘀嘀，

快乐地一起唱。

有一天，当兔子家族出去寻找新莓果时，周围有很多其他动物也在寻找莓果。小兔子试图轻声为家人唱他的歌，但附近动物太多，他感到不知所措，于是就停止了唱歌。

但小兔子不知道他拥有魔力的声音，能让森林像彩虹一样发光。他的歌声似乎穿越了森林的地面和天空。所有爬行、行走和飞翔的动物都在听他唱歌。是他的声音让森林变得如此美丽多彩，拥有所有的颜色！但是当小兔子停止唱歌时，森林开始失去它的光泽和颜色。

所有爬行、行走和飞翔的动物都变成了灰色。

所有的小鸟和蜜蜂，所有的花儿和树木都变成了灰色。

兔子家族互相看着对方，发现他们也失去了光泽和颜色。他们现在也是灰色的。

所有的一切都失去了颜色。

兔子家族采完莓果（莓果也是灰色的）后非常疲惫，所以他们回到洞穴里睡了一整夜。

当他们醒来时，小兔子开始唱他的歌——

啦啦啦，我唱我的歌，
每天我都在唱，
啦嗒嗒，啦嘀嘀，
快乐地一起唱。

突然间，妈妈兔子的毛发开始变成金棕色和白色并且干净明亮。一个漂亮的粉红色鼻子也出现了。她感到惊讶。她看着小兔子说："继续唱！继续唱！"

当他继续唱歌时，全家都变回了金棕色和白色且干净明亮的毛发，鼻子闪着粉红色的光泽。

妈妈兔子带着小兔子走到洞穴入口，看到当小兔子唱歌时，森林的颜色开始重现。灰色开始消失，草地变成了可爱的绿色，花朵以红色、紫色和粉红色等颜色辉煌绽放。随着歌声传遍森林，鸟儿拍打着彩色的翅膀，天空变成了最明亮的蓝色。

妈妈兔子转身对小兔子说，"这就是你，这就是你！是你的声音和你的歌赋予了森林所有的颜色。"

从那天起，小兔子非常自豪，他很高兴为所有人唱歌。森林比以往任何时候都更加美丽和多彩。

如果你仔细听，你可以听到所有的小鸟和蜜蜂都在跟着哼唱，花儿和树木随着他甜美的歌声摇摆起舞。

啦啦啦，我唱我的歌，
每天我都在唱，
啦嗒嗒，啦嘀嘀，
快乐地一起唱。

孩子和河

（由安妮特·穆基亚拉讲述）

这是一个来自东非乌干达巴尼奥罗的故事，由安妮特·穆基亚拉叙述，并由作者记录下来。这是一个情境性缄默症的文化故事示例。

✳

从前，有一家人，一个男人和他的妻子以及他们的五个孩子，四个女孩和一个男孩。

父母非常照顾他们的孩子，他们在花园里辛勤工作，种植足够的玉米和蔬菜来养活他们的家庭。

然而，家里那个男孩却不会说话。父母和男孩的姐姐们尝试了各种方法让他开口说话，但都没有成功。

有一天，当父母去花园工作时，孩子们决定自己去井里打水。但当他们快要到达井边时，他们遇到了一条以前从未注意到的大河，并且没有桥可以过河。

大姐走向河边开始唱道：

妈妈和爸爸想让我去井边，那里的水是静止的。

河流，请让路，让我过去。

河流分开了，出现了一条路，当她走过后，河流又合上了。

然后二姐来了，唱了同样的歌：

妈妈和爸爸想让我去井边，那里的水是静止的。

河流，请让路，让我过去。

再一次，河流分开了，为她让出了一条路，当她走过后，河流又合上了。

接着是三姐，然后是四姐。她们都唱了同样的歌，每次河流都会分开，为每个人让出一条路，当她们走过后，河流又合上了。

但轮到弟弟时，他到目前为止从未说过话，他尝试像他的姐姐们那样唱歌，却唱不出来。于是水淹到了他的膝盖。他又试了一次，仍然发不出声音，已经水淹到了他的腰部。他第三次尝试，还是无法唱歌，已经水淹到了他的脖子。

男孩从河里舀了一些水喝。河水清凉而甘甜。

这次当他尝试唱歌时，他唱得很好，河流分开了，为他让出了一条路！

他走过去，发现他的姐姐们在另一边等他。他们一起从井里打了水，高高兴兴地回家了。

回家的路上，他们没有再遇到那条河。

回到家后，父母非常高兴，因为他们的儿子现在能说话了。他们举行了一场盛大的宴会，庆祝这个特别的日子。

公主与珍珠

这个故事是为一个六岁的小女孩写的，她患有选择性缄默症——在家能说话，在学校却不能。我想到用蝴蝶作为隐喻之一，因为我看了这个小女孩的一些画作——她的画里到处都是蝴蝶。

我写好这个故事后打算在她六岁生日后不久送给她，没想到她选择的生日礼物是一个缝有珍珠的毛毡王冠。有时候，故事和现实之间会发生这样的巧合！她在生日那天戴着王冠去学校，老师非常惊讶，因为她计划下周给全班讲这个故事。

老师反馈说，慢慢地，他们观察到小女孩的行为有了小小的变化。用老师的话说："这个故事帮助她变得更加自信，愿意在学校、在教室、操场上——让我听到她的声音，并且我看到她在和朋友们唱歌。"

这个故事的副本也送给了她的父母，让他们在家里阅读。他们反馈说，他们对这样的家庭故事礼物感到非常高兴。

⁂

从前，有一位公主住在海边岩石悬崖上的闪亮白色城堡里。这位公主因为她从早上醒来到晚上睡觉时都戴着的珍珠王冠而闻名遐迩。

她在城堡花园里和蝴蝶玩捉迷藏时戴着她的珍珠王冠；她在城堡秋千上荡来荡去时戴着她的珍珠王冠；她在悬崖边的草地上奔跑时也戴着她的珍珠王冠。

每天晚上，在公主睡觉之前，她会摘下她的王冠，擦拭那些乳白色的珍珠。然后她会把王冠放在柔软的天鹅绒盒子里，直到早晨。

有一天，当公主在海边悬崖边的草地上奔跑时，她被路上的一块石头绊倒，向前摔了一跤。珍珠王冠从她的头上滑落，沿着小路滚了下去。它一直滚到悬崖边。幸运的是，在悬崖峭壁下降到下面海滩之前，它停在了一个岩石突出的地方。

公主小心翼翼地向前爬去，捡起了王冠。当她拍掉灰尘和杂草时，她注意到王冠前面少了一颗大珍珠。她环顾四周——在悬崖顶上的泥土和岩石中没有找到。她沿着草地往回走——草丛中也没有找到。她又回到悬崖顶上，向下望去。在沙滩上，她看到一个圆圆的白色珍珠在阳光下闪闪发光。

当她仔细观察时，一个大浪冲上了海滩。当海浪退回去时，珍珠不见了。海浪把它带回了大海的家。

公主不知道该怎么办。大海如此之浩大，而她是如此之渺小。她怎么能找回她丢失的珍珠呢？这似乎是一项不可能完成的任务。

她回到城堡，把王冠放回柔软的天鹅绒盒子里。没有了前面的大珍珠，王冠似乎失去了它的美丽。公主不想再戴它了。

从那天起，城堡里的生活改变了。公主不再想在花园里玩耍；她不再想在秋千上荡来荡去；她不再想在草地上奔跑。

蝴蝶们注意到了这种变化。它们每天都期待着公主出来和它们玩捉迷藏。现在她似乎只是坐在城堡里，凝视着窗外。

蝴蝶们把它们的担忧告诉了知道所有秘密的风。在公主摔倒的那天，知道所有秘密的风，一直在悬崖顶上吹拂。知道所有秘密的风看到了珍珠从王冠中滚出来，越过悬崖。知道所有秘密的风看到了海浪冲上沙滩，把圆圆的白色珍珠带回了大海的家。

现在，知道所有秘密的风把整个故事告诉了蝴蝶们。

蝴蝶们立刻知道需要做什么了。它们像彩色云朵一样飞起。它们飞出城堡花园，越过悬崖，下到海边。它们飞到海浪来回冲刷的沙滩上。蝴蝶们把丢失珍珠的故事告诉了海浪。然后它们像彩色云朵一样升起，飞过悬崖，不久就安全地回到了花园。

与此同时，海浪把这耳语带到了海水里，一直传到海豚嬉戏潜水的地方。当海豚们听到丢失珍珠的故事后，它们开始在水下四处潜游，这里看看，那里找找，在礁石间穿梭，沿着沙滩海底搜索。

它们寻找了许多天。终于有一天，一头海豚高兴地跃出水面，游向海滩。它的嘴里含着一颗闪闪发光的白色珍珠。

恰巧知道所有秘密的风正吹过大海。它看到一个海浪把珍珠从海豚嘴里取走，冲到了沙滩上。珍珠就躺在那里，在阳光下闪闪发光。

知道所有秘密的风迅速吹回城堡。公主正坐在里面，望着城堡的窗户。知道所有秘密的风尽其所能引起公主的注意。它摇动了窗闩，吹打着玻璃，摇晃着树枝，搅起了花园里的新鲜泥土。但公主似乎都没有注意到。

知道所有秘密的风有了一个主意。它找到了城堡门上的一个小洞，挤了进去。进入城堡，它就在公主周围轻轻地吹着，开始唱一首最美妙的歌。它唱到了蝴蝶的帮助。它唱到了海浪的帮助。它唱到了海豚的帮助。最后，它唱到了躺在沙滩上的闪亮白色珍珠。

公主听着知道所有秘密的风唱的美妙歌曲。她站起来，打开城堡的门走了出去。她到了花园，就被她的朋友们——蝴蝶们包围了。随着一阵拍打翅膀的声音，蝴蝶们像彩色云朵一样升起。公主跟着“彩色云朵”穿过草地，慢慢地沿着岩石小路下山，一直到海滩。她一到沙滩上，就看到了白色珍珠，在阳光下闪闪发光。

这对每个人来说都是快乐的一天——对知道所有秘密的风，对蝴蝶，对海浪，对海豚，最重要的是，对公主来说。王冠修复了，恢复了往日的美丽，戴在了公主的头上。

据我所知，公主至今仍戴着它，从早上醒来到晚上睡觉的每一刻。她在城堡花园里和蝴蝶玩捉迷藏时戴着她的珍珠王冠；她在城堡秋千上荡来荡去时戴着她的珍珠王冠；她在悬崖边的草地上奔跑时也戴着她的珍珠王冠。

渔夫的文字

一个鼓励患有言语运动障碍和言语延迟的儿童耐心和坚持的故事，这些孩子经常努力说出许多声音和单词。“在冰上的洞里钓鱼”的想法来自我的儿子杰米。他热爱与水有关的一切，特别是瀑布。当他无法让父母理解他试图说的一个单词时，我鼓励他以一种微妙的方式引用故事中的图像，说“继续钓鱼”或者“把洞挖得更宽更深”。

同样的关于一个渔夫的故事也可以用于那些正在努力找回他们曾经知道的词汇的成年人。我和我的丈夫现在使用钓鱼的隐喻来锻炼我们的思维——我们已经习惯了依赖彼此来找到我们自己想不起来的“单词”。对于“你能记得……的名字吗？”的回答，现在是“继续钓鱼”！

从前在文字王国里，有很多种方法可以找到单词来造句。有时候，单词足够多，可以编成一个故事。有时候，单词足够多，可以编成许多故事！

在文字王国里，有一片词语的森林，森林里的每一棵树都像叶子一样覆盖着词语。还有一片词语的沙滩，在沙滩上的每一块石头下面你都能找到一个词语。

但最好的是，在文字王国的中央有一个词语的湖泊。在这个湖泊里生活着许多许多的词语，就像小鱼一样到处游动——实际上，世界上每一个词语都生活在这个湖泊里。每天都有新的词语从一端的瀑布落入湖水中。它们会欢快地溅起水花，加入其他四处游动的词语小鱼中。

在瀑布边缘、湖边的一间小屋里住着一个渔夫。渔夫喜欢每天去钓鱼，看看他能钓到多少词语。

有时候他钓到的词语只够造一个句子。有时候他能钓到足够的词语来编一个故事。有时候他能钓到足够的词语来编许多故事。

当文字王国的天气变得非常寒冷时，湖泊结冰了。渔夫不得不努力地凿冰和挖冰，以便他仍然可以去钓鱼。他穿着非常暖和的外套，坐在冰洞旁的凳子上钓鱼。但这样捕捉词语并不容易。

有时候词语会从钩子上掉下来，他不得不重新尝试。

有时候如果词语太大，他甚至无法把它从冰洞里拉出来。

所以，渔夫不得不继续凿冰和挖冰，使洞变得更大。当他工作时，他经常唱起他的钓鱼歌：

钓鱼，钓鱼，整天……

钓鱼为词语……它们会说什么？

造句子和编故事一样，

我喜欢做文字钓鱼！

因为渔夫喜欢造句子，也喜欢编故事，在寒冷的天气里，他只能更努力地通过冰洞捕捉词语。

他只得不断地凿冰和挖冰，使洞变得更大……他必须非常努力地工作！当他工作时，他经常唱起他的钓鱼歌：

钓鱼，钓鱼，整天……

钓鱼为词语……它们会说什么？

造句子和编故事一样，

我喜欢做文字钓鱼！

而他确实捕捉到了那些词语！

你知道吗，这个渔夫成为当地最受欢迎的故事讲述者之一，因为他捕捉到了如此多的词语来造出如此多的句子和故事。

手工活动

在卡片上写上许多简单的词语，并附上金属扣——用一根小棒，棒的一端系上一小段绳子，绳子的另一端绑在小棒的一端。

将所有卡片放入桶中，开始“钓鱼”。根据孩子的年龄，可以玩不同的游戏——许多词语可以用来创造一个故事。

这个游戏的一个变体是，在卡片上写上字母，然后“去钓鱼”——被“钓起”的字母可以用来创造许多不同的词语或词语组合。

明亮之光

这个故事是为英国一个患有退行性眼病的八岁女孩写的——作为一件礼物，以某种小方式帮助她在未来几年里，尽管身体不断衰弱，也能找到勇气。故事中强调了使用其他感官来引导孩子前进的道路。

女孩的阿姨提供了故事构建的输入（她的侄女非常喜欢狐狸）。

就个人而言，这个故事帮助我接受自己随着年龄增长视力减弱的状态。它鼓励我寻找使用其他感官的机会，并让我的视觉休息。有时候，如果海滩非常空旷，我会闭上眼睛沿着沙滩走，依靠触觉和听觉找到前进的路。有时候我会闭上眼睛坐在花园里，享受鸟儿和昆虫的大声歌唱，以及微风轻抚皮肤的感觉。或者在夜晚，即使眼睑半闭，我也能看到月光。在这些体验结束时，我的眼睛总是感觉休息得很好，已准备好再次工作了！

✳

从前，有一只小狐狸出生在这个世界上，她的眼睛像流星一样明亮。她的父母立刻爱上了她那双明亮的眼睛，并给她取名为“明亮之光”。这只活泼的小狐狸和她的家人住在大森林的边缘。她会在夜晚和森林精灵们玩捉迷藏，白天则和兄弟姐妹们一起创造新游戏。

随着时间的流逝，明亮之光的眼睛开始变得暗淡。眼睛的暗淡让小明亮之光非常难过。她渐渐停止了和精灵朋友们的嬉戏，也不再和兄弟姐妹们一起创造新游戏了。

一天晚上，明亮之光坐在一棵树下，自顾自地唱着一首悲伤的歌。

我希望，我希望，我非常希望我的眼睛能像以前一样。

我希望，我希望，我非常希望能找到新的眼睛来看世界。

我希望，我希望，我非常希望，我的心真的好痛，

我希望，我希望，我非常希望，我的心几乎要碎了。

小狐狸悲伤的歌声被森林之灵听到了，森林之灵神奇地从她绿叶覆盖的家中出现，站在那里倾听小狐狸的烦恼。起初，明亮之光并没有注意到这位森林女士，她的眼睛被泪水模糊了。但随后她听到了一个声音，抬头看去。

“亲爱的明亮之光，”森林之灵说，“我会告诉你一个旅程，你可以去寻找你所寻求的东西。只有你能去进行这次旅行，这是你独自一人的旅程。你需要一些你已经拥有的工具——它们被称为你的感官。我还有一个小礼物可以帮助你找到路。”森林之灵深入她的树根，摘下一颗光滑的水晶，它闪烁着所有树木的智慧之光。她用一段藤蔓将水晶串成项链，然后递给明亮之光，让她戴在脖子上。

森林之灵指向了树木之间一个她从未注意到的缺口。“如果你沿着这条路走，它会带你到一个开阔地，那里有一个深而宽的池塘。在那里你会找到你所寻求的东西。”说完这些话，森林之灵就像她来时一样神奇地消失了，

留下了她的新礼物送给明亮之光。

小狐狸从未深入过森林，她听说那里有可怕的东西，她不想靠近。就在这时，月亮妈妈透过树梢照耀下来，用银色的月光沐浴着她。月亮妈妈对她低语：“我也可以在这次旅途中帮助你。当我完全明亮时，我可以引导你用我的光。”

有了森林之灵的礼物和月亮妈妈的光，明亮之光深吸了一口气。她检查了一下自己的水晶是否还在脖子上，然后慢慢地沿着小路出发了。奇怪的声音和气味包围着小狐狸，但她知道自己必须前进。

她越走越深，越过岩石和扭曲的树根。然后她听到了雷电的隆隆声和风的拍打声，越来越近，越来越响。“哦不！”明亮之光想，“我必须赶快找个避难所——暴风雨很快就会来临！”

小狐狸摸索着离开小路，爬进了一个深深的、黑暗的洞穴。她小心翼翼地爬进洞里，用蓬松的尾巴包裹住自己取暖。至少在这个土洞里，狐狸可以安全——即使她什么也看不见。她的肚子因恐惧而颤抖，但她紧紧握住水晶项链，等待暴风雨过去。过了一段时间，她能听到雷声和风声已经远去，她能闻到和听到雨已经停了。她的触觉随后引导她回到小路上。哦，她是多么高兴能拥有这些感官啊！

一旦离开黑暗的洞穴，明亮之光注意到月光透过树木照下来，帮助她找到前进的路。她开始稍微放松了一些。雨水使脚下的地面变得平滑，月亮也照得更亮了。她甚至哼起了小曲。

但是当她转过另一个弯时，森林再次变得昏暗，她撞到了一个又硬又湿的东西。暴风雨一定把一棵大树吹倒在了路上。有一堆零碎的树枝需要攀爬，但她必须爬过去。没有其他的路可走。

明亮之光的触觉和平衡感开始发挥作用。她开始摇摇晃晃地爬上树枝堆。树枝以一种杂乱无章的方式堆积，小狐狸不得不调动身体的每一块肌肉来防止自己跌倒。她的触觉帮助她仔细地放置她的爪子，而她的平衡感则阻止她向后倒下。最终，她到达了顶部并坐下来喘口气。

月光在这里更加明亮。明亮之光非常感激。“谢谢你，月亮妈妈，我非常感激你的银色光芒。”月亮妈妈微笑着，变得更亮一些，并轻声回答。“要有力量，小明亮之光，你是一只聪明的小狐狸。在我作为月亮的千万年的岁月里，你是我看见过的最明亮、最勇敢的小狐狸之一。”

在月亮妈妈的帮助下，明亮之光安全地从树山下来。然后她继续沿着蜿蜒曲折的小路深入森林。这条路似乎永远没有尽头。

当她走啊走，她陷入了沉思。她在想她的兄弟姐妹们在巢穴里玩得那么开心、无忧无虑，为什么她必须踏上这段旅程？为什么她不能回到家里，快乐地玩耍，没有烦恼？

这些想法在她心中涌现。不久，明亮之光唱起了她的悲伤之歌：

我希望，我希望，我多么希望我的眼睛能像以前一样。

我希望，我希望，我多么希望能找到新的眼睛来看世界。

我希望，我希望，我多么希望，我的心真的好痛，

我希望，我希望，我多么希望，我的心几乎要碎了。

她的眼中积满了泪水，泪水划过脸颊，滴落在水晶项链上。感受到她的泪水，水晶项链开始发出更亮的光芒，变得温暖起来。水晶的爱和温暖慢慢地在她体内扩散。当水晶发光时，小狐狸听到了森林之灵在她耳边低语：“明

亮之光，悲伤时哭泣落泪也没关系。我们都在生命中的不同时间哭泣过。我们每个人都在自己的旅程上，每个人的道路都是如此不同。我们都必须选择自己的道路，攀登自己的山峰，转弯，找到自己。没有高潮就没有低谷，没有上升就没有下降，没有光明就没有黑暗。”

受到这份智慧的鼓舞，明亮之光继续沿着道路前进。当她继续前行时，她感到脖子上的水晶仍然温暖。森林现在看起来比以往任何时候都要黑暗，她听到了一些令人毛骨悚然、令人害怕的声音……但她没有停下来。她尽可能快地奔跑，绕过角落，沿着道路疾跑，直到她突然冲进了一片空地。

进入空地，所有令人害怕的声音都停止了。事实上，小狐狸什么也听不见。风不再吹动树木，所有的一切都静默无声。

明亮之光停下来，享受这样一个宁静的地方。然后她注意到空地中央有一个池塘，一个深而宽的池塘。月亮母亲如此明亮，以至于池塘里的水都在闪闪发光。

明亮之光被闪光吸引，慢慢地靠近池塘。她到达边缘，弯下身子向水中望去。在那里，回望着她的是她自己的狐狸眼睛。

明亮之光从未见过自己的眼睛。它们是如此美丽，如此美丽。

与文字共舞——来自“我们的孩子”的诗

（本杰明·奥克拉姆，奥斯汀·克拉克·史密斯和凯蒂·赫普顿）

希尔顿·科普博士是一位全科医生——一位生活在澳大利亚东海岸新南威尔士州北部河流地区的家庭医生。

他开发了创意写作项目，弥合了冷冰冰的科学与活生生的生活之间的鸿沟。他的工作坊帮助患者接受医疗问题，并帮助挣扎着的医疗专业人员找回中心自我。

近年来，这些工作坊已被改编用于慢性病和严重疾病患者。对于年轻患者，他强调写作应该是有趣的。他鼓励他们用一系列单词描述他们的疾病，然后从这些单词中写一首短诗。以下是一些例子，来自在澳大利亚新南威尔士州北部利斯莫尔基础医院与“我们的孩子”一起参加工作坊的三位年轻患者。

七岁的本杰明·奥克拉姆患有脊髓脊膜突出症。他腿上戴着护具，他称之为“本的靴子”。这是他的诗：

有时会痛，

让我感到悲伤，

它总是在那里，

它永远不会消失，

它不会阻止我奔跑，

它不会阻止我行走，

它让我变得坚强，

它永远不会阻止我做任何事情。

十一岁的奥斯汀·克拉克·史密斯患有先天性肾上腺增生症（CAH）。这是他的诗：

我日夜服用我的药片，

有时我觉得有点不同，

我希望它离开我，

我知道它让我成为我，

我不让它控制我，

因为如果我让它控制，我就不是我了。

十五岁的凯蒂·赫普顿患有一种肌肉障碍，从四岁起就使用电动轮椅。这是她的诗：

我们在出生后 18 个月相遇——它的咆哮吓到了我的父母，

它的抓握像超级胶水一样——不放开。

我感到被困，它让我退步，

没有内疚、羞耻——我再也没有见过它们。

留我自己去战斗，

我感到被困，它让我退步，

现在已经过去 14 年了——没有遗憾，没有痛苦，

我把每一天都当作最后一天来对待，

我感到被困，它让我退步，

我有一种病，没有治愈方法，

我有一种病，我仍然有希望。

青蛙和奶油桶

这是一个俄罗斯的故事，由作者重新讲述，以鼓励在抗击疾病和逆境中展现出力量和决心。适合儿童和家庭。

从前有一只青蛙，它跳进了一桶奶油中。它游来游去，踢蹬着，溅起水花，试图找到一条出路。它不时停下来休息，想知道是否能找到摆脱困境的方法。

然后它开始边游泳边唱歌。它发现唱歌能使它变得更强大。

我是一只小青蛙，如果我保持坚强，
我很快就能找到出路！

这只青蛙拒绝放弃。

它游啊游，唱啊唱，直到不知不觉中，它的小脚把奶油搅成了黄油。

最后，它踩在黄油上爬了出来——就在挤奶女工回来取她的桶之前！

骨骼愈合

（新人文主义教育协会的阿南达主席和罗马尼亚的阿穆尔特尔主席）

这个故事是为了“教育之路”项目中的叙利亚难民儿童而写的，他们的家族因为内战日益加剧而逃到了黎巴嫩。足球是孩子们在项目中最喜欢的活动之一，很快，甚至女孩们也愉快地加入了比赛。这个故事中使用的足球隐喻，反映了他们对游戏的热情。突然受伤中断生活，导致孩子落后于同龄人的隐喻，旨在反映叙利亚难民儿童在项目中的情况，他们的生活突然被战争打乱。当进入黎巴嫩学校系统时，难民儿童发现自己与其他同龄人相比处于劣势，因为他们错过了几个月甚至几年的校园生活。这可能导致他们成为欺凌的目标，他们必须努力赶上同龄人，就像奥马尔在拆除石膏后必须努力恢复他虚弱的肌肉一样。

这个故事也可以用于因脚踝或腿骨折而暂时无法移动的孩子。

奥马尔喜欢踢足球！每个夏天的下午，他都会和他的邻居朋友们在村庄学校附近的田野里见面。纳萨尔、萨梅尔和玛雅是他的好朋友，他们总是在同一队里。这四个朋友是邻里中跑得最快的，踢足球时，他们似乎被一条看不见的线连接在一起。奥马尔能感觉到他们在场上的位置，知道球应该传到哪里。

有一天，当他们正在踢球，萨梅尔把球传给了奥马尔，就在他伸脚踢球的瞬间，纳萨尔和奥马尔同时触到了球。他们的脚纠缠在一起，孩子们乱成一团摔倒在地。当奥马尔摔倒在孩子们下面时，他感到右脚踝发出一声脆响，然后扭到了身下。他因为剧烈的疼痛尖叫起来，开始哭泣，蜷缩在地上。他无法挪动他的脚。其他孩子们都停止了游戏，围在他身边，大家都很害怕。

有人跑去叫大人，他们很快把他带到了急诊室。奥马尔的脚踝骨折了，医生给他打上了石膏。

最初的几天，他的脚踝肿得很厉害，也很疼。幸运的是，疼痛很快就消失了，奥马尔开始在家中借助拐杖四处走动。现在，他开始想念他的朋友们。他决心去拜访他的朋友们，所以他小心翼翼地穿过布满石头的田野，那里每天都有孩子们聚集玩耍。他坐在一块石头上，石头被太阳晒了一整天，暖洋洋的，他把拐杖靠在石头上。他的朋友们很高兴见到他——萨梅尔走过来给了他一个大大的拥抱。但是有一群孩子在他们之间窃窃私语，看着他的方向，偷偷地笑。奥马尔听不清他们在说什么，但他还是感到脸红。他把目光从他们身上移开，专心地看着他的朋友萨梅尔和玛雅在远处玩耍，为他们加油。

他的骨头几乎用了八周的时间才愈合。石膏又痒又热，他迫不及待地想把它去掉。时间似乎过得很慢，当其他人都在外面玩耍和享受乐趣时，他只能坐在家里，这让他感到很无聊。

终于到了去医生那里卸掉石膏的时候。医生用一把电动锯，锯子在皮肤上发出嗡嗡声和瘙痒感，然后再用剪刀剪开了石膏。他的腿感觉凉爽而轻盈，但他注意到这条腿似乎比另一条腿细。实际上，当他站起来走路时，受伤的那条腿感觉很虚弱，他必须小心地挪动。

医生教他做一些练习来增强肌肉，帮助他的腿恢复正常。尽管这些练习比奥马尔每天为了足球练习的热身要容易得多，但比他预想的要难得多。但奥马尔为了能够再次快速奔跑和踢足球，所以他不断地练习。日复一日，肌肉变得越来越强壮。

暑假结束了，奥马尔没有像往常一样在外面踢足球，而是整天练习，让自己变得更强壮。奥马尔和所有邻里孩子们都回到了学校。放学后，孩子们聚集在田野里踢足球。终于，奥马尔能够加入他的朋友们，虽然他现在还不能跑得很快，他也有点害怕再次受伤，但他很高兴能和朋友们在一起。萨梅尔和玛雅也很想和奥马尔一起踢球。

最后，队伍又完整了。

黑　石

（由安德烈亚·克雷内克和埃里卡·卡塔奇奇·科日奇创作；讲述者，萨格勒布。）

这个故事讲述了一位名叫克里斯蒂娜的 17 岁女孩，她因为患有肌肉萎缩症而对使用轮椅感到强烈抵触。为了帮助克里斯蒂娜接受使用轮椅的现实，她的母亲给了她一个打印出来的故事和一个紫水晶戒指。故事和戒指的礼物在一夜之间产生了奇迹，第二天克里斯蒂娜告诉她的母亲，她已经能够接受坐轮椅了。六年后，克里斯蒂娜成为一名残疾人士权益的倡导者，她在克罗地亚的大学学习，并成功争取到了轮椅通道的建设，包括安装坡道和电梯，极大地方便了残疾人士的通行。

在进入下一个世界之前，祖母将一块特定的黑色石头传给了她的孙女，说这块石头永远不能离开她的身边，因为它守护着一个巨大的秘密。

女孩接过了石头。她无论去哪里都带着它。随着时间的推移，石头似乎变得越来越重……女孩开始相应地调整她的活动。她不能再溜冰了，因为石头会把她拉下去，她会摔倒。想站起来会很困难。她也不能溜冰，或者跑步……骑自行车也变得不可能。女孩不能独自游泳，因为石头会把她拉到水底……她每天上学路上攀登的台阶变得越来越难以克服的障碍。几乎察觉不到，她根据石头的负担调整了她的日常程序和看似微小的活动。女孩以不同的方式梳理头发、刷牙、吃饭……她放慢了步伐，但她没有放弃。女孩每天都带着石头，正如她的祖母所要求的那样，带着尊严生活。

有一天，当女孩缓慢而艰难地行走时，她绊倒了，摔到地上。她以前也摔倒过，但这次她摔倒时，石头从她手中滑落，摔在地上裂开了，露出了它绚丽紫色，它的内在颜色和光泽如此迷人。此后，在石头的光芒照耀下，女孩继续她的生活之旅。

亲爱的苏珊：

感谢您在编写疗愈性故事方面的知识和帮助，以及埃里卡和我妈妈参加的工作坊，她们写了一个美丽的故事，给了我继续前行的力量，无论多么困难，每天都能带着微笑起床。

我们每个人在生活中都有某种石头要携带，而我们自己要找到石头中的美，这样我们才能更容易地携带它，并与我们的命运和平相处。

这个故事对我来说很特别，也很珍贵。

感谢您分享您的天赋。您是一位伟大的老师，您工作坊的学生不仅仅是在写故事，他们的故事有一种特殊的触感，这在许多其他故事中是找不到的。

克里斯蒂娜·伊瓦托维奇

小贝壳和珍珠

（萨什卡·克莱门契奇，理学硕士，教育学士和成人教育硕士、自然语言处理—大师实践者和自然语言处理教练、自我管理培训师，斯洛文尼亚）

这是一个通过忍受多年悲伤和损失而成长的故事。这个故事的旅程和隐喻可以在许多困难的情况下，以及对不同年龄段的人有所帮助。文中提到的萨什卡参加了作者在卢布尔雅那（斯洛文尼亚首都）举办的疗愈性故事研讨会，并通过电子邮件告诉作者，她发现了一个使用故事练习中的“珍珠和贝壳”概念，结合随机词语/符号（参见故事词汇表，第213页）来创作故事的方法。萨什卡通过这个故事来描述她所面临的挑战，她认为这是最能表达她个人经历的方式。故事中的“红点”代表了至少三件事：她的人工眼睛——三岁时失去了一只眼睛；她的皮肤病异位性皮炎——通常出现在她的脸和手上；以及她的内疚、愤怒、羞愧，因为她信任了一些不值得信任的人。她被这些人操纵，这让她付出了很多金钱。有些人告诉她，有时候她像是看不见的，因为她确实是……她不愿放开自己，害怕不被接受……有时在演讲时，她表现得不连贯……有些人这样评论她……他们看着她的红点而不是她的“珍珠”……现在她在故事中找到了答案。

✻

她出生后不久，小贝壳的内侧出现了一个大红斑。有时它会变大，有时会变小，但它总是存在。它变得如此明显，以至于周围的所有人都能看到，并开始对它提出疑问。

由于一个贝壳有这么大的红斑是不寻常的，所以小壳谈论它时感到非常不舒服。很快她就意识到最好的办法是保持闭合，以某种方式变得看不见。这样她就不必回答所有问题了。其他贝壳有小珍珠，它们并不像她的红斑那样有趣。

因此，小贝壳习惯了保持闭合。当她尝试稍微打开一点时，她立即遭到了尖锐的石头的攻击。这些小石头伤害了她，疼痛困扰了她很长时间。所以她更愿意保持闭合。

随着她的成长，她注意到其他贝壳打开并展示它们的珍珠时变得多么美丽。但小贝壳仍然保持闭合。

有时她会偷偷地羡慕其他人。如果她没有这样的红斑，她可以像它们一样自豪地展示自己。

有一天，当所有的贝壳聚集在一起时，她在一个小黑暗角落里稍微打开了一点。她只是想看看周围人的反应。但没有人注意到她，就好像她是隐形的。但仍然，小石头进入了她的贝壳，提醒着她的痛苦。

她只是对自己说不能告诉别人的话。用那些小石头塑造并磨尖了她的珍珠。慢慢地，她的珍珠变大了。

有一天，小贝壳觉得她的珍珠已经大到让她感到疼痛，无法再保持贝壳闭合。她觉得是时候打开自己，向世界展示她的珍珠，不管别人会说什么。

但她害怕了。她害怕尖锐的石头。她的一些伤口还没有愈合。然而，她知道有些珍贵的东西她想向世界展示。

她开始时不时地打开自己。有时她只是稍微露出一点贝壳。然而，因为珍珠现在变得非常之大，每次小贝壳打开，一些小石头就会掉出来，她感到更加舒适。但由于她被透过水面照耀的阳光照得眼花缭乱，她会再次闭合自己。

最终，小贝壳终于完全打开了。她试图打开自己，以至于没有人会注意到她的斑点。但这很不寻常。其他的贝壳和所有的海洋生物开始盯着她看。除了她美丽的珍珠，他们也看到了她的红斑。他们不知道该看哪里，是看珍珠，还是看斑点。她越是试图隐藏斑点，他们越是看着它。最终，不仅是斑点变红了，小贝壳的整个身体都变红了。

在一个月光之夜，当一个海浪把她卷到海滩附近时，她听到了求救的哭声。她四处张望，当她注意到两个贝壳被夹在岩石之间时。它们无法出来。岩石之间有一个小洞，但它们无法打开足够的宽度来看到它。

海浪低声告诉小贝壳，她应该帮助它们。她为它们感到难过，甚至没有想到她的红斑，她就完全打开了。在那一刻，明亮的月光照亮了她的珍珠，她开始将她的珍珠光芒投射到水面上。现在，两个贝壳可以看到黑暗中的出路。他们能够跟随她的珍珠光芒前进。当它们从岩石之间的狭窄洞口游回广阔的海洋时，它们开始跳起快乐的舞蹈。

与此同时，小贝壳凝视着水中的倒影，第一次她真正看到了她的珍珠和她的红斑。她意识到斑点并不像她想的那么丑陋。斑点的颜色使珍珠的颜色更加独特。珍珠现在变得如此之大，几乎完全遮住了红斑。而每个人能看到的只是美丽的珍珠和只有小小的一块红色。红斑仍然存在，但没有人注意它。

同时，小贝壳也感到自己能够与它和平共处。她一生中第一次能够开放并感觉良好。最终，一切都似乎是对的。

回到海里后，被救的贝壳打开了自己，向救了它们的小贝壳展示自己的珍珠。月光也照亮了它们的珍珠。现在，三颗珍珠在闪耀。它们的光芒如此强烈，以至于红斑变得更加苍白。所有被尖锐石头造成的小小伤口开始愈合。

强大的光芒吸引了所有其他的贝壳，一个接一个地打开，它们的珍珠开始闪耀。月亮带着微笑看着它们——她用她的光芒拥抱它们。贝壳们用那光芒填满了它们的珍珠。当它们充满了光芒，就扔掉了它们的外壳。现在它们自由地跳舞。所有的珍珠手拉手快乐地跳舞。

从远处看，它们就像一串美丽的珍珠项链一样闪耀。

随机故事写作练习

这种讲故事的方法可以激发你的想象力，让它像蝴蝶一样翩翩起舞，因为它可以帮助你绕过逻辑思维。随意抽取两张卡片（参见下表中的卡片制作说明），并用这些卡片来构思一个故事。这可以作为一个有趣的练习，甚至可以作为派对游戏！有时候，当你感到受阻，或者主观性阻碍了你，这个练习可以帮助你突破。

几乎每个故事都有一个开头（介绍问题）、一个中间部分（与问题斗争）和一个结尾（问题得到解决）。这是一个简化的解释，但它对初学者作家可能有所帮助。

我并不是说这是构思故事的唯一方式——但你可能会惊讶于它能帮助拓展你的想象力。

之前的故事《小贝壳和珍珠》就是用这种方式创作的。作者在对情境的主观联系中“卡壳”了，而随机的方法帮助她摆脱了这种状态。她抽出了两张卡片——“贝壳”和“珍珠”。

随机故事写作练习的故事词汇表

制作小卡片，每张卡片上写一个单词——我用金色卡片制作了一套。

将所有卡片倒扣在托盘或桌子上（这样单词就看不见了）。

挑选两张卡片，创作一个短故事——如果需要，可以向故事中添加额外的角色，但要小心不要让故事变得杂乱无章。这里有一些空白方格供你添加自己的想法来制作更多卡片。

可能有成千上万张卡片，但我建议你将它们保持在一个“易于管理”的数量。

树	王子	茶壶	铁锹	月亮	锅	蜜蜂	椅子
门铃	马	绳索	花	羽毛	猫	洞穴	熊
魔杖	路径	钥匙	棍子	祖父	祖母	石头	黄金
太阳	袋鼠	海滩	狐狸	国王	大象	青蛙	河流
老虎	蚂蚁巢	时钟	鸟	鱼	桌子	小屋	项链
孔雀	花园	女王	山	海豚	手套	戒指	农民
墙壁	狮子	舞者	水晶	竹子	男孩	鞋	帽子
蛇	公主	桥梁	女孩	镜子	珍珠	贝壳	银
剪刀	船	萤火虫	蝴蝶	鼓	兔子	乌龟	土豆
苹果	大衣	城堡	明星				

失去环境

在本章中，您会读到为那些在丛林火灾、洪水和其他环境灾害中失去家园的儿童、家庭和社区讲述的故事；为那些因各种原因不得不搬出家园的人们讲述的故事；以及那些不得不离开祖国到别处定居的人们讲述的故事。

为了帮助您找到所需内容，我已经将每个故事的背景进行了如下总结。

《竹子家族》——在台风破坏了许多房屋和农场后，为 4~6 岁儿童编写的故事（第 216 页）。

《蚂蚁和风暴》——在地震损坏了他们的学校后，与幼儿园儿童一起使用的故事（第 219 页）。

《兔子和丛林火灾》——为一个四岁男孩编写的，他的家被火焚毁（第 221 页）。

《鲤鱼王子》——在 2011 年日本海啸后发表的关于战士娃娃的故事（第 224 页）。

《卡拉楚奇娃娃》——一个关于韧性的故事，为 4~8 岁儿童讲述，当他们在自然灾害中失去玩具、家具和财产后（第 226 页）。

《记忆毯》——一个关于编织的韧性故事，适合所有年龄的家庭和社区成员（第 228 页）。

《生命之歌和工作之歌》——一个为所有年龄的家庭和社区成员讲述的故事，帮助他们在自然灾害后重建家园（第 231 页）。

《花色和服》——为年长儿童、青少年和成人编写的，旨在给予希望，并帮助在自然灾害后失去家园的人们建立韧性（第 234 页）。

《候鸟》——为难民儿童编写的，为那些不得不离开家园，长途跋涉寻找新居住地的人们提供希望（第 237 页）。

两个为叙利亚难民儿童编写的故事：**《连根拔起》**（第 241 页）和**《筑巢者》**（第 244 页）——为难民家庭编写，帮助他们对未来保持乐观和希望。

《林德尔韦的歌》——一个关于歌唱治愈力量的故事，为了纪念南非人民在种族隔离压迫下的斗争和韧性而编写（第 247 页）。

《薰衣草巢》——为了给一对面临不得不从梦想家园搬到小公寓的年长夫妇提供力量而编写（第 251 页）。

竹子家族

（由菲律宾伊洛伊洛市的精神病医生艾米 · 丘阿撰写）

这个故事是为了在台风“约兰达”袭击菲律宾后，讲给一群小孩子听而写的。台风的广泛破坏严重，许多房屋遭到了破坏，影响了该国的农业和渔业部门。

这个故事以木偶戏的形式分享——只需要最少的材料，通过动作和歌曲的融入，便于孩子们模仿。故事用当地方言讲述，所以故事中有关雨、风和波浪的词汇都是当地的。

✳

老师反馈说，这个故事似乎有助于减在海边的一个小空地上，生长着一个竹子家族，新芽和老茎一起茁壮、快乐地生活着，他们在微风中轻轻摇曳，发出“吱吱”声。无论是阳光还是暴风雨，竹子家族始终在一起，和在他们的叶子和刺间筑巢的小鸟们、住在他们根部附近洞穴里的老鼠们以及在他们树荫下寻求庇护的蚂蚁、虫子和小动物们一起快乐地生活着。

图是一个年轻的竹笋，在竹子家族中，他鲜绿色的叶片和刺显得有些单薄。实际上，他确实非常瘦弱，以至于他的母亲艾拉给他取名为图，因为

“图”是竹子叶的中肋。图经常被周围的表亲们嘲笑和欺负，每当微风允许时，他就会被挤来挤去。这让图感到非常伤心，但艾拉告诉图要耐心忍受。她告诉他，总有一天，在雨水、阳光和大地的滋养下，他也会像其他人一样长高、变得强壮和结实。

有一天，竹子家族醒来时感觉到了一阵不同的风，这阵风既熟悉又陌生。因为许多风都曾拜访过竹子家族居住的土地，但这阵风却有所不同。这阵风使得天空中的云层旋转，抽打着植物和树木的叶子。这让图的女性表亲们感到不安，因为这阵风让她们颠倒过来——给了她们意想不到的修剪和造型。这阵风吓到了虫子和小动物们，以至于他们都跑开躲藏起来，图也不知道他们去了哪里。

风儿吹着口哨，发出哀鸣，不停地吹啊吹。海里的波浪从小丘变成了山丘，然后又变成了山脉。接着风带来了雨水，起初是毛毛雨，然后是阵雨，最后是倾盆大雨。雨水和海里的水汇合，那些原本迷失方向的海浪也涌上了岸边。

起初图感到很着迷，但很快他就变得害怕，紧紧地依偎在母亲身边。艾拉唱起了摇篮曲来安抚他“……选择，选择，睡孩子，做自己的母亲……”最后他终于进入了梦乡“……骗子，骗子，骗子……”

许多小时后，图醒来了，睡眼惺忪地睁开眼睛。他惊讶地看着眼前的景象。然后，当他看到一些表亲弯折破碎，叔叔们被冲到海里，阿姨们被留在几米远的地方，自己的叶子除了两片都被修剪了时，震惊爬上了他的枝叶和茎干。

图静静地哭泣，害怕进一步让他的母亲艾拉感到不安，她看起来非常焦虑和颤抖。但是艾拉感觉到了她的小苗的困扰；于是她哼唱着摇篮曲来平复自己，这样图就不会再害怕了。

图摇摆着并模仿艾拉歌唱。他们看到了新景观中的祝福——那些被冲走的叔叔们会被附近的人们做成房子，表亲们现在会更灵活，阿姨们会得到新的叶子……你还看到了什么祝福?

蚂蚁和风暴

2008 年 5 月，一场里氏 7.8 级的地震袭击了中国四川省的心脏地带——成都。成都的一所学校遭受了严重的结构性损害，幸运的是，大人和孩子们都没有在地震中受伤，但学校关闭了许多周，许多学校家庭在校园里搭帐篷直到他们的房屋得到修复。

幼儿园的孩子们安全地从学校大楼中撤离，但他们目睹了墙壁的倒塌，并经历了地面的震动。在成都的一次讲故事培训中，我鼓励教师们创作以下故事，帮助年幼的孩子理解和应对这一创伤性事件。学校中心有一个大池塘，孩子们最喜欢的活动之一就是在池塘边缘寻找昆虫和鸟类。教师们利用这些想法来创作他们的故事。他们觉得，通过一遍又一遍地演绎这个简单的木偶剧，有助于减少孩子们对地震事件的焦虑。

从前，有一个大蚂蚁家族住在池塘附近许多小草屋里。池塘周围是美丽的柳树。蚂蚁孩子们在落下的柳叶间玩耍，柳树为小屋遮阴。这是一个适合蚂蚁居住的好地方。

然而有一天，一场大风暴穿过山谷，吹开了草屋的门窗。风力如此之大，以至于连地面都在震动，所有的蚂蚁房屋都倒塌了，掉进了地面的裂缝中。

幸运的是，蚂蚁妈妈们已经知道这场大风暴即将来临。她们带领所有的孩子离开了他们的房屋，来到了池塘边。好心的柳树在水边放下了很多叶子船。一个接一个，所有的蚂蚁家庭都能够登上叶子船，并在水面上漂浮。蚂蚁妈妈们用舒缓的摇篮曲哄孩子们入睡，他们整夜都安全地留在叶子船上。

第二天早上蚂蚁们醒来时，风和雨已经过去，地面停止了震动，阳光灿烂。叶子船漂回岸边，蚂蚁们又爬回了地面。蚂蚁妈妈们开始忙碌地在草丛中建造新房子。

不久，一切都恢复如初。蚂蚁孩子们在落下的柳叶间玩耍，柳树为新的小房子遮阴。这是一个适合蚂蚁居住的好地方。

兔子和丛林火灾

这是一个帮助缓解焦虑行为的故事。

这个故事是多年前为一个四岁的小男孩马修写的。一天在幼儿园，一个通常非常安静的小男孩像旋风一样到处搞破坏。马修开始打翻东西，把东西倒置。

他的母亲，在把儿子的书包放进他的储物柜时解释说，前一天晚上大火烧毁了他们房子的一半。马修和他的家人逃到了花园，眼睁睁看着所有的卧室被烧成平地。他的母亲试图向她的儿子解释，房子有保险，他们很快就能重建，但马修还是对整个经历深感不安。那天早上在学校，马修的行为就像火焰一样充满破坏性！

最后，午餐时间到了，接着是日常休息时间，马修很快就睡着了，他完全筋疲力尽。当孩子们在休息时，我突然想到了一个故事的点子，一个我认为可能以一种更具想象力的方式帮助马修理解前一晚的创伤事件的故事。

兔子是马修最喜欢的动物，所以我选择了兔子家庭作为故事中的主要角色。通过隐喻的手法传达出双重信息：兔子孩子们是安全的，慢慢地他们的环境恢复了正常。

这个故事展示了使用想象与理性解释对一个年幼的孩子所产生的强

大效果。

我等到马修醒来，然后召集了所有孩子在门廊上进行故事时间，就在父母到来之前。尽管没有时间“润色”故事，但整个小组都很喜欢它，接下来的两周他们总要求再听一次——马修特别热衷于一遍又一遍地听。

这个故事对马修产生了显著的影响。当他的母亲在讲完故事的当天来接他时，他跑到门口迎接她，拍了拍她的胳膊说：“别担心妈妈，一切都会好起来的！”她看着我说，“苏珊，你做了什么？”我建议她晚上孩子们睡着后给我打电话，我会给她讲一个故事。我确实这么做了！

这个故事的其他用途：我在 2019 年澳大利亚可怕的灌木丛火灾季节的夏天在网上发布了上述故事。一位带着七岁孩子的母亲给出了一个积极的回应——以下是她电子邮件中的一段摘录。

“我对兔子和灌木丛火灾的故事做了一些调整，使用了本地蕨类植物和一只本地的‘新荷兰’老鼠。你的故事对我最小的女儿来说是如此的治愈。‘这个世界将会充满蕨类植物’，她在我们的早晨散步时宣称。她指的是火灾之后的生活。关于火灾后重新生长的植物，以及蕨类植物的嫩芽是如何成为火灾生态学的重要部分，帮助一些濒危物种，比如新荷兰鼠。这让我感到非常高兴！”

“在成年人讨论我们未来几周失去家园的可能性极高，因为我的健康状况需要暂时搬迁，以及考虑我们拥有的任何东西是否有价值的时候，我的小女儿却在思考蕨类植物的生长，重新生长以及小老鼠玩得开心。”

从前，有一只母兔住在一片绿色草地中央的一个洞穴里。这位母亲有很多小兔子，每天小兔子们都会在他们家周围的长草中玩耍、奔跑和跳跃。

有一天，母兔必须短暂地去旅行。她把小兔子们留在安全舒适的兔穴里睡觉，然后穿过田野，沿着尘土飞扬的小路出发了。当她离开时，一场灌木丛火灾在附近的沟谷中爆发了，被炎热的夏日风一吹，火势迅速蔓延过绿色的草地。

那天晚些时候，当母兔回家时，她惊恐地发现火已经先她一步烧过来了。绿色的草地现在变成了黑色的残茬，地面太烫，母兔几乎无法行走。“我的孩子们是否还安全地睡在家里呢？”她想知道。

母兔不得不等到傍晚凉爽时，地面适合行走了才回家。在闪烁的星光下，她小心翼翼地走到兔穴的边缘，向下望去。

发现她的孩子们仍然安全地熟睡，舒适地待在他们的家里，她感到非常的宽慰。母兔非常高兴。她加入她的孩子们躺在兔穴里，他们一直睡到第二天早上。

每天，小兔子们都会看着他们的绿色草地游乐场慢慢恢复。它首先是从黑色地面中探出头来的小绿芽。小芽越长越高，直到田野再次充满了高高的绿草。再一次，像以前一样，小兔子们会在他们家周围的长草中尽情地玩耍、奔跑和跳跃。

王子鲤鱼

这篇故事被收录在日本的一个名为《培养孩子心灵的故事集》的故事集中，该故事集在 2011 年海啸之后出版。无论是儿童还是成年人，都能从这个简单故事中获得安慰和力量。这个故事讲述了一个破旧的玩偶被从泥土中救出，并且找到了一个新朋友。它传达了一个比喻性的信息，即克服了一个障碍，完成了一项困难的任务，一个角色得到了转变。

王子鲤鱼曾住在一个小孩子的卧室里。王子鲤鱼曾是卧室里所有玩具中最受仰慕的一个。他强壮而英俊，穿着一件用小金属片制成的战士服，看起来像闪闪发光的鱼鳞。

但现在情况不同了。当巨大的海浪来袭，淹没了陆地，王子鲤鱼被从卧室的窗户冲出，卷入一条黑色的河流，然后被遗弃在一大堆砖块、岩石和木头中。一条腿被扯掉了，双臂和身体的大部分地方都裂开了。而那件由闪闪发光的金属鳞片制成的战士服，像鲤鱼一样，碎成了上百片，被冲走了。

王子鲤鱼感觉自己不再是个战士王子了。许多天来，他被压在泥堆里，头和一条腿从砖块、岩石和木头的混乱中伸出来。王子鲤鱼以为他美好的生活就这样悲惨地结束了。

然后有一天，一个小男孩走过来了。小男孩看到从混乱的泥堆中露出来的王子鲤鱼的头和腿，兴奋地爬上去把他从泥里拉出来。他把他带回家，清洗干净。然后，在父亲的帮助下，把王子鲤鱼的手臂和身体上的裂缝粘合起来。

小男孩的母亲找到了一些皮革碎片，用针和线，缝制了一件拼布战士服和一顶皮帽。

王子鲤鱼对自己的破碎丑陋的身体并不满意，他肯定也不喜欢他的拼布皮革服和帽子。他感到非常羞愧，只有一条腿——谁听说过一个只有一条腿的战士娃娃？

但小男孩似乎没有注意到他的新娃娃只有一条腿。他不介意娃娃的手臂和身体上的裂缝。他不介意用皮革碎片缝制的战士服。

这个小男孩在大浪来袭时失去了所有的玩具，他非常兴奋能再次拥有一个新玩具来玩耍。

当日本男孩节到来时，小男孩带着他的新娃娃去参加节日。他在花园里找到了一根彩色的羽毛，把它缝在他的娃娃的皮帽上，并给他的娃娃取名为“王子羽毛帽”。

战士娃娃很高兴听到他的新名字。随着时间的推移，这个名字被缩短为“王子帽”，听起来几乎和娃娃原来的名字一样。

慢慢地，王子帽习惯了他破碎的身体和拼布皮革服。慢慢地，王子帽习惯了只有一条腿。

慢慢地，王子帽开始爱上了他的新主人，多年来他们都幸福地生活在一起。

卡拉楚奇娃娃

这个故事是为菲律宾的孩子们创作的，改编自之前的一个故事《鲤鱼王子》（第 224 页）。在台风“约兰达”之后，心理学家在疏散中心使用了这个故事，并配合捐赠的二手娃娃和填充玩具动物。故事中的“卡拉楚奇”指的是“鸡蛋花”，这是一种在菲律宾常见的花卉。这个故事可以修改，以适应其他创伤性事件（例如，当财产被灌木丛火灾摧毁时）。

卡拉楚奇曾是一个公主娃娃，她曾住在一个小孩子的卧室里。

卡拉楚奇是卧室里所有玩具中最受宠爱的一个。她如此美丽，仿佛阳光从她的脸上照耀出来，她的黄白色裙子散发出温暖和快乐。

但现在情况不同了。当大风暴来临，洪水淹没了大地，卡拉楚奇被从卧室的窗户冲出，卷入一条湍急的河流，然后被遗弃在一个巨大的泥泞的锡、石头和木头堆中。一只胳膊从关节处被撕裂，两条腿的许多地方都裂开了，卡拉楚奇的裙子几乎成了碎片。

卡拉楚奇感觉自己不再像个公主娃娃了。许多天来，她躺在泥泞的土堆中，脸和一只胳膊从砖块、石头和木头的混乱中稍微露出一点。卡拉楚奇以为她美好的生活已经悲惨地结束了。

然后有一天，一个小女孩路过。小女孩看到娃娃从混乱的堆中露出，兴奋地爬上去把她从泥里拉出来。她把她带回家，清洗干净。然后，在她父亲的帮助下，她把娃娃腿上的裂缝粘合起来。

小女孩的母亲找到了一些布料碎片，用针和线，给娃娃缝制了一件拼布裙。

卡拉楚奇对她的裂开的丑陋的腿并不满意，她对她的拼布裙也绝对不满意。她感到非常羞愧，因为她只有一只胳膊——谁听说过只有一个胳膊的娃娃?

但小女孩似乎没有注意到她的新娃娃只有一只胳膊。她不介意娃娃腿上的裂缝。她不介意娃娃的裙子是由补丁和破布缝制的。

这个小女孩在大风暴来临时失去了她所有的娃娃。这个小女孩非常兴奋能再次拥有一个新娃娃来玩耍。当潘纳格邦加节到来时，小女孩带着她的新娃娃去参加节日。她摘了一些卡拉楚奇花，为娃娃做了一个花冠，并称她为“卡拉楚奇”。卡拉楚奇听到新主人叫她的真名时感到非常高兴!

慢慢地，卡拉楚奇习惯了她裂开的腿和拼布裙。慢慢地，卡拉楚奇习惯了只有一只胳膊。慢慢地，卡拉楚奇开始爱上了她的新主人，多年来她们幸福地生活在一起。

记忆毯

一个关于为澳大利亚新南威尔士州南部沿海一所学校七～八岁儿童的编织项目而创作的故事。作者蒂恩卡希望通过这个故事传达关于编织的温馨信息，并且希望这个编织项目能够给人带来积极的影响。故事中不仅包含了快乐的回忆，还融入了悲伤的记忆，包括近期影响学校和更广泛社区的丛林火灾。火灾造成了森林、动物和家园的毁灭性损失。这个编织的毯子将长期留在教室里，随着时间的推移，它会保存班级的回忆，并且每年都可以继续添加新的记忆。文中还提到，这种调整后的故事和记忆毯子的概念，可以在家庭和社区中，由不同年龄段的编织爱好者共同制作。

在一个遥远的地方，有两个孩子，番红花和靛蓝。他们住在山丘上的一个小镇的一所房子里。

这个镇上的人们有一个美好的传统：每年冬天，他们都会制作一条记忆毯。人们会围坐在壁炉旁，回忆过去的一年，并为新毯子编织方块。在编织的过程中，他们会编织进一年的记忆；那些不能忘记的事情，特别的事情，悲伤和快乐的事情，失去和找到的东西……各种关于家庭、朋友、动物和地方的故事。

当秋天来临，消息传开；从母亲传给儿子，从兄弟传给姐妹，从父亲传给女儿，是时候开始了。今年，两个孩子，靛蓝和番红花，将要学习编织，这样他们也可以为记忆毯制作一个方块。

羊毛和编织针被拿了出来；有些羊毛是新的，有些是之前保存下来的，颜色被交换、缠绕和分享。

每个人都找到了合适大小的针；然后开始编织。

于是靛蓝和番红花学会了编织。起初，他们缠结，然后掉落，然后扭曲，然后停止，然后他们终于掌握了技巧。他们一次又一次地数着针脚，很快他们惊喜地完成了一个完整的方块。

当他们坐着编织和聊天时，他们编织进了自己的记忆，他们的言语变成了图案，他们的思绪变成了颜色，并编织进了线和结中，明亮而坚固。

靛蓝编织进了天空的蓝色和山丘的绿色，而番红花编织进了阳光的黄色和金色。他们俩还额外合作编织了方块，编织了夏天的火红色和森林的烧焦色。

他们编织又编织。有些日子的记忆是悲伤而漫长的，有时记忆是微小而有趣的，他们同样将它们编织进去。

在初春的时候，镇上最好的编织者聚集起来，开始将大家的方块缝合在一起。一个记忆接着另一个，一种颜色正好挨着另一种颜色。

靛蓝喜欢看着补丁被缝合在一起。他帮忙摆放了一些，而番红花又编织了一个方块。

于是，随着春天第一朵花的绽放标志着冬天的结束，辉煌的毯子完成了。

大家一起庆祝新毯子完成，也庆祝新编织者的加入，因为总有像番红花和靛蓝这样的孩子在学习编织，总有愿意教他们的人。

于是，记忆毯的旅程开始了，它的记忆在许多地方继续流传。

首先它被放在一个舒适的椅子上，为坐在那里的人们带来温暖和安慰，然后……嗯，我想知道毯子现在正在和谁分享它的记忆呢？

手工艺活动：

这里有一个简单的模式，来自挪威，适合初学者编织毯子用的方块：你需要使用6毫米的针和16股等厚重的羊毛线。起始20针，编织所需行数以制作一个方块。当你有足够的方块来制作你选择大小的毯子时，你可以选择将它们缝合或钩编在一起。给它钩编一个边缘也是一个好主意，以完成它。

生命之歌和工作之歌

这是一个关于重建生命之歌和工作之歌的故事。故事讲述了鸟类在一次环境灾难后，不得不重建被摧毁的树木和家园的故事。作者为 2011 年日本3·11地震引发的海啸后的韧性和复原力故事集撰写了这篇文章，故事灵感来源于一个真实村庄的情况，那里只有一棵松树幸存下来。后来，这个故事被改编用于教育和亲子阅读，特别是在澳大利亚经历连续几周毁灭性火灾之后。在改编版本中，故事中的风暴和巨浪被改成了“火灾和烟雾的图像”，树木则被改成了桉树。

从前，有两只小太阳鸟住在海边松树上的巢里。

一只是雌鸟，一只是公鸟。小太阳鸟是筑巢的能手。

每天，它们忙忙碌碌地收集树枝和小枝条，编织在一起，使它们的巢温暖而安全。它们喜欢一边工作一边唱歌。

整天，它们都在唱着筑巢歌。

有时，海上吹来一阵强风，把它们巢的一部分吹到了地上。然后，小太阳鸟不得不努力工作，长时间地修复损坏。在工作时，它们唱着筑巢歌。

有时，山上的风暴云飘下来，大雨把它们巢的一部分冲到了地上。然后，小太阳鸟不得不更努力工作，长时间地修复损坏。在工作时，它们唱着筑巢歌。

它们不断地收集、编织和唱歌；收集、编织和唱歌；收集、编织和唱歌。

小太阳鸟对它们的筑巢生活感到快乐。当然，它们的筑巢还有一个重要的目的！每个春天，温暖而安全的巢是小蛋的家。每个春天，小太阳鸟从这些小蛋中孵化出来。每个春天，小太阳鸟由雌鸟和公鸟喂养和照顾。

然后，当小太阳鸟长大后，它们飞到其他树上开始它们作为筑巢者的新生活，一边工作一边唱着筑巢歌。

多年后，许多小太阳鸟在海边的许多树上快乐地生活着。

但是有一天，小太阳鸟的生活发生了变化。在海岸远处，一场风暴开始旋转，像一只愤怒的野兽，向岸边吹来狂风和巨浪。海浪淹没了陆地，许多树被冲走。风力如此之大，以至于留在剩余树上的巢被完全吹走。

一些小太阳鸟设法飞到高空中，逃离了洪水。它们绕着圈飞，直到飞得筋疲力尽。然后它们飞下来寻找休息的地方，落在了在风暴中屹立不倒的松树的树枝上。它们挤在一起，冷得发抖。它们的许多家人不见了，它们的家不见了，它们的歌声也不见了。

但小太阳鸟不能休息太久。小太阳鸟需要飞翔。小太阳鸟需要筑巢。它们的歌声消失了，但工作必须继续。

不久，小太阳鸟开始飞到远处收集树枝和小枝条。歌声消失了，但工作必须继续。它们在秋天工作，在冬天工作，在春天工作——收集和编织，收集和编织，收集和编织。

慢慢地，许多新的鸟巢开始填满那些坚强的松树枝。小太阳鸟努力工作。

歌声消失了，但工作必须继续。

到了春天中期，巢已经准备好成为小蛋的家。巢是安全而温暖的，许多小太阳鸟从许多小蛋中孵化出来。新的小太阳鸟在温暖而安全的巢中被雌鸟照顾；奇迹中的奇迹，它们开始唱一首新歌。

当新的小太阳鸟长大后，它们飞到松树的其他枝杈上开始它们作为筑巢者的生活。当新的小太阳鸟工作时，它们唱着一首新的筑巢歌。于是生活继续。新的小太阳鸟整天工作，一边工作一边唱歌。

在强壮的松树周围，慢慢地，非常慢，一些新的小松树开始生长。希望这些新的小树很快就会变得强壮——足够强壮，让更多的小太阳鸟能在唱着筑巢歌的同时在树上建造它们的巢。

花色和服

这篇文章适合较大儿童、青少年和成人阅读。它是在 2011 年日本海啸灾难之后创作的，目的是为了给人们带来希望并帮助他们增强韧性。这篇文章也可以作为在经历悲伤“海啸”时提供希望的故事。一位同事在艰难的离婚过程中从这个故事中找到了极大的安慰。它在我们面对挑战性的新型冠状病毒感染疫情期间也具有相关性，当时成年人在寻找能够提供希望、在隧道尽头提供一线光明的故事。这个故事可以由女性或男性讲述，扮演裁缝或缝纫师的角色。

从前，有一个裁缝，他制作的丝绸和服是当地最华丽的。他的店位于海边一个小村庄的花园中央。村民们常说，他把花园、山丘、海洋和天空都缝进了他的布料里，刺绣的图案如此美丽。人们从各地慕名而来购买他的丝绸商品。

这位裁缝独自生活，每天都在他的工作室工作，和服销售情况很好。但他有一件和服永远不会出售。它是淡绿色的，就像延伸到海边的滚动山丘，上面绣着这片土地上生长的每一种花。没有人能说服裁缝放弃这件宝藏。他把它挂在店铺橱窗里的一个坚固框架上，让所有人都能看到，但没人能买。

许多年来，生活一如既往，裁缝每天都在设计新的和服。但有一天，一个难以想象的悲剧降临到了裁缝的村庄。没有任何预兆，远离海岸的海洋像一只巨大的野兽一样高高耸起，向岸边发送了一个巨大的波浪。这个巨浪覆盖了整个村庄，把所有的房屋和商店，以及里面的一切，都翻了个底朝天。村民们、他们的孩子和动物都被卷入了黑色的泥浆中。有些人被冲到了海里。有些人幸存下来，有些人则没有。

裁缝那天去城里了。当他回来时，他只能看到黑色的泥浆和混乱——他几乎认不出这是否还是他的村庄，一切都破碎和混乱得让人难以辨认。然后他认出了自己花园里的一棵树，这是村里唯一一棵在风暴中屹立不倒的树。他疯狂地开始在树周围的泥浆中挖掘，寻找他的花色和服。日复一日，周复一周，他不停地挖掘。他找到了砖块和木头，为自己搭建了一个小房间睡觉。日复一日，周复一周，他绝望地寻找着他的宝贵和服。

最终，在一堆湿泥和破碎的玻璃中，缠绕在树根上，裁缝找到了他的丝绸珍品，它被风雨侵蚀，破损撕裂。他把它铺在一张旧木板上，这是他现在用来当桌子的。曾经如此鲜艳生动的刺绣花朵，现在几乎看不见了——和服被泥浆染成了黑色。裁缝悲伤地弯下头，对着泥泞的丝绸哭泣。

然后发生了一件意想不到的事情。裁缝的眼泪滴在和服上，每滴眼泪落下的地方，一小块绿色丝绸开始透过黑色的泥浆闪耀。他迅速拿来肥皂和水，开始轻轻地擦拭和刷洗，经过很多工作，和服又变干净了。但是波浪的冲击使得刺绣的线变得松弛无力，需要大量的修补工作。

裁缝继续挖掘，寻找他的刺绣线轴。经过许多天的挖掘和寻找，他找到了他正在寻找的线轴盒，但它们也像和服一样被泥浆染黑了。此时裁缝已经筋疲力尽，想到要清洗所有的线轴，对他来说是难以完成的。他哭泣着，准备放弃这项任务。

裁缝悲伤的歌声被风带到了山谷，穿过山丘，一直传到山上。他继续哭泣，他的悲伤之歌被风带到了山上，一直传到天空之上。

在高高的天空中，藏在云层里的天空之灵听到了裁缝的悲伤之歌，决定下凡来帮助他。他们飞到线轴盒旁，拉起每根彩色线的末端，把它们一起带到云层中。在天空中，泥泞的线被拉得像一条从地面到天堂的黑色带子。

然后天空之灵呼唤了洗涤的雨水……嘀嗒嘀嗒，嘀嗒嘀嗒，嘀嗒嘀嗒。裁缝被雨滴的声音从悲伤中唤醒……嘀嗒嘀嗒，嘀嗒嘀嗒，嘀嗒嘀嗒。当他抬头望向天空时，他看到了一道由彩色线组成的闪亮彩虹，被雨水洗净，从天堂延伸到地面。

裁缝满怀喜悦地伸手去抓住彩虹。他小心翼翼地开始把每种颜色重新卷回线轴上，直到他的盒子再次充满了闪亮的线。现在他可以开始修补他珍贵的和服，并在绿色的丝绸布料上绣上新的花朵。

裁缝用了一年的时间来完成这项任务，每天都在新花瓣上工作。最终，花色和服被修复，并再次挂在海边小村庄花园中央的新小店橱窗里。

现在裁缝又准备好了为他土地上的人们制作美丽的衣服——在他的丝绸和服上缝制花园、山丘、海洋和天空的图案。

候 鸟

这个故事源自阿丽斯，在一个名为快乐颂的组织带领下，在雅典与一群叙利亚难民儿童进行的故事讲述工作坊。她曾两次向莱斯博斯岛上的 11~18 岁的无人陪伴的未成年人讲述这个故事。故事的目的是给予那些不得不离开家园、长途跋涉寻找新居住地的人希望，同时也想灌输他们新家园中会遇到的人们会给予友情和关怀的观念。故事中的鸟儿只朝着一个方向飞行，象征着许多难民的旅程。故事还涵盖了不同的气候，跨越海洋的旅程（这对那些从土耳其乘坐充气船抵达莱斯博斯的人来说特别有意义），然后在一位朋友的指引下，在新土地上找到食物、庇护和希望。故事以木偶剧的形式呈现，以减少共同语言问题，使用简单的羊毛毡鸟木偶和彩色布料。故事结束时，我让每个人双手合拢，鸟儿在人群中传递，给每个人一些向日葵种子食用。

快乐颂团队的一些成员与一些从莱斯博斯岛前往欧洲并在德国和斯堪的纳维亚半岛定居的青少年保持联系。许多人分享了他们在如此绝望的时刻，在莱斯博斯岛上通过故事讲述、节奏体操、艺术治疗和友谊所获得的帮助。

设置场景：这是一个潮湿的下午，随着一群人围坐在我周围，椅子发出咔嗒声。他们是在莱斯博斯岛上的临时活动房屋中居住的叙利亚男孩和年轻人，等待被护送到雅典。他们是无人陪伴的未成年人：这些年轻人独自或与兄弟姐妹一起踏上前往欧洲的陆路旅程，为他们的家庭寻求庇护。而此刻，我就是讲故事的人。我慢慢地讲述我的故事，因为我的故事正在被翻译成阿拉伯语……

（地板上有一块黄色的布，手工制作的毡布鸟停在布上。）

这是一个关于鸟的故事。

天气渐渐变凉，鸟儿知道很快就要飞往温暖的地方了。于是它向朋友们和家人道别，吃了一些东西。然后它开始了它的旅程，高高地飞过金色的平原，很快就把它们远远地抛在了身后，飞越了开阔的大海。

（我拉回黄色的布，露出下面的蓝色布。）

向上飞越。

绕圈下降。

不久，一场风暴袭来，把鸟儿吹得偏离了航线。

（我发出吹风的声音，鸟儿明显地向一边移动。）

鸟儿飞出了风中，然后雨来了。

（在这一点上，我用蓝色的丝绸在鸟偶上挥动。）

鸟儿飞出了暴风雨，现在又累又饿，离家很远。

沮丧地，鸟儿继续飞行。与此同时，一只小鸟在飞行中看到了这只大鸟，说：

“你好，鸟儿！你要去哪里？为什么看起来这么悲伤？”

鸟儿回答说：“我累了，饿了，正在寻找一个温暖的地方居住……”

"跟我来。"小鸟说。

它就这么做了。

向上飞越。

绕圈下降。

(我拉走蓝色的布，露出下面的绿色布。)

很快，绿色的土地映入眼帘，有灌木丛、花朵和忙碌的蜜蜂。

鸟儿们降落了。

它们环顾四周，找到了一些美味的食物和一个可以筑新巢的地方。

它们从此过上了幸福的生活。

阿丽斯关于最后一行的注释

故事可以在倒数第二行结束，当鸟儿安全并有了新家时。然而，当时我们真的觉得我们需要给男孩们一些希望。在我们待在那里的两周里，有两个孩子试图自杀。他们非常沮丧，因为他们一路到达欧洲，然后发现自己被监禁。

手工艺活动：

【制作一只鸟。参见图案和模板，第 351 页。】

关于《给叙利亚难民儿童的两个故事》

这两个故事，《连根拔起》和《筑巢者》，都是为叙利亚难民儿童设计的，他们的家庭因为内战日益加剧的危险逃到了黎巴嫩。抵达黎巴嫩后，这些家庭被迫生活在非常拥挤、不舒适、不卫生的条件下。许多这样的家庭是中产阶级，拥有企业、土地等——所以现在发现自己如此贫穷，生活在肮脏的环境中，尤其感到震惊。一些孩子在轰炸和军事打击期间目睹了难以言表的恐怖。所有人都经历了被连根拔起、离开家园的恐惧和压力，以及发现自己和依赖的成年人处于非常脆弱、不安全的情况。

我被邀请到黎巴嫩，帮助培训工作人员（其中一些人本身就是难民和母亲）为黎巴嫩的“教育之路”项目，该项目帮助这些儿童为过渡到融入公立学校系统做准备。创造了一个愈合创伤的环境。许多难民儿童由于战争的干扰以及难民生活的不稳定和贫困，要么已经离开学校，要么从未上过幼儿园或学校。该项目允许儿童重新获得他们的童年，并接触到创意教育环境的正常化常规和结构。我强调了疗愈性讲故事作为帮助儿童整合他们的经历并开始愈合的重要元素。

这些隐喻被设计用来给予乐观和希望，并表明，有了支持（正如“路径计划”努力提供的那样），孩子们将能够重新获得一些正常的感觉。实际上，故事的愈合效果部分在于那些将为儿童提供计划的人，因为它帮助他们获得了支持儿童角色的视角。

连根拔起

这段文字讲述了一个关于自然的比喻故事，即移植番茄幼苗的经历。这个故事象征着人们不仅被移植到一个新的国家，而且还被移植到了一个新的教育系统中。作者迪迪与她正在培训的女性们分享了这个故事，她们的脸上露出了笑容，眼神也变得明亮。这个故事似乎帮助她们对她们的新角色和新生活有了新的认识和理解。

一颗小小的番茄种子被种植在温室温暖、黑暗的土壤中。不久，一株小小的绿芽破土而出，开始向阳光伸展。她生长着，生长着……然后有一天，一把铲子粗鲁地挖进了她旁边的土壤，番茄幼苗突然被从她熟悉的土壤中连根拔起。一小块土壤像头发一样紧紧地粘在她细小的根上。当幼苗被从地上撕裂时，一些根感到刺痛，因为它们被切断了。

幼苗被挤进了一个装满许多其他小植物的托盘里。他们几乎无法呼吸。然后，一台电机嗡嗡作响，突然间，土壤在他们下面移动，震动和摇晃。他们倒在彼此身上，一些脆弱的叶子折断了。

很长一段时间过去了，小苗们只是挤在一起等待。大多数早晨，他们都会从上面得到短暂的水淋。不幸的是，这次已经很长一段时间都没有水了……他们非常渴。小植物们无法继续向阳光生长。他们开始枯萎。

一些叶子开始变黄。他们渴望水分——他们想要再次生长。

最后，他们的哭声被听到了。一个关切的声音说：“哦——这些植物需要栽进土里！谁把它们留在这里的？”

小苗再次发现自己在空中移动，然后她被安置在一个已经浸透水的精心准备的洞里。半埋的根随后被土壤紧紧覆盖。小苗很高兴——但她太累了，只能倒向地面。她甚至没有力气站直——尤其是在太阳高高升起，阳光直射的时候。

附近有其他番茄——强壮而高大。他们似乎在嘲笑新来的、悲伤的枯萎者。他们已经长出了装饰着明亮黄花的枝条，几周后这些花会变成红色的番茄。

那天晚上，当炎热的太阳在石山后面落下时，一轮凉爽的月亮升起在天空中，温柔地用它的愈合之光照耀着小番茄苗。月亮告诉苗——“你现在安全了，可以再次让根伸进土壤。我会送晨露给你喝，让你变得强壮，很快你就会赶上其他植物，你也会有美丽的黄花和可爱的多汁番茄！”

第二天早上，虽然不容易，小苗不得不努力，但她已经稍微直立了一些。农民过来，在她旁边种了一根坚固的杆子，并轻轻地用绳子绑在她的茎上，以支撑她长得又高又直。尽管她比其他番茄植株小，必须努力生长，但每天小番茄苗都在杆子的帮助下越长越高。农民特别照顾她，给她稳定的雨水和一点点额外的肥沃黑土，让她能够赶上别人。很快，小番茄就像其他番茄植株一样——伸展她的叶子向着太阳，生长！生长！生长！

不久，黄色的花蕾在她的枝条上绽放。几周后，当花儿凋谢时，它们留下了小小的、圆圆的绿色小球，小球每天都在膨胀。绿色的番茄在夏日阳光下变暖，开始泛红。小番茄苗已经长成了一株高大、强壮的番茄植株，就像其他番茄植株一样，并向农民提供了她多汁、甜美、红色的番茄果实。

筑巢者

这个故事，它通过隐喻反映了叙利亚难民故乡的自然环境，即古老的柏树森林。作者向一群正在接受培训成为儿童友好空间教师的女性讲述了这个故事，其中一些女性本身就是叙利亚难民。当故事中描述小鸟一家到达城市，并被挤进墙缝中时，听众中传来了激动的惊叹和阿拉伯语的窃窃私语，她们意识到这个故事与自己的经历相似。这使得她们对接下来会发生什么感到兴奋和期待。作者发现，在黎巴嫩，这个故事被积极地用于课程教学中，这似乎给听众带来了很大的鼓舞。

曾经有一个美丽的森林，那里长满了古老的雪松树，它们扭曲的枝条向四面八方伸展，为下面多石而干燥的土地创造了浓密的凉爽阴凉。那里生活着许多金腹鸟。两只鸟儿正忙碌地从茂密的森林中收集树枝来建造他们的巢穴，开始新的生活。母鸟产下了五颗小小的蓝色鸟蛋，不久，五只小鸟诞生了。这个家庭非常幸福，每天在日出之前，他们都会唱起森林鸟的传统歌曲来迎接新的一天和升起的太阳。

清晨的太阳已经升起，所有的鸟儿都在歌唱，

让我们一起歌唱，迎接新生的太阳，

一起歌唱，迎接新生的太阳。

然后，母鸟和父鸟会飞进森林去为小鸟们收集雪松浆果和树枝。

一天晚上，噼啪声唤醒了鸟儿们。空气中充满了烟雾，到处都是火焰。森林里的所有鸟儿都在逃命，这个家庭也加入了他们。对于小鸟来说，要跟上速度很困难，在烟雾弥漫的空气中也难以看清方向。母鸟和父鸟经常停下来在树枝上休息，但只能休息几分钟，因为火焰仍然到处都是，不安全。最终他们离开了森林，进入了陌生的新土地。那里没有树木，而且是夜晚。鸟儿一家因为逃离森林火灾的艰难旅程而感到非常疲惫。

大雨滴开始从天空中落下。鸟儿们找不到树，但他们发现了一座墙上有一道足够所有七只鸟儿进入的裂缝的建筑。那是一个非常小的空间，他们不得不挤进去。虽然不舒服且脏乱，但他们安全且感激能够在一起。

第二天早上，在日出之前，鸟儿一家醒来，像每天早上一样，他们出去唱歌并迎接升起的太阳。

清晨的太阳已经升起，所有的鸟儿都在歌唱，

让我们一起歌唱，迎接新生的太阳，

一起歌唱，迎接新生的太阳。

天空中的天使微笑了，太阳也因鸟儿们美妙的歌声而感到高兴，它发出金色的光芒，将雨水从他们的羽毛上晒干，温暖他们经过寒冷夜晚的身体。

在森林里，成千上万的鸟儿齐声合唱，迎接太阳，但在这里，在城市里，很少有声音加入。尽管如此，鸟儿一家还是勇敢地一起歌唱。他们为新的一天的开始而歌唱。他们美妙的歌声唤醒了城市里睡着的小孩子们。他们跑出来聆听这美妙的鸟鸣。然后他们跑回屋里，找到一些面包屑来与鸟儿分享，这样他们就会留下并继续歌唱。

母鸟和父鸟会飞出去收集浆果和树枝来建造他们的巢穴。在城市里找树枝不像在他们美丽的森林里那么容易。但他们继续收集他们能找到的任何碎片和小树枝。很快他们就有了足够的材料来建造另一个巢穴。它位于他们结交的一些孩子们的房屋屋顶上。这和他们在森林里的巢穴不一样，他们想念那些遮阴的树叶和雪松树的美丽香气。但他们的新巢穴干净且安全，他们很高兴能够全家在一起。每天早上他们都向太阳唱起他们的歌，城市里充满了鸟儿欢快的歌声。

林德尔韦的歌

这是一个我多年前写的故事，关于歌唱的治愈力量。

我想纪念在种族隔离压迫下南非人民的斗争和韧性。

我把它作为礼物送给了在开普敦参加我的培训课程的女士们。

它的隐喻、旅程和解决方法受到了一位科萨朋友诺曼吉西·姆扎莫的启发，她的丈夫和纳尔逊·曼德拉一起被监禁在罗本岛上。

“没有我们的歌声，我们永远无法找到穿越种族隔离荆棘之路。”

这个故事后来进入了开普敦城镇的许多教育中心和学校。

另一位科萨朋友曾将它描述为新南非的治愈童话。

在此之后的很多年里，每当我访问非洲，我遇到和工作的孩子们和成年人都一次又一次地向我要这个故事——有些孩子给了我“南瓜女士”的昵称。

在肯尼亚，一群老师把它变成了一个通过舞蹈和歌曲与孩子们一起表演的故事。

在澳大利亚，它在一个国家会议上作为木偶剧表演。

这个故事在我们挑战新型冠状病毒感染的艰难时期具有全球相关性，当时成年人在寻找韧性故事以增强力量和希望。

这首歌简单意味着“一个金色的南瓜坐在田野中央”——你可以用你自己的语言唱它，并创作你自己的曲调。

✳

从前，在一个村庄旁边的田野中央，一颗小小的南瓜种子开始生长。它慢慢地展开绿色的卷须和叶子，很快，南瓜地中央出现了一个南瓜。它不断地生长，直到成为村民们见过的最大、最美丽的金色南瓜。

但这不是一个普通的南瓜，这也不是一片普通的田野。因为随着南瓜的生长，南瓜地周围长出了一圈荆棘树篱。这些荆棘树篱长满了刺——刺长如手指，尖锐如针。树篱紧密相连，以至于当南瓜成熟可以采摘时，没有人能穿过树篱到达它所在的位置。

村民们召开了一次会议来决定该怎么办。在会议上，一位老爷爷说："我有一把锋利的斧头——我会尝试砍倒荆棘树篱。"

老爷爷拿起他的斧头开始砍树篱，但每次他砍断一根枝条，另一根就会迅速长出来占位。到了一天结束时，他放弃了。这不是一个普通的南瓜，这也不是一片普通的田野。

然后，村里的一位母亲说："我有一把坚固的铲子——我会尝试在荆棘树篱下挖洞。"

这位母亲拿起她的铲子开始挖掘，但荆棘树的根系如此强壮且紧密相连。到了一天结束时，她也放弃了。这不是一个普通的南瓜，这也不是一片普通的田野。

然后，村里的一位年轻男孩说："我爬树很厉害——我会尝试爬过荆棘树篱。"

男孩开始爬上枝条，但荆棘像针一样长且尖锐，它们撕破了他的衣服，刺伤了他的皮肤。到了一天结束时，他也放弃了。这不是一个普通的南瓜，这也不是一片普通的田野。

然后，林德尔韦，一个以拥有全国最美声音而闻名的年轻女孩，漫步走进了村庄。当她听说了这个问题，她走过村民，坐在荆棘树篱旁的一块石头上，开始唱歌：

Ithanga elikulu，Ithanga elikulu；lishleli ebobeni, lishleli ebobeni.

（伊坦加·埃利库鲁，伊坦加·埃利库鲁；利什莱利·埃博贝尼，利什莱利·埃博贝尼）

林德尔韦的歌声如此美妙，以至于周围的田野里的所有动物都跳着、跑着靠近她来听。

Ithanga elikulu，Ithanga elikulu；lishleli ebobeni, lishleli ebobeni.

（伊坦加·埃利库鲁，伊塔加·埃利库鲁；利什莱利·埃博贝尼，利什莱利·埃博贝尼）

林德尔韦的歌声如此美妙，以至于天空中的鸟儿飞下来坐在树上听。

Ithanga elikulu，Ithanga elikulu；lishleli ebobeni, lishleli ebobeni.

（伊坦加·埃利库鲁，伊坦加·埃利库鲁；利什莱利·埃博贝尼，利什莱利·埃博贝尼）

林德尔韦的歌声如此美妙，以至于地里的蠕虫和毛毛虫都爬出来坐在她的脚边听。

Ithanga elikulu，Ithanga elikulu；lishleli ebobeni, lishleli ebobeni.

（伊坦加·埃利库鲁，伊坦加·埃利库鲁；利什莱利·埃博贝尼，利什莱利·埃博贝尼）

林德尔韦的歌声如此美妙，以至于天空中的云朵都低低地飘来听。

Ithanga elikulu，Ithanga elikulu；lishleli ebobeni, lishleli ebobeni.

（伊坦加·埃利库鲁，伊坦加·埃利库鲁；利什莱利·埃博贝尼，利什莱利·埃博贝尼）

有一朵小云飘得如此低，以至于它正悬在她的面前。林德尔韦停止了歌唱，对观看的村民们微笑。然后她走进了小云的中央。云朵把她抬起来，越升越高，越过荆棘树篱，直接降落在南瓜地里。

林德尔韦现在能够采摘美丽的金色南瓜了。她再次走进云朵，云朵把她抬起来，越过荆棘树篱，把她一路带回村庄。

村民们那天晚上砍下南瓜，烹饪了一顿盛大的宴席。

他们一起祝贺林德尔韦，用她美妙的歌声找到了越过神奇荆棘树篱的方法，采摘了全国最奇妙、最金黄的南瓜。

薰衣草巢

这个故事是在 2018 年春天我在卢布尔雅那举办的一个研讨会上写的。阿加的灵感来源于她的母亲，自她 27 岁起就一直在与癌症作斗争。她从未对曾经居住的地方感到满意，经过多年的寻找，她和阿加的父亲在绿意盎然的景观下，一直延伸到阿尔卑斯山的美丽景色中，为自己建造了一座漂亮的房子。但他们在那儿并没有幸福地生活很久。他们很快发现，由于即将建造的新高速公路，他们的房子将被拆除，他们不得不搬迁。这是一个毁灭性的消息，母亲的健康状况再次开始恶化。

阿加选择鹳鸟作为这个故事的主要角色出于多种原因。鹳鸟以“带来婴儿”而闻名——她的母亲总是说她的孙子（阿加的儿子）是她最好的药物。在父母居住的村庄里，住着一个鹳鸟家庭。

她的母亲也热衷于园艺，让房子内外的一切看起来整洁有序。她精心挑选每个植物和花朵的地点。房子周围有许多薰衣草灌木。

阿加写道：“读完故事后的第一反应大多是沉默，但父母唯一的评论是‘他们不是这只鹳鸟，他们会尽一切努力让房子保持在现在的位置’。他们不常读这个故事，但我为他们编织了一个小薰衣草巢，里面有一个陶制的房子，这个巢就放在他们餐厅的桌子上。他们的访客会问起它，他们会自豪地讲述鹳鸟的故事，这通常会感动并吸引客人。如果新高速公路在那里建成，他们中有些人可能会失去自己的房子。"

首先，这个故事对我有治疗作用，因为我情感上参与了围绕它的事件。但我还注意到母亲的变化，她以某种方式接受了她可能不得不再次搬家的可能性。我的父母现在正在寻找一个新地方，他们不再那么悲伤了。

在最高所有屋顶之上的烟囱上，一只鹳正在筑巢，并从它的家中欣赏着阳光照耀下的美丽风景。这个巢非常特别——与其他的不一样，令人钦佩。鹳鸟小心翼翼地将每根小树枝放在巢的特定位置。每一个看到的人都对这只鹳鸟及其工作感到兴奋。它多么巧妙地为她的家庭建造家园啊！

但是在暴风雨的夜晚，强风掀开了村里所有房屋的屋顶，摧毁了所有的烟囱。第二天早上村庄的景象真是令人沮丧。每一个巢都被摧毁了。鹳鸟们因担忧而哭泣，随后聚集在一起，飞向空旷的天空。它们不知道风会把它们带到哪里。它们飞啊飞，看到了它们过去多次飞过却从未注意到的风景。风把它们带到了远离家乡的地方。

它们飞来飞去。最终在一个傍晚，它们降落在一片森林边缘的一个旧农场上。它们打算在那里过夜，一棵大树为它们提供了庇护。当它们在早晨醒来时，它们欣赏到了绿色景观的壮丽景色。阳光在一条清澈的河流中闪烁，这条河流欢快地流过盛开的草地，鸟儿们欢快地唱着它们最美妙的歌曲。看到这一幕，鹳鸟们相互看着对方。它们立刻知道，它们也可以在这里建造自己的巢。

这一次，巢穴建得更加坚固，充满了爱心的关怀。曾经在最高的烟囱上筑巢的鹳鸟现在用薰衣草的小树枝编织它的新巢，这使得巢穴显得很特别。薰衣草的香味吸引了羡慕的目光，鹳鸟因此对为它所爱的人建造的巢感到更加自豪。

手工艺活动

来自阿加的思考：我在一张纸上手写了这个故事，并在旁边画了一些盛开的薰衣草。我用粗麻线钩织（将线交织成）了一个小巢，并在其中插入了几根干薰衣草枝。我把一个小陶土房子放进巢里，上面写着“雨后花儿开”。

环境悲痛与损失

本章包含八个故事，涵盖了不同的环境主题——所有这些故事都可以用于儿童、青少年和成人，作为家庭和学校讨论以及社区项目的起点。

其中六个故事讲述了以贪婪和/或缺乏关怀开始的旅程，最终以分享和关怀的希望之音结束：

另外两个故事，**《沙子里的信息》**（第 264 页）和**《天鹅之歌》**（第 281 页），探讨了海洋污染和物种灭绝的严峻情况，并以一线希望结束，希望这个信息能够被听到并付诸行动。

光之树

这个押韵的故事已经从最初的文字版本《光之园》演变而来，该版本发表在我的第一本书《治疗性故事：挑战性行为》中。多年来，原始故事的许多版本已经传播到世界各地——它被马尼拉大学音乐系改编成了木偶剧，使用了齐腰高的木偶。它还被优质教育信托基金改编成了音乐剧，在印度由高中生表演。这是我写过的最重要的故事之一。

从前有一个美丽的花园，它广阔无垠，
从山谷延伸到平原，从山丘到海边。
在这个美丽的花园里，每一只鸟，每一只蝴蝶，每一只蜜蜂，
在这个美丽的花园里，每一朵花，每一株植物，每一棵树。
在这个美丽的花园里，所有的孩子们都喜欢在这里玩耍，
他们在玩耍中健康快乐，整天如此。

在花园的中央，伸展着古老的枝条，
有一棵伟大而神奇的树，树叶闪烁着金色的光芒。

在它的根部深处，住着一个自然编织精灵，
她照顾着花园和那棵金色的光之树。
自然编织者每天编织她的自然线，
在花园里穿梭，在玩耍的孩子们中穿梭。
在根部穿梭，在闪闪发光的树周围，
在花朵间穿梭，在自由跳舞的孩子们周围。

只要自然编织者编织她爱的咒语，
在这片广阔的土地上，一切都是快乐和美好的。
那棵树每天都闪耀着金色的光芒，
孩子们有一个美丽的地方可以玩耍。

有一天，发生了一件事，一个新国王接管了这片土地。
这位新国王认为自己非常了不起！
他不关心花朵、植物和树木。
他不关心鸟儿、蝴蝶和蜜蜂。
他不关心孩子们是否在玩耍中拥有乐趣，
或者他们是否每天都是健康快乐的。

他的名字是国王·不在乎——尽管他只关心自己！
为了自己，他想要宝藏、财富和更多的财富。
国王·不在乎只知道一件事能给他带来快乐——
黄金、白银和珠宝，闪闪发光。

他命令他的仆人挖掘深深的矿坑，
建造一座宏伟的城堡来储存他所有的财富。

慢慢地，慢慢地，花园被砍伐，
为了国王的皇冠挖掘更多的宝藏。
经过长时间的挖掘，获得了大量的财富，
美丽的花园……不再存在！

没有了花朵、植物和树木。
没有了鸟儿、蝴蝶和蜜蜂。
孩子们没有美丽的地方可以玩耍，
让他们每天保持健康快乐。
没有了花园和孩子们的玩耍，
自然编织者无法每天编织她的舞蹈。
曾经金色的树变成了非常暗淡的灰色，
孩子们困惑事情怎么会变成这样。

花园被遗忘，随着岁月的流逝。
孩子们在光秃秃的地面上玩耍，天空阴沉。
国王·不在乎不关心花园已经消失。
他在城堡里整天度过他的时间。
数宝藏是他唯一的乐趣——
黄金、白银和珠宝——闪闪发光！

但是有一天，国王向外看，惊讶地看到
在远处，那棵垂死的灰色树。
“多么丑陋的景象”，
他说，带着惊恐，
“我必须尝试隐藏这棵暗淡的灰色树——
它让我内心感到不舒服”。

仆人们开始建造一堵高墙，
围绕着那棵丑陋的树，在阴沉的天空下。
墙没有窗户，墙没有门。
国王很高兴——他再也看不到那棵树了！

没有人能进去——没有人能通过，
自然编织者不知道接下来该做什么。
她坐在树根旁，独自坐在她的房间里，
回忆起曾经盛开的花园。

在墙完工后的一个晚上，
国王·不在乎难以入睡。
第二天早上，在他的镜子里，他看到自己变成了灰色，
就像阴暗暴风雨天气中的云朵一样灰。
看到国王的面容，仆人们惊恐，

全国的医生被紧急召唤。

他们尝试了许多草药、药水和药丸，
他们从未见过如此病重的人。
国王·不在乎似乎正在消逝，
一天比一天变得更灰更苍白。

此时……人们可能会思考为什么，
一堵高墙出现了裂缝。
这个裂缝非常小，几乎没人注意到，
但是一个孩子……也在附近玩耍，他也很小。

孩子似乎确切地知道该做什么，
他走向裂缝，挤了进去。
在另一边，他看到了那棵垂死的树，
在树根间，他听到了一声轻柔的叹息。

当自然编织者看到他时，她的微笑如此灿烂，
树用金色的光芒照亮了树根。
“走近点，”她低语，“亲爱的孩子，要勇敢，
我有一个故事渴望被讲述”。

自然编织者讲述了花朵和树木，

她讲述了鸟儿、蝴蝶和蜜蜂。
她讲述了她每天编织的舞蹈，
在花园里穿梭，在玩耍的孩子们中穿梭。
她讲述了那棵闪耀金色光芒的树，
她讲述了孩子们在它的光芒下如此快乐。

小男孩的眼睛充满了惊奇，睁得大大的。
“我们必须带回美丽的花园。”他喊道。
“我们必须带回生命给那棵伟大的灰色树，
这样它就可以照亮我们的土地，照耀你和我。”

“肯定有办法。”自然编织者叹息，
“但我太老了，我太累了。
这个任务对我来说太重大了，我一个人做不到，
我需要许多孩子来给予他们强大的帮助。
回到墙的另一边，尽可能多地找到他们——
我希望你们能及时到来；我真的希望你们及时到来！”

男孩从墙的裂缝中挤了出去，
并召唤所有的孩子，一个接一个。
女孩和男孩一起跟随他回到高墙，
然后挤过裂缝。
自然编织者高兴地欢迎他们所有人，

当他们围绕着垂死的灰色树聚集时。

自然编织者从她的架子上拿起一个盒子，
“这些是我的宝藏，我自己收集的。
它们来自花园被砍伐之前，
成千上万的种子——白色、红色、黑色和棕色。”
孩子们兴奋地窥视着盒子，
自然编织者看到他们明亮的眼睛，非常高兴。
她教他们如何种植所有不同的种子，
以及如何照顾每颗种子的特殊需求。

每天他们都通过墙上的裂缝回来，
一起帮助新花园。
很快，新的植物开始在他们的照料下生长，
蜜蜂和蝴蝶在空中起舞。

当草长得高，植物开花时，
自然编织者可以从她的房间出来跳舞了。
再一次，她可以每天编织她爱的咒语，
在花园里穿梭，在玩耍的孩子们周围。
在根部穿梭，在特别的树周围，
在花朵间穿梭，在孩子们自由欢笑中。

当自然编织者跳舞时，树闪耀着耀眼的光芒，
它用温暖的金色光芒照亮了新花园。
它的根深深地生长，强大地扩散到墙下，
裂开石头，导致墙……倒塌！

光之树用它的金光照耀着整个土地。
它的光芒到达了宏伟城堡的窗户。
国王起身沐浴在光芒中，
并为这份金色的礼物而欢欣鼓舞。

他从城堡里跳着舞出来，走向那棵树，
他与孩子们牵手，快乐自由。
花园将他护理回健康——
他终于知道了财富的真正含义。
今天，自然编织者编织她的魔法咒语，
再一次，像以前一样，一切都是快乐和美好的。

那棵神奇的树每天闪耀着金色的光芒，
孩子们有了一个美丽的地方可以玩耍。
“国王关怀”是给国王的新名字，
孩子们喜欢唱他的善行。
他们唱着那片从山谷到平原，从山丘到海边延伸的花园，
他们唱着花朵、植物和树木。

他们唱着鸟儿、蝴蝶、蜜蜂。

他们唱着自然编织者精灵的舞蹈。

他们唱着金色光之树的奇迹。

沙子里的信息

一个致力于拯救海洋的环保故事。

✳

很久以来，一个奇怪的怪物一直在海洋的水域中生长。然而，因为它隐藏在水面下，生活在陆地上的人们并不知道它的大小和它可怕的潜力。

怪物已经长得如此之大，以至于它现在有超过一千条手臂……在每条手臂的末端有超过一千只手，每只手上有很多（多到数不清）手指……令人毛骨悚然、爬行、滑腻的手指。

怪物没有脸，没有鼻子、眼睛或耳朵——但在每个手指的末端都有一个嘴巴……很难想象有多少张嘴巴！而且每张嘴巴都饿了——渴望任何东西和一切——从垃圾塑料碎片到金属碎片，再到脏油和化学混合物。这个怪物多么喜欢任何种类的化学混合物啊！

怪物已经长得如此之大，以至于它的超过一千条手臂已经完全包围了陆地。它们现在正在伸向港口和码头，以及上游的河流和溪流。事实上，几乎没有一个水域不存在这个生物的一部分。

随着时间的推移，这个可怕的"东西"继续生长。但是人们继续他们的日常生活，没有意识到这个生物正在接管他们心爱的水域。

最终，怪物已经长得如此之大，以至于它不能再在水下隐藏它可怕的形态。慢慢地，非常慢地，它令人厌恶的形状开始露出水面。令人毛骨悚然、爬行、滑腻的手指开始向上、向外、到处伸展。

人们看到这一幕时感到震惊。这可能吗？为什么他们以前没有注意到呢？

他们聚集在海岸边。他们聚集在港口周围。他们沿着河流聚集。他们说："必须做些什么。"他们向领导者寻求帮助。"杀死怪物。"他们恳求领导者做些什么。

领导者召集了专家。经过深思熟虑和咨询后，得出了一个结果——必须捕获怪物，如果无法捕获，则必须杀死它。陆地上的人们对这个决定感到满意……任何可以帮助海洋和水道恢复安全和平静状态的事情人们都支持。

领导者呼吁海军，人们自豪地看着海军派出装有网和绳索的船只。但这是一项不可能完成的任务。你怎么能用网捕获一个有一千多条手臂的怪物？你怎么能绑住一个有一百万个手指的怪物？

与此同时，怪物美美地吃了一顿网和绳索大餐。

然后海军派出了装有枪支的船只，许多枪支。发现每次枪支发射子弹，无论大小，怪物似乎都像吃零食一样吞下它们。船只返回补充不同武器——刀、矛和鱼叉。但这对怪物来说却是一场盛宴，似乎这个生物有着无法满足的食欲。

陆地上的人们震惊了……领导者无法做任何事情来解决这个可怕的情况。这到底是什么样的"东西"，能够把各种武器当作食物？

与此同时，在海洋深处的一个洞穴里，曾祖母海龟从她的梦中醒来，直接进入了一个噩梦。上面的水域充满了黏糊糊的黑暗。通常会伸下来触摸她的阳光完全被遮挡了。

曾祖母海龟知道她必须做些什么。她生活在怪物存在之前的时代，多年来一直是它可怕生长的见证者。现在阳光已经消失了，不能再浪费任何时间。

她向所有的子孙和曾孙们发出了信息。她的信息穿越海洋，进入港口，沿着水道上下传递。它被摇曳的海藻低语，从小鱼传给大鱼，被洋流携带。

她的信息传到了成千上万的海龟那里，无论老少，无论大小。在听取了她智慧的话语后，它们开始了任务——每一只海龟都朝着陆地边缘的不同海滩游去，围绕着港口和沿着河流。

在信息中，海龟们被曾祖母教会了几个字，并且用一种特别的方式将它们传达给陆地上的人们。

在夜深人静的时候，以及潮水最低的时候，每一只海龟，无论老少，无论大小，都游向岸边。在每一个沙滩和每一个河滩上，每一只海龟都开始工作。它们用强壮的鳍推动自己前后，被柔和银色的月光照亮，它们慢慢地但肯定地在沙滩上写下了这些字：

爱海洋

第二天早上，当太阳在陆地上升起，它的金色光芒照耀在字母上，充满了希望和承诺。住在海滩和河流附近的家庭来到沙滩上散步和玩耍。他们看到了这些文字，充满了惊奇。孩子们跳过线条和曲线。他们躺在沙滩上，感受着温暖的形状。他们用贝壳和卵石装饰每一个字母。他们把耳朵贴在沙滩上，听到了智慧。

然后潮水涌来，冲走了信息。

第二天晚上，海龟们再次来到沙滩和河滩上，开始工作。它们用强壮的鳍推动自己向前向后，被柔和银色的月光照亮，它们慢慢地但肯定地在沙滩上写下了新的文字：

饿死怪物

再一次，第二天早上，那些来散步和玩耍的人看到了信息。他们看到了这些文字，充满了惊奇。孩子们跳过线条和曲线。他们躺在沙滩上，感受着温暖的形状。他们用贝壳和卵石装饰每一个字母。他们把耳朵贴在沙滩上，听到了智慧。

然后潮水涌来，冲走了信息。

孔雀的羽毛

这个环境故事的灵感来源于最近对印度拉贾斯坦邦的访问。我很幸运，在阳光照耀的森林中散步时，有一只孔雀穿过我的道路。它的美丽让我屏息！

故事探讨了“因索取过多而失去”的主题——不给再生和恢复时间的不可持续性。故事中的园丁被命名为鲁萨，以纪念一位生活在 8 世纪的智慧女性吠陀医生，在那个女性医生几乎不存在的时代。在印地语中，“（印度的）王公”意味着“超级国王”；“拉杰库马尔·普里特维”这个头衔意味着“大地之王”。

这个故事的最终塑造，包括印地语摇篮曲的添加，是与“故事大王”的创始人阿米恩·哈克的特别合作，这是一个印度的讲故事者团体，他们与教师、家长和辅导员合作，并且专门向儿童讲故事——“传道者”意味着民间或人们。

对于那些有兴趣在现有的民间文学中寻找关于贪婪后果的类似故事的人，我建议你们查找“伸手摘月”（一个尼日利亚的民间故事）。

✳

从前，有一只孔雀，它以拥有最珍贵、最华丽的尾巴而闻名于世。实际上，人们认为它那美丽的尾羽中镶嵌的珠宝般的色彩，蕴含着彩虹的秘密。

这只孔雀生活在摩诃罗加宫殿的花园里。它被照顾得很好，每天都能吃到各种美味的食物。每晚它都会被带进室内，在摩诃罗加房间的角落里睡觉。它的床是一个大柳条笼，里面铺着丝绸天鹅绒垫子。

摩诃罗加非常自豪于他的华丽孔雀，并喜欢炫耀它的美丽。每当有特殊场合，摩诃罗加都会用孔雀的尾羽来装饰他的服装，以及节日庆典的装饰。当有重要访客来到他的宫殿时，摩诃罗加会将一些宝石般的羽毛作为礼物赠送。有一年，摩诃罗加要求从孔雀的尾巴上取下许多羽毛，用来装饰他新金椅的背面。

他的顾问们警告他不要使用太多的孔雀羽毛。但摩诃罗加会笑着说："难道你们不知道孔雀总是能长出更多的羽毛吗？"

摩诃罗加的儿子兼继承人拉杰库马尔·普里特维，从小就认识并喜爱这只孔雀，像朋友一样对待它，他恳求父亲停止取走这么多羽毛。但摩诃罗加会嘲笑地说："难道你们不知道孔雀总是能长出更多的羽毛吗？"

多年来，孔雀一直满足着它的主人。摩诃罗加会要求越来越多的彩虹色羽毛，而多年来孔雀也会不断长出新的羽毛来替换它们。

然而，有一天，孔雀的尾巴上再也没有羽毛了，孔雀也太疲惫了，无法再长出新的羽毛。当摩诃罗加知道这一点时，他很快就生气了。于是，孔雀就待在它那柔软的垫子笼子里，拒绝出来。

许多周过去了，孔雀既没有出笼子，也没有长出新的羽毛。摩诃罗加越来越生气和不耐烦。有一天，他拿起柳条笼，把它带到宫殿墙外的顶部。“如果你不能给我美丽的羽毛，你就再也没用了。”他大喊。然后他把笼子连同孔雀一起扔出了墙顶，然后走回了自己的房间。

这个残酷的行为被宫殿园丁之一的露莎看到了。她当时正在墙边给一些花浇水。露莎一直非常喜欢这只孔雀，看到它这样被对待感到震惊。

那天晚上，在夜幕的掩护下，露莎悄悄地走出宫殿大门，沿着高墙旁边蜿蜒的小路走去。她慢慢地向前移动，用手摸索着前进。最终，她摸到了柳条笼的顶部。然后她听到了微弱的呜咽声，知道孔雀还活着，她感到松了一口气。丝绸天鹅绒垫子一定在坠落时保护了它。

露莎轻声安慰着，小心翼翼地伸手进笼子，把颤抖的孔雀抱了出来，用她的纱丽把孔雀包裹起来。她把孔雀抱在胸前，沿着墙边的小路慢慢走回，穿过宫殿大门。

露莎的小屋位于宫殿花园的远角，她花了相当长的时间才安全地到达那里，且没有被宫殿守卫发现。当她安全地进入屋内并锁上门后，她把孔雀放在床上，用柔软的拉贾伊布覆盖它，以保持温暖。然后她点燃了火，把一壶水放在壁炉上的钩子上。

现在是露莎使用她的治疗技能的时候了。她开始切碎不同的草药、叶子和根，放进壶里煮。当植物汤煮着的时候，她拿起一罐治疗药膏走到床边。她揭开孔雀，开始轻轻地把药膏涂抹在它的伤口和瘀伤上，一边唱着歌给它听：

Tham ja re Tham ja, thodi der so ja, Bahut door jaana hai, thoda sa tham ja,

暂停我的朋友，暂停，休息一会儿，你要走很远，休息一会儿，

Ye raat dhalegi, savera hi hoga,

这夜晚将过去，新的黎明将到来，

Savere talak mere raja tu so ja.

所以，我的朋友，休息到太阳再次升起。

很快汤就准备好了，露莎设法给孔雀喂了几勺治疗汤。然后她在床上躺下，抱着它，很快他们俩都睡着了。

第二天早上，在给孔雀喂了几勺汤并照顾它的伤口后，露莎让它在她的床上睡觉，然后出去做她一天的工作。她锁上门，加入了其他园丁。他们低声交谈着……“你听说摩诃罗加把他的心爱孔雀扔下墙了吗！你知道今天早上找到了笼子，里面是空的！也许孔雀被野生动物带走了？看看拉杰库马尔·普里特维有多难过，他在花园里闷闷不乐，如此想念他的朋友。”

带着内心的微笑，露莎继续她的园艺工作。她知道孔雀的生命取决于她不告诉任何人她的秘密，即使她渴望分享它。她对拉杰库马尔·普里特维有一种特别的感情，知道如果他知道真相会多么的宽慰，但她不能冒险。孔雀的安全和福祉必须放在第一位。

每天晚上，一旦她安全地回到小屋里，露莎就会给孔雀喂更多的治疗汤，几天后，它也开始吃一些细切的水果和蔬菜。她继续进行治疗，慢慢地，慢慢地，伤口和瘀伤愈合了。

一个月后，孔雀完全恢复了力量，露莎开始看到新尾羽生长的迹象。她很高兴。但她也很担心。她知道是时候把孔雀从她的小屋里移走了。在羽毛长得更长之前，她必须转移它，否则她将无法像以前那样把它藏在她的纱丽里。

第二天晚上，当月亮在天空中形成半个月亮时，露莎用她的纱丽包裹住孔雀，紧紧地抱在胸前。她打开门，慢慢地穿过宫殿花园，安全地避开值班的守卫，走出宫殿大门。在银色月光的照耀下，她沿着通往森林的道路走去，越过河流。

一旦进入森林，露莎沿着一条小路走，直到几乎看不清前方的路。她在一棵树枝宽广、形状友好的树旁停下来。她轻轻地吻别，把孔雀举到树枝上栖息。然后，眼中含着泪水，她匆忙返回家。

时间流逝。没有一天露莎不担心孔雀。她知道她把孔雀送回森林是对的，所以她只能相信它在自然家园中一切安好。

现在摩诃罗加已经太老，无法维持统治，他请求他的儿子拉杰库马尔·普里特维接替他的位置。并为加冕典礼策划了盛大的庆祝活动。

拉杰库马尔·普里特维想在父亲退位之日给他一个特别的礼物。经过深思熟虑，他决定为他建造一个凉爽而阴凉的花园，供他晚年享受。由于需要许多新植物，他召集了露莎和其他园丁一起加入他去森林探险。他们装载了小车，装上园艺工具和空花盆，然后套在驴子身上。他们出发了，穿过宫殿大门，越过河流，进入森林。拉杰库马尔·普里特维骑在前面，不时停下来指出植物和小树，让园丁们挖出来放在花盆里。

一旦小车装满了，他们在一条小溪旁停下来，让驴子休息和饮水。拉杰库马尔·普里特维作为一个非常善良的年轻人，高兴地与园丁们分享了他的王室盛宴。他们在小溪旁的一片空地上，坐在一棵树枝宽广、形状友好的树下一起用餐。

露莎迅速吃完饭，然后站起来四处张望。她感觉到孔雀可能就在附近，她想警告它要保持隐蔽。

突然，令所有旁观者惊讶的是，一个不同寻常的景象发生了。一只华丽的孔雀从森林里走了出来，走向露莎。它慢慢地围着她走，用头蹭着她纱丽的裙摆。露莎很高兴见到它，以至于忘记了她的恐惧。她弯下腰，轻轻地用手在它身上抚摸，以温暖和喜悦的方式打招呼。

几分钟后，孔雀走到阳光透过森林树冠照在草地上的一片地方。它转了一整圈，展开尾巴，展示出一扇最美丽的彩虹宝石般的羽毛。然后，在一片色彩的闪光中，它消失在茂密的森林中。

拉杰库马尔·普里特维一直在观察这一切——露莎和孔雀之间的爱的联系，以及孔雀在阳光下闪耀的彩色羽毛。这是他所见过的最美丽的景象，他确信这就是曾经住在他的宫殿里的那只孔雀。知道他的童年朋友不仅还活着，而且看起来比以往任何时候都要强壮和美丽，他感到非常高兴。

在这一刻，拉杰库马尔·普里特维意识到，孔雀现在回到了它的自然家园。他走向露莎，满怀爱意和感激地拥抱了她。

“我向你和我王国的所有居民承诺，”他说，“在我的加冕典礼之后，我将宣布这片森林为受保护的地方。我衷心希望孔雀能在这里无忧无虑地生活。”

露莎内心和外表都露出了微笑。然后她低头看到，草地上躺着一根美丽的尾羽。

她捡起尾羽，递给了拉杰库马尔·普里特维。

“孔雀给你留下了加冕礼物，”她说：“愿它引导你明智而公正地统治你的余生。”

影子巨人

一个旨在解决贪婪和权力问题的环保童话。

“贪婪是我的游戏，权力是我的名字。”

从前，在不太遥远的过去，住着一个巨人。这个巨人是地球上曾经生活过的最强大、最大、最具破坏性的生物。

奇怪的是，没有人见过这个巨人，但许多人感受到了它周游世界时留下的黑暗阴影，无论它走到哪里，都会搞破坏。

人们称它为影子巨人。

影子巨人不停地忙碌着，日夜不分，来回移动，将它的黑暗存在印刻在大地、海洋和空中……地面出现了深黑色的裂缝，海岸线上吞噬一切的黑色水和泥浆，山谷和山脉中被烧焦和变黑的森林，以及到处弥漫的污染雾气。

没有人知道影子巨人来自哪里，它住在哪里。也没有人知道它何时何地会再次使用它的黑暗力量。

没有什么是安全的，不受这个巨人影响——无论是世界上的人民，还是陆地上的动物，抑或是海洋中的生物。所有生物都容易受到它的力量影响。

即使是通常能够飞得足够快以避开其破坏路径的鸟类，也逐渐受到了空气中蔓延的黑色旋涡的影响。

住在云端高处银色城堡中的天堂女王，从她的羽毛信使——鸟类那里听到了这些可怕事件的消息。她越来越担心这个影子巨人及其在地球上所做的邪恶工作。她决定召开一个会议，并向世界各地的鸟类发出了邀请。

会议当天，天堂女王坐在她的银色宝座上，身穿飘逸的彩虹长袍，光彩照人。她的周围聚集了许多鸟类——来自世界各地的鸟类，各种颜色、形状和大小的鸟类，陆地和海洋的鸟类，白天和夜晚的鸟类。

天堂女王耐心而专注地倾听了每一只鸟儿的讲述——它们共同见证了由这个影子巨人造成的各种破坏。当所有的故事都讲完后，女王对聚集的鸟类说：

一定有办法克服这个正在占领地球的黑暗力量。每个敌人都有弱点！飞回你们来的地方，尝试找出这个影子巨人住在哪里——然后你们可以观察这个生物的弱点是什么。尽快向我报告……我认为我们没有多少时间了！

鸟类飞回世界各地的家，并密切关注巨人的破坏路径，尽可能地追踪它居住的地方。日复一日，周复一周，月复一月。

当鸟类被派遣执行任务将近一年时，一只老猫头鹰终于找到了女王正在寻找的答案。它飞进了一个深山洞穴，寻找食物，沿着一条岩石隧道进入了一个宽敞的洞穴。

在这个洞穴里，有一个巨大、黑暗、喃喃自语、隆隆作响的身影。它没有固定的形状——事实上，它的形状似乎随着它发出的每一个声音而改变大小和形态。有时它像一只巨大的乌贼，拥有许多扭动的触须，充满了洞穴；其他时候它变成一个怪物般的熊样，愤怒地在房间里走来走去。

猫头鹰躲在洞穴的一个远角落里，观察和倾听，正如猫头鹰擅长的那样。过了一段时间，它开始理解那些喃喃自语和隆隆声，因为它们似乎一遍又一遍地被吟唱。

一切为了我，我为了所有，吞噬一切大小之物，
贪婪是我的游戏，权力是我的名字。

最后，这个可怕的黑暗生物蜷缩成一个大球，睡着了。猫头鹰迅速而安静地飞出了深洞。然后它开始了穿越天空的漫长旅程，一直飞向天堂女王的城堡。随着它飞得越来越高，它不断地吟唱那些可怕的喃喃声和隆隆声，以免忘记它们。

一切为了我，我为了所有，吞噬一切大小之物，
贪婪是我的游戏，权力是我的名字。

当天堂女王听到猫头鹰的经历故事时，她确信猫头鹰找到了影子巨人的家。当她听到喃喃声和隆隆声的吟唱时，她立即认出了巨人的弱点：

影子巨人只关心自己——它只为自己追求权力！

然后，天堂女王召集了她的羽毛助手们。“飞遍世界各地，向人们唱出

这个信息。如果他们团结一致，相互关心，那么他们可以慢慢地但肯定地克服这个影响地球的黑暗阴影。”

关心的力量，团结的力量，可以克服巨人的自私。

鸟类飞向世界各地，各种颜色、形状和大小的鸟类，陆地和海洋的鸟类，白天和夜晚的鸟类。当它们飞翔时，它们唱出了天堂女王的信息，让地球上所有的人都能听到。

直到今天，鸟类仍在唱着它们的歌。有时它们甚至会掉落羽毛信息，轻轻地飘落到地面。当人们在花园、街道、森林和海滩上发现这些美丽的羽毛时……他们知道这个信息是直接传达给他们的。他们捡起羽毛，惊叹于它们的形态和美丽，并记住了天堂女王传达给他们的信息。

关心的力量，团结的力量！

慢慢地，但肯定地，鸟类之歌的智慧正在帮助世界各地的人们克服影子巨人的黑暗力量。

生命之光

这个故事是为了一个日本的韧性故事集而写的，名为《培养孩子心灵的故事》，在 2011 年日本海啸之后出版。它旨在解决环境灾难后可能出现的羞耻感和自私行为（针对那些没有遭遇不幸的人）。

从前有一个小镇，它坐落在海边的一个小海湾周围。在这个小镇里有许多房屋，每户人家都有一个闪闪发光的灯笼。每个家里的灯笼照耀着居住在那里的人们，灯笼的光芒帮助每个人变得聪明和强壮。它像太阳一样金黄，在白天闪闪发光。像闪烁的星星一样，在夜晚闪烁。多年来，每个家里的灯笼都在闪烁，小镇上一切都很好。

但是有一天，一个巨大的怪物从海里而来，它拖着一个非常黑暗的袋子。这个怪物讨厌任何闪闪发光或发亮的东西。它讨厌任何有光亮的东西。它的计划是捕捉所有的灯笼，把它们放进它的黑暗袋子里。怪物迅速而无情地横扫小镇。它伸进房屋，偷走了闪闪发光的灯笼，然后把它们放进它的袋子里。然后，带着一个非常满、非常重的袋子，怪物退回了大海。

小镇被留在黑暗和悲伤中。起初，人们以为怪物已经从每个家庭中拿走了所有的灯笼。没有灯笼的光芒，生活怎么可能继续下去呢?

但是慢慢地，一些微小的光芒开始在黑暗的海湾周围的一些房屋中闪烁。幸运的是，在匆忙中，怪物错过了这些房屋和它们的灯笼。

在镇上的广场举行了一次会议。仍然住在有灯笼的家庭的人聚集在一起。他们同意，作为幸运的人，必须找到一种方法将他们的光芒传播到小镇的其他地方，并与所有人分享。他们想帮助那些生活在黑暗和悲伤中的人。他们知道他们的光芒可以帮助人们找到前进的道路。

幸运的人们在黑暗的街道上行走，带着他们的灯笼为其他人指路。然后他们回到自己的家中，敞开他们的窗户和门，让灯笼的光芒照耀整个小镇。

但是有一些幸运的人没有来参加这次会议。相反，他们拉上了窗帘，紧紧地关上了门，把他们的灯笼光芒隐藏起来。他们感到羞愧重重——为什么他们的家没有被这个在其他地方造成如此大破坏的可怕怪物触碰；为什么他们的家仍然幸运地拥有它的灯笼光，而其他人却生活在黑暗中?他们紧闭窗户和门，留在家里和家人在一起，拒绝出来。

日复一日，周复一周，月复一月。当一些人在忙着寻找分享他们光芒的方法时，有些人仍然躲在家里，隐藏他们的光芒。

秋风开始吹拂，之后是一个漫长的冬天用它冰冷的手指，紧紧抓住了这片土地。然后是春天的希望!

鸟儿歌唱，蜜蜂嗡嗡叫，蝴蝶飞舞，新花开放。温暖的阳光照在关闭窗户和门的房屋上。

关闭的房屋里的孩子们感受到了春天阳光的温暖召唤，他们无法接受再在室内待一天。他们拉开窗帘，撞开门，他们冲到街上玩耍。

从这一天起，多亏了孩子们，关闭的房屋里的灯笼光芒现在从所有的窗户和门中照耀出来。它们照耀过小镇，上下黑暗的街道。它们与其他灯笼融合，直到小镇再次被光芒淹没，就像以前一样。

在此之后的许多年里，闪闪发光的灯笼光芒继续帮助每个人变得聪明和强壮。

像太阳一样金黄，它们在白天闪烁。

像闪烁的星星一样，它们在夜晚闪烁。

天鹅之歌

这是一段关于艺术展览的文字说明。展览的主题是“栖息地丧失”，由艺术家琳恩·泰勒创作，展览名为《靛蓝酿造》，于2019年在墨尔本展出。展览旨在通过艺术作品探讨和传达栖息地丧失对环境造成的影响。

※

天鹅之灵俯瞰着她那辽阔的棕色土地。她很担心……非常担心。

几千年来，她一直注视着她在下面世界里的家族。她为他们那美丽的黑色翅膀感到骄傲，那翅膀能带他们从一岸飞到另一岸，也为他们那强健的脖颈感到骄傲，那脖颈使他们的头颅高高挺立，高于周围所有其他生物。这里有一只如此忠诚、如此充满爱心的鸟……有太多东西可以教给世界上所有的人。

一代又一代，她的天鹅家族经历了许多起伏……火灾和洪水，战争与和平，寒冷与炎热……

但从未有过像这样的危机——一个似乎没有解决方案的危机。

天鹅要生育后代需要巢穴。为了建造他们的巢穴，他们需要新鲜的草和芦苇。而为了新鲜的草和芦苇能够生长和繁荣，他们需要清洁的水道……湖泊、港口、河流、沼泽和湿地。

但曾经是自然的正常恩赐的新鲜草和芦苇，变得越来越难以找到。河流干涸，沼泽停滞，湖泊被污染，港口和入口处堆满了油污和塑料碎片。

天鹅之灵迫切地寻找改变的方法。她发出她那响亮而悠长的号角般的叫声，接着是一系列柔和的低吟声——一个绝望的歌声，呼吁下面土地上的所有人注意她的警钟。

但似乎没有人注意到她的低吟。

于是天鹅之灵呼唤了四方之风……北风、南风、东风、西风……将她的歌声传遍大地。

四风将歌声带过夜晚和白天，越过山脉，穿过平原，沿着山谷，进入森林，沿着岩石海岸线。

土地上的孩子们听到了风中传来的音乐——生活在农场的孩子们，生活在海边小屋的孩子们，生活在山中小屋的孩子们，生活在城市中的家庭和高楼公寓里的孩子们——所有地方的孩子们。

他们听到了音乐并抬头望向天空。歌声进入了他们的心中。

祖母和驴

这是一则旨在应对日益严重的“清洁”环境丧失问题，并鼓励儿童增强对垃圾的关注意识的故事。它被改编成了木偶剧，并在开普敦的镇区幼儿园巡演。效果是立竿见影的——当木偶剧演员们在收拾演出道具时，孩子们会跑过来，手里拿着一把把的垃圾。我相信这个故事具有普遍的环境信息，可以适用于所有年龄段的人。这首科萨语歌曲是由其中一位木偶剧演员，玛丽亚·姆塞本齐创作的。这首歌可以被翻译成任何语言。

✳

从前，在非洲南部的土地上，住着一位老奶奶。她的儿女和孙子孙女们都搬到了城里，她独自一人留在乡下的农场里。但是奶奶从不感到孤单，因为她最喜爱的孩子就是大自然本身，总有那么多事情要做，去照顾大自然。

奶奶特别喜欢看到她的自然孩子穿上美丽的花裙子，所以她大部分时间都在打理花园，种植美丽的花朵。她最好的朋友是一头小棕驴，它整天拉着车运送水桶给花园里的花朵浇水。到了星期六，它就会用强壮的背驮着奶奶，拉着装满花朵的车，前往城镇边缘的市场。奶奶会给它戴上一顶装饰着花朵的特殊帽子，背上披着一块鲜艳的布。

到了一天结束的时候，所有的花朵都卖出去了，奶奶就会用卖花得来的钱为自己买食物，为小棕驴买燕麦。他们总是有足够的食物吃，很长一段时间他们都非常幸福。驴子爱奶奶，奶奶也爱驴子。当他们在花园里工作时，她经常给它唱这首歌：

哦，驴子是一件奇妙的东西；一件奇妙的东西就是驴子。

赞美是好的；感恩是一件好事。

然而，随着时间的流逝，奶奶渐渐老去，终于有一天，她太老了，无法再在花园里工作，也无法独自一人在乡下生活。于是有一天，她把所有的行李装上驴车，把花帽子戴在驴头上，把鲜艳的布披在驴背上，一起出发去城里找一个新房子，一个城里的房子来住。

由于奶奶已经很久没有进过城了，当她坐着驴车穿过街道去新家的路上，她惊讶地发现这个城镇变得多么杂乱无章。到处都是垃圾和杂物。花园里不再是鲜花，而是垃圾和杂物。

“人们在对大自然的孩子做什么？”奶奶哭喊道，“他们怎么能给她穿上这么丑陋的衣服？”她坐在新家外面的罐头、瓶子和塑料袋中间，开始哭泣。当她哭泣时，小棕驴走近，低下头在她耳边低语了一个秘密。慢慢地，奶奶停止了哭泣，脸上露出了微笑。“当然了，小棕驴，真是个好主意。”她说，然后她开始唱：

哦，驴子是一件奇妙的东西；一件奇妙的东西就是驴子。

赞美是好的；感恩是一件好事。

当她唱歌时，她把所有的行李都搬进了新家。喝了一杯茶后，给驴子喂了水和燕麦，她就带着驴子和空车出门了。当她走着的时候，她开始捡起垃圾装上车。她一边工作一边唱：

我的自然孩子又脏又灰，

她今天需要换一件新衣服。

让我们捡起垃圾清理杂乱，

然后播种种子长出花裙子。

不久，街上的孩子们听到了奶奶快乐的歌声。他们从家里出来开始帮忙。在孩子们的辛勤工作下，第一天结束时，第一条街上的所有垃圾都被清理干净了。垃圾被装上驴车运到了垃圾场。然后奶奶从她从乡下花园带来的花种子袋里掏出一把种子。她给每个孩子一些种子带回家，在他们房子前面种植。

第二天，更多的孩子帮忙，第二条街也被清理干净了。

第三天，第三条街被打扫干净。就这样，孩子们和奶奶以及小棕驴一起工作，很快镇上的每条街道都清理干净了。随着在每家房子前面种植的花种子，很快大自然的孩子就穿上了一件新的城镇衣服，一件美丽的花裙子。

现在奶奶可以享受城镇里的花朵之美了。

与此同时，小棕驴忙碌地在街上运送水给所有的花园，并且每天收集新的垃圾。

从那天起，如果镇上有人要扔垃圾，他们会把垃圾放进垃圾桶里，等待驴车来装运去垃圾场。每天孩子们都会从自己的花园里摘花，为驴子的帽子编织一个新的花环。

如果你有机会访问这个城镇，你会听到人们在赞扬小棕驴——那头帮助奶奶给他们的城镇穿上一件美丽新衣，一件花裙子的小棕驴：

哦，驴子是一件奇妙的东西；一件奇妙的东西就是驴子。

赞美是好的；感恩是一件好事。

桑葚树

这是一个关于一个孩子如何克服失去她最喜爱的树的悲伤的故事。这个故事是基于讲述者的真实生活经历。

✳

在露西出生之前，她的爸爸种了一棵桑葚树。随着她的成长，树也在成长。到了露西足够大到能爬上去的时候，树已经足够强壮，能够承受她的重量了。

桑葚树生长在花园的野生一侧，朝着任何它想要的方向生长——甚至越过栅栏。它的根深深地扎进土壤，它的枝条优雅地向天空伸展。

露西在桑葚树上有一个特别的枝条。它很坚固，笔直，被她的手、脚和臀部磨得光滑如丝。露西会想象桑葚树是众多树木中的一棵，生长在茂密的丛林中。那是一个热带丛林，充满了野性的事物——露西也是其中之一。她会爬到她的特别枝条上，躲在绿色的心形叶子后面。她会坐得非常非常静，以至于人类甚至不知道她在那儿。

冬天，桑葚树光秃秃的，但是如此的优雅。树枝上会形成小小的绿色叶芽和小小的绿色毛茸茸的果实。然后叶子会慢慢展开。

随着冬天转为春天，浆果会变色：从绿色变成白色，变成粉红色，变成红色，最后变成甜美的、多汁的、诱人的紫色。

夏天，露西和她的家人会在桑葚树的树荫下野餐。

秋天，露西的爸爸会给桑葚树进行轻度修剪。当他拿着他的修枝锯出现时，露西会说："爸爸，不要砍我的特别枝条，好吗？"

从露西的地方越过栅栏是一个空旷的院子。那里草长得很高，杂草在风中摇摆。当露西四岁时，埃德和梅维斯·安德鲁斯买下了那块空地，露西看着草和杂草被割平，木制的框架被搭建起来，金色的砖块被铺上。

安德鲁斯一家搬了进来。他们是友好的邻居，但与露西的家人不同，他们整洁、有序，非常讲究。埃德·安德鲁斯不喜欢紫色的桑葚树浆果落在他的花坛上。

"亚历克斯，你应该把那棵树砍掉。它弄得一团糟。"埃德说。

爸爸挠了挠头，提出砍掉所有悬挂在栅栏上的枝条。露西紧张地观看着。之后，桑葚树不再那么优雅，但露西仍然有她的特别枝条和足够的叶子可以藏身。

每个暑假，露西和她的家人会去海滩露营五周。有一年他们回家时发现露西美丽的桑葚树不再美丽。所有的枝条和叶子都不见了，只剩下了一个树桩。

露西跑回她的房间，哭泣起来。她哭得像河流和湖泊一样。她想跑到埃德那里大喊："埃德·安德鲁斯先生！你怎么能杀死我的特别树和我的特别枝条？它没有伤害你的愚蠢的花！"

但露西什么也没说。

爸爸就此事与安德鲁斯先生进行了激烈的交谈。露西拒绝走出后院。栅栏上的对话不再发生。

有一天，有人敲门，妈妈叫道："露西，有人来看你"。站在门口的是安德鲁斯先生，他尴尬地拿着一棵新的小桑葚树。

"给你，露西。"

露西的脸变热了，眼泪刺痛了她的眼睛，她的舌头不听使唤。

"谢谢，埃德。"妈妈说。

安德鲁斯先生急忙回家了。

露西和她的爸爸开始讨论他们可以在哪里种植新的桑葚树。他们在花园里前后寻找，但没有一个地方感觉合适。

第二天，露西和她的爸爸出去散步时，一只小燕尾蝶飞到他们面前的小路上。露西拉住她的爸爸停了下来。

他们看着鸟儿摆动尾巴，啾啾叫着，然后在他们前面跳了一小段。露西轻轻地笑了。他们小心翼翼地跟着鸟儿，很快它就一跳一跳地把他们带到了新的社区花园。

"哦"，爸爸说。"我忘了这里开始了一个社区花园。哇！这里看起来很棒。"

中间有一个大圆圈，好像在等待着什么。

"哦，爸爸。你认为我们可以在这里种植我们的桑葚树吗？"

"也许可以。我们去问问。"

爸爸找到了该问的合适人选，他们非常喜欢这个主意。下一个星期六，爸爸和露西种植了这棵树。

他们用独轮车搬运树，带着铲子、小铲子和一些肥沃的堆肥。他们挖了一个深深的洞，轻轻地把堆肥放进洞里，种植了树并给它浇水。

慢慢地，桑葚树长大了。它的根逐渐深入土壤，它的枝条优雅地向天空伸展。

露西对新树感到非常高兴，她编了一首小歌：

哦桑葚树，哦桑葚树！

你随我摇摆。

哦桑葚树，哦桑葚树！

你的果实如此甜美。

我的手是紫色的，

我的脚也是紫色的。

一个秋天，下了几周的雨。露西的车库积了几米深的水。孩子们穿上湿衣，在洪水泛滥的公园里用冲浪板玩耍。

社区花园中央的桑葚树焕发了生机。第二年春天，它结出了第一批桑葚。过了一段时间，它足够强壮，不仅能承受露西，还能承受来自整个社区的孩子们。在桑葚成熟的季节，放学后，他们会坐在树枝上，像叽叽喳喳的猴子一样尽情享用。

你大概能猜到他们的嘴唇、手和脚是什么颜色！

其他类型的失去
——信任、合作、控制、平衡、尊重

有许多其他类型的损失并不属于前一章的分类，但将它们包含在本集中似乎很重要——关于失去信任、失去合作、失去控制、失去平衡和失去尊重的故事。

《湖与天》——一个重建对生活和世界的信任的故事，为 3~12 岁的儿童编写（第 293 页）。

《小鱼》——为一个六岁的小男孩编写，帮助他接受现实，对未来建立信任，并支持他应对日常生活中的变化（第 295 页）。

《彩虹地精灵与秘密洞穴》——为解决 4~6 岁儿童之间缺乏信任而编写（第 298 页）。

《彩虹石》——一个帮助一群八岁儿童恢复对世界奇迹和美好的信任的故事（第 302 页）。

《养蜂人与蜂蜜杯》——为帮助一个五岁的小男孩找到一种更社会接受和有趣的方式来控制他的愤怒而编写（第 307 页）。

《刷子与平底锅》——一个押韵的故事，旨在鼓励讨论，当朋友、家庭或社区团体之间失去合作时该怎么办（第 310 页）。

《圆圈朋友》——为一个有控制欲朋友的八岁女孩编写（第 314 页）。

《月亮与星星之间的空间》——一个故事，恢复了一位因代理和累积创伤而发展出创伤后应激障碍（PTSD）的专业女性的生活和谐与平衡（第 317 页）。

《太阳王与月亮后》——一个鼓励男孩和女孩、男人和女人之间相互尊重和关怀的故事（适用于所有年龄）（第 320 页）。

湖与天

一个重建对生活和世界的信任的故事。真弓在最近遭受了可怕灌木丛火灾的小镇上与3~12岁的孩子们一起工作。她用英语和日语写下了这个疗愈性故事，用于她的日语课上。

一个11岁的学生回应说："我非常喜欢这个故事。我觉得现在事情看起来有点亮了。"一个9岁的学生说："我喜欢这个故事。我想成为粉红色的知更鸟或风（意味着她可以帮助那些正在经历困难时期的人）。"

一位有两个年幼男孩（分别是7岁和10岁）的家长评论说："这个故事很美：它完美地描述了我们和我们的儿子经历的那种感受。火灾的日子有时非常黑暗，但现在阳光更多地照耀大地，即使云层有时还会出现！"

从前，在森林中央有一个湖泊。

湖泊总是仰望着天空。她喜欢观察云朵，想象着各种动物在蓝天中穿行。她也喜欢日出和日落时分那令人屏息的色彩表演。夜晚凝视月亮和星星让她感到如此宁静。

但有一天，天空被一片阴暗、沉重的云层覆盖。整个世界变得灰暗而忧郁。日复一日地下着雨。湖泊想，“我感觉我再也看不到蓝天了。我的世界里一切都是黑暗和灰色的。没有颜色，没有光，连星星的闪烁都没有”。

随着阴暗的雨日持续，湖泊感到越来越悲伤。她害怕陷入一个无色的世界，没有光亮，她感到非常绝望。

森林里住着一只粉红色的知更鸟，它从天空中看到了湖泊的暗色，也看到了她的悲伤。知更鸟飞上高空，呼唤风。鸟儿请求风为湖泊吹散沉重的云层。于是风聚集了力量，一点一点地吹散了厚重的云层。

阳光开始穿透云层。随着天空变蓝，湖泊的颜色也回来了。当湖泊再次看到蓝天时，她对天空说：“我以为我再也见不到你了。我非常想念你。”

天空说：“我也想念你。但我知道你在那里，即使我看不见你。我知道云层总有一天会移开。这个世界没有什么是一成不变的。”

到了夜晚，湖泊对月亮和星星说：“我很高兴再次见到你们。我以为我再也见不到你们了。”

其中一颗星星对湖泊说：“我们一直在闪烁。我们一直在那里——日夜闪耀。我们一直在那里，就像湖底的卵石一样。”

从那天起，湖泊知道蓝天和星星总是在那里，即使她看不见她们，她感觉好多了。

小　鱼

（吉尔·蒂娜·塔普林）

这个故事是为一个六岁的男孩写的，用吉尔的话来说，他“在日常生活的陌生和差异中挣扎。他似乎无法很好地控制自己的身体，跑步姿势不协调，很容易被描述为笨拙。他对触觉似乎非常敏感，对于其他人来说看似正常的触碰，他会做出强烈反应，比如推开”。

故事的目的是帮助建立对现状的接受和对未来的信任，并支持这个男孩应对日常生活中发生的变化。

吉尔在幼儿园的整个小组中连续几天讲述了这个故事，然后把它交给了男孩的父母在家里使用，据报告他们确实这样做了。过了一段时间，这个男孩似乎在社交和保持与小组氛围上更加自在。用吉尔的话说，“他更能融入大家”。吉尔希望她的故事支持了这种明显的进步。

从前，在世界上最高的两座大山之间，有一个隐蔽的山谷。山谷里有一个很深的湖泊。那里非常宁静。巨大的山脉挡住了狂暴的风，只有温柔的微风拂过湖面。湖里生活着一条小鱼。他在平静的水中游来游去，啃食水草，他很快乐。他的生活非常平静。

有一天，一只大鸟飞过湖泊。它锐利的眼睛发现了在水下游泳的小鱼。突然，大鸟收起了巨大的翅膀，直冲入水中，向小鱼俯冲。在小鱼还没意识到发生了什么时，大鸟就抓住了他，并把他带到了山的另一边。

大鸟把小鱼带到了另一个湖泊，并将他投入了那个新的湖泊。这个湖泊与他的旧家完全不同。水不是新鲜、纯净和清澈的，而是浑浊和脏的。这个新湖泊旁边是一个大城市，住在城市里的人们把所有的垃圾都扔进了湖泊。这让小鱼感到非常不舒服，他在湖里游来游去，试图寻找一些更干净的水。当他游到湖边时，突然看到一个奇怪的阴影正穿过浑浊的水向他靠近。一瞬间，他被网住了，被提离了水面。可怜的小鱼在网中挣扎和喘息了一会儿，然后被倒进了一个小水箱。

水箱里的水不像湖水那样脏，但对小鱼来说味道陈旧。水箱非常小，他几乎无法在里面游泳。没有水草可以啃食，只有水面上的一点干尘土，味道并不好。小鱼非常不快乐，希望回到他的山湖。水箱外面有很多人。他们过来盯着他看，大声地互相交谈。小鱼害怕那些盯着他的脸和嘈杂的声音。

然后有一天，小鱼的命运又发生了变化。他被从水箱里取出，放入了一条汹涌咆哮的大河。现在他被水流冲走了。在湖里，他可以随意游到任何地方，但现在他只能随着河流的流动而动，不能停下来啃食水草。他被翻腾的水流撞击，头因轰鸣声而疼痛，但他还是被冲刷着继续前行。

终于，小鱼被冲入了大海。在这里，他不再像在河水中那样被冲撞，很快就被波浪的节奏哄得入睡了。

当他醒来时，他开始探索他的新家。这里非常大，大到他找不到任何边界。他可以随意游动。水对他来说很陌生；它是咸的，但很干净，适合生活。

他找到了可以啃食的海藻，然后他发现还有其他像他一样的小鱼。他喜欢和他们一起游泳。他们讲述他们是如何通过河流来到大海的，他则讲述了他奇怪的故事。

随着时间的推移，他成为一条可以在海洋中强劲游泳的大鱼。当鸟儿把他从山湖带走时，他很害怕。他不喜欢脏脏的湖泊，也不喜欢他必须吃尘土和人们盯着他的小水箱。当大河把他冲走时，他也很害怕，但现在他不再害怕或不快乐了。他在浩瀚的海洋中找到了他的真正家园。

彩虹地精灵与秘密洞穴

这个故事是为了应对一群4~6岁孩子的班级中缺乏信任的问题而写。

埃洛迪写道：去年，一些较大的孩子开始互相耳语秘密。一段时间后，这在我们的小幼儿园家庭中带来了一种非常不愉快的氛围。一些孩子开始感到被排斥，一些怀疑开始产生。许多孩子非常不安，我能感觉到群体中信任的逐渐丧失：那些讲秘密的孩子失去了“包容感”（我们在幼儿园努力培养的）。被排除的孩子失去了归属感。我觉得我必须讲一个能将大家重新团结起来的故事，并帮助他们分享心中的想法。

一位朋友告诉我，在她的家庭日托中，她常说，“没有秘密，只有惊喜”。那是冬天，而在我们的文化中，地精是冬季故事的重要部分，因为他们传统上忙于挖掘一些水晶。

于是，这个故事诞生了。

我用木偶表演了这个故事，使用穿着彩虹色的地精，他们的帽子上缝有水晶。每个地精还有一个与他们颜色相匹配的水晶（如故事中所述）。这真的有助于在讲故事时带来魔力。

分享了一个星期后，大多数孩子停止了讲秘密，如果有些孩子讲了秘密，一个孩子会说，“没有秘密，只有惊喜”！这种不健康的行为慢慢被洗刷掉了，班级里分享的氛围又回来了。

从前，有七个地精兄弟住在地下深处，一个充满光线的洞穴里。他们整天敲敲打打，寻找隐藏的水晶。

他们彼此深爱，总是唱着欢快的歌曲。洞穴里充满了音乐和欢乐。

在这个特殊的洞穴里，水晶总是非常轻盈透明，永远都是一样的。所以，七兄弟整天努力工作，寻找水晶。

然后，这些石头会将它们的光芒洒在他们隐藏洞穴外沉睡的种子和树木上。

有一天，总是非常努力工作且脾气暴躁的红地精发现了一颗红色水晶。这颗水晶如此特别，以至于他决定不与他的兄弟们分享，而是将它藏了起来。

同一天，工作也很努力但比红地精更有耐心的橙地精发现了一颗橙色水晶。他也觉得这颗水晶非常特别，于是也将它藏了起来。

第二天，同样的事情发生在黄地精身上：他发现了一颗黄色水晶，他充满了喜悦，于是也将它藏了起来。绿地精动作很慢，但喜欢美丽的事物，他发现了一颗绿色水晶，并且非常喜欢它，于是也将它藏了起来。

蓝地精和靛地精，他们经常哭泣，也找到了各自颜色的水晶，这一次他们没有哭泣，所以他们也将它们藏了起来。

只有紫地精，所有兄弟中最小的那一个，什么也没找到，但他耐心地、勇敢地继续用他那长长的强大斧头挖掘。

过了一段时间，红地精开始因为他的秘密感到非常沉重，所以他悄悄告诉了他的兄弟橙地精，橙地精感到如释重负，因为他也有同样的秘密。

奇怪的是，那一天，黄地精和绿地精之间，蓝地精和靛地精之间也发生了同样的事情。他们告诉了其中一个兄弟他们的秘密，但没有告诉所有的人。

之后，他们开始对彼此产生了怀疑，开始观察兄弟们在做什么，希望他们珍贵的秘密不会被揭露。

越来越多的秘密开始充满房间，越来越多的耳语在墙壁间回荡……洞穴里充满了秘密，地精们失去了他们快乐的歌声和好脾气。

只有紫地精仍然快乐。但他能看出他的兄弟们不快乐，有时这也会让他感到悲伤。特别是因为他不知道发生了什么。他非常想帮助他们。

有一天，他发现了一颗水晶，非常特别，因为它是他自己的颜色。而且它很小。这给了他一个非常好的主意来让他的亲爱的兄弟们开心。他站在他们面前，带着大大的微笑（藏起了他的水晶）说："亲爱的兄弟们，我有一个惊喜给你们。"

然后，他高兴地向他们展示了闪闪发光的水晶。

所有地精都睁大了眼睛和嘴巴，感到非常尴尬……

红地精嘟囔着说："嗯，我也有一个惊喜。"

然后他展示了他红色的水晶。橙地精也做了同样的事，所有的兄弟们都跟着做了，都感到松了一口气，因为没有更多的秘密，只有惊喜。

但接着，发生了一件非常令人惊讶的事情。当他们的水晶放在一起时，它们开始越来越亮，直到它们的光芒穿透岩石，照在洞穴外的树木和植物上。

地精们跑出去看，他们看到了他们一生中见过的最壮观的彩虹。多么惊喜啊！

从那天起，他们再也没有对彼此保守任何秘密，他们只分享惊喜。

故事游戏：

为了延续故事，可以在沙坑里藏一些水晶，孩子们非常兴奋地挖它们出来。她报告说这有助于带来归属感，因为他们必须合作寻找宝藏。她还玩了一个小游戏，孩子们围坐成一个圈，闭上眼睛。一个孩子轻手轻脚地走到他们身后，把装满水晶的袋子放在一个孩子的背后。然后这个孩子也有机会做同样的事情。这里有一首可以使用的歌曲："嘿嗨，踏步走，嘿嘀嘿，他的袋子里装满了宝藏。如果你非常安静，不发出任何声音，你可能会找到一些宝藏。"

彩虹石

（贝基·惠特科姆，早期儿童教育者）

这个故事是为了帮助一群八岁的孩子们恢复对世界奇迹和美好的信任而写的——在听到这个故事之前，他们正经历着难以摆脱从互联网上看到的令人不安的可怕图像的困扰。由于图像的影响及其巨大的黏附力，孩子们发现夜晚难以入睡。有尖叫、泪水和对独处的恐惧。

故事中小女孩的旅程带来了希望和安慰，这些图像可以消退，我们自己拥有释放它们的力量。反射图像的灵感来自于英国民间故事《小棕人》。唯一的道具是一块蓝色丝绸放在讲故事者的脚下，等待着被小波浪揭示的彩虹石。

故事呈现后，大家集体松了一口气——好像他们都被故事及其神奇的结局所抚慰。每个孩子都被赋予了一块带有彩虹的鹅卵石，以帮助他们的梦想成真。它被如此虔诚和敬畏地接受。

故事之后，每个孩子都有机会挑选几张彩虹颜色的卡片。他们被指示在每张卡片上写下他们最喜欢的梦想。有些孩子选择了小狗、仙女、糖果、足球、巧克力，当然还有蝴蝶和彩虹的梦想世界！许多人把这些卡片贴在迷你海报上，并在旁边画了图画。

大约一周后，有几位家长告诉我，他们的孩子把梦想海报贴在床边，在入睡之前选择他们的梦想放入脑海中。许多人还带着彩虹石睡觉，试图让它变暖以赋予它力量。随着时间的推移，孩子们的负面图像得到了缓解，孩子们在每晚睡前听到这个故事后感到受到了支持。在一个月内，那些最深受这些可怕图像困扰的孩子能够舒适地安顿自己进入梦乡，并感到安全地进入他们选择的梦想世界。

从前，有一个可爱的小女孩。和你差不多大（指向听众）。她是一个快乐的小女孩，喜欢去冒险。

每天她都会走进她家后面的树林。她在草地上跳来跳去，她在树间跳来跳去，她会对花儿、鸟儿和蜜蜂唱歌。

大自然是她的整个世界，她在那儿非常快乐和安全。

她会收集松果来制作巨大的火山，她会用坚固的树皮和树枝、树叶制作小帆船，她喜欢观察巨大的雄伟树干和它们所有的标记。她会在那里看到动物，螺旋形的图案，有时甚至是她认识的面孔。大多数时候她看到的是奶奶的脸！

她在树林里非常快乐——探索、嬉戏和玩耍。

有一天，当她放学回家时，她遇到了她邻居家的一个小男孩。他问："你听说学校门口的那只鸟了吗？"

小女孩说："不，我不知道。"

男孩告诉她，一群孩子发现它死了，羽毛都被拔掉了：它没有脸，它的一些内脏都被压扁了！哦，太酷了！他说。

“那只可怜的小鸟。”她想。

她告诉男孩停止说话，她需要直接回家。

所以她这么做了。她一路跑回家。当她到家时，远离男孩和他的鸟故事，她感觉好多了。她的妈妈见她看起来很伤心，给了她一个温暖的拥抱，给她做了一些热巧克力。

下午一如既往地进行。她和她的洋娃娃玩耍，读了一些书，吃了茶点，然后洗了个澡，打着哈欠上床睡觉。

在她的妈妈和爸爸亲吻她晚安并关掉灯后，她准备愉快地入睡。但她没有！

当她闭上眼睛，那只鸟就在那里。没有羽毛，没有脸，被压扁了……她尖叫！她哭泣！她甚至试图摇头……“离开我，离开我”，小女孩恳求……但它就是不离开她。

哦，她的妈妈试图用歌声安慰她，她的爸爸试图用拥抱让她平静下来，但都没有真正起作用。

那天晚上，她哭着睡着了。

不幸的是，这样的日子持续了很多天。小女孩变得非常疲惫……

有一天下午，她走进树林想让自己开心起来，但她看到的全是那只死鸟。

她在小溪里、松果里、树干里都看到了它……她感到如此悲伤，以至于她看不到其他任何东西。

她坐在一棵树旁，哭啊哭。

当她坐在那里哭泣时，她问：“为什么我不能简单地看到彩虹和蝴蝶？”

“咕咕”，一只智慧的猫头鹰从上面说。

“你的哭泣声把我吵醒了；我不能就这样看着你不管……你为什么流这么多眼泪？”

小女孩开始告诉他关于男孩、鸟和它被发现的整个故事，以及这是她到处都能看到的东西。她非常累，因为她已经好几天没睡觉了。

“啊！”智慧的猫头鹰说：“这很容易驯服，这只是以你的名义说出的愿望。你知道你的心比你的头脑更有力量吗？”

“你是什么意思？”小女孩说。

“只有一个人可以释放这个，你看，只有一个人可以把它释放。我建议你去神奇的湖边，这是你烦恼消失的地方。当月亮高高挂在天空中，看着静止的水说再见。”

小女孩看起来很困惑：“我要向谁说再见？”

智慧的猫头鹰继续说：“你只需要说这个押韵……‘我希望我希望能看到，谁是那个能释放这一切的人，这个人是谁，会是谁……’”

小女孩问：“就这样？我就说这些？”

“的确，的确。现在就上路吧！”猫头鹰说。

于是小女孩穿过树林朝湖边走去。

她等到月亮升起很高，然后站到静止的水面前。

然后她说：“我希望我希望能看到，谁是那个能释放这一切的人，这个人是谁，会是谁……”

她环顾四周，希望这个人出现……但她一个人也没看到。只有她、月亮和湖。远处她听到“咕咕”声。

她深吸了一口气，揉了揉眼睛，看着湖水，再次尝试。

“我希望我希望能看到，谁是那个能释放这一切的人，这个人是谁，会是谁……是我自己！是我自己？是我自己？我是那个有力量释放它的人？”

就在那一刻，湖面起了一个小波浪，把一块小石头带到了她的脚边。

她捡起石头，翻过来一看，里面有彩虹般的大理石颜色。就在这时，一只蝴蝶飞过。

她露出了灿烂的笑容，拿着石头笑着回家了。

她紧紧地拥抱了她的父母，说：“我迫不及待想要去睡觉了！”她开始边唱边跳起小舞：“我是那个能释放这一切的人，我是那个人；就是我！我是那个能释放这一切的人，我是那个人！就是我！”就在那个晚上，她躺到床上，紧紧握着那块石头……全心全意地祈祷。

当石头开始变暖时，蝴蝶就来了。它们在她头顶飞舞，轻触她的皮肤，然后飞走。她感到非常快乐和平静，深深地进入了梦乡。

那块珍贵的石头白天放在她的枕头下，晚上握在她的手中。石头在她手中变暖，帮助她做梦。有一晚她跑过一片向日葵田，另一晚天空出现了一道彩虹，又一晚有更多的蝴蝶飞舞。

白天，小女孩又快乐地回到树林里玩耍，和松果玩耍，用小船在小溪里航行，观察树上的图案。她像以前一样，对着所有的花儿、鸟儿和蜜蜂唱歌。

她非常高兴，因为她的双眼再次看到了周围的美好。

养蜂人与蜂蜜杯

这个故事帮助一个小孩找到一种更容易接受且有趣的方式来控制他的愤怒。这个故事在一个五岁男孩的生日时呈现给他，连同一个手工制作的娃娃，娃娃的前面有蜜蜂纽扣的夹克，这作为一个不断提醒他故事的工具。

从前有一个养蜂人，他住在一片大花圃的中央。花园的边缘摆满了许多蜂箱。蜂箱里有许多蜜蜂……不仅仅是几百只蜜蜂……而是成千上万只蜜蜂。

这位养蜂人养了成千上万只蜜蜂有一个主要原因。他非常喜欢吃很多很多的蜂蜜。不仅仅是满满一茶匙的蜂蜜。不仅仅是满满一甜点匙的蜂蜜。而是在任何时候都想要满满一大汤匙的蜂蜜！

他最喜欢的一件夹克上装饰着蜜蜂形状的纽扣，以此提醒他有多么喜爱他的蜜蜂和他的蜂蜜。

每天，养蜂人都会用一个小木制蜂蜜杯从蜂巢中收集蜂蜜。但有时候蜂蜜不足以装满他的木杯。有时候蜜蜂找不到足够的花朵来收集足够的花粉制作蜂蜜。有时候天气下雨，花园湿漉漉的。这使得蜜蜂们很难进行工作。

当蜂蜜不足以装满他的杯子时，养蜂人就会生气。不仅仅是有点生气。而是非常生气！当他非常生气的时候，他会尖叫、大喊、乱扔东西。他会挥舞着拳头在空中抱怨生活是多么的不公平。

然而，所有这些愤怒的行为对帮助蜜蜂制造蜂蜜没有任何帮助。事实上，当它们听到愤怒的声音时，它们会飞离尖叫和大喊的地方，直到一切再次安静下来才回到花园。

生活就这样持续了很长时间——有时候有蜂蜜，一切都好。但有时候没有蜂蜜，养蜂人就会尖叫、大喊、乱扔东西。他会挥舞着拳头在空中抱怨生活是多么的不公平。

有一天，养蜂人变得如此愤怒，发出了如此巨大的噪声，以至于整个花园似乎都在他的愤怒中摇晃。甚至连天空中的风都因为这样的噪声而狂野地旋转。大风旋转吹拂，云层变暗，雷神被从他重要的睡眠中唤醒。

“所有这些尖叫、大喊和乱扔东西到底是怎么回事？”雷神向下对着养蜂人大吼。

“难道你不明白你已经唤醒了雷神吗？你有必要制造这么大的噪声吗？”

养蜂人听到雷神的吼声时感到非常不安。他用非常微弱的声音向他解释问题。

“呵呵呵！”雷神说，“为了这么小的事情吵闹成这样。为什么你不在不高兴时跳愤怒舞呢？这样，蜜蜂就会留在你的花园里，我也可以继续睡觉。”

养蜂人从未听说过愤怒舞这样的事情。他请雷神告诉他更多。于是，雷神向养蜂人解释了如何跳愤怒舞。

说“呼哧”和“嘟囔”，然后跺脚，

敲击双膝并转身。

当你不顺心时这样做三次（重复三次），

生活将一天比一天变得更好。

养蜂人感谢了雷神，雷神回到了他的云朵之家继续睡觉。

从那时起，每当蜂箱里的蜂蜜不足以装满养蜂人的木杯时，他就会像这样跳三次愤怒舞：

“呼哧”和“嘟囔”，跺脚，

敲击双膝并转身。

刷子与平底锅

一首故事诗，旨在帮助鼓励讨论，在朋友、家庭或社区团体之间失去了合作时怎么调整情绪。

✳

刷子和锅是最好的朋友，
他们认为友谊永远不会结束。
他们日夜一起工作，
清理所有可见的灰尘，
扫除所有轻飘飘的绒毛，
保持家庭整洁明亮。

然后，在一个没有预兆的不寻常的日子里，
事情变得可怕，糟糕透顶。
刷子突然宣布（毫无征兆）：
“我做的工作要重要得多。”
“不，不，”锅哭喊道，“那不是真的，

我比你重要得多。”

他们这样来回推挤，
整天没有做任何工作。
推挤变成了争吵，争吵变成了打斗，
打斗变成了激烈的争论，一直持续到夜晚。

争论把他们两个都撕裂了，
争论打破了刷子和锅心。
锅藏在角落里——不再被使用，
刷子藏在视线之外，门后。
家庭变得寂静——几乎听不到声音，
除了风声和一只孤独的夜鸟。

日复一日，周复一周，月复一月过去了，
而灰尘和绒毛越积越高。
风在刷子和锅的家周围吹拂，
夜鸟继续唱着它自己的歌。

经过很长很长的时间，
灰尘和绒毛已经堆积得很高，
刷子和锅被埋得看不见，
他们不知道接下来该怎么办！

那天晚上，夜鸟唱了一种新的歌，
召唤风来猛烈地吹。
风尽可能地吹，
挤进屋里——穿过木头的裂缝。

一旦风进到屋里，它吹过地板，
它吹开了窗户和门。
它把灰尘和绒毛吹到外面，旋转着，
打着旋翻滚着离开了。
现在只有鸟儿的歌声充满了夜晚，
它传达到朋友们，帮助他们摆脱困境。
锅从他的角落里出来，不再隐藏，
刷子从门后的藏身之处出现。

朋友们加入了歌声，
想知道出了什么问题……
然后他们拥抱彼此，开始工作，
清理一片片的绒毛和污垢。

刷子和锅是最好的朋友，
他们知道友谊永远不会结束。
他们日夜一起工作（和唱歌），

清理所有可见的灰尘，
扫除所有轻飘飘的绒毛，
保持家庭整洁明亮。

圆形朋友

这个故事是为一个八岁的小女孩写的，她有一些“控制欲强的朋友”。她的母亲联系我，问我是否可以写一个故事来鼓励她的女儿设定明确的界限，做出自己的选择，并与许多朋友保持平衡的玩耍。几周后，我收到了这位母亲的回信：“感谢这个故事。它是我女儿旅程中的一个强大工具。一是让她意识到正在发生的事情；二是让她认识到她需要外界的帮助。”

在形状之国，方形、三角形、五边形（仅举几例）之间，住着三个圆形朋友。一个红色，一个蓝色，还有一个黄色。

圆形朋友们喜欢一起做所有事情。

圆形朋友们喜欢一起去所有地方。

每天都能看到他们外出玩耍，享受乐趣——在地上滚动，快速旋转，上下弹跳。他们能做如此多的动作！

他们鲜艳的颜色给那里所有居民带来了欢乐。

然而，发生了一件事，似乎很长时间都没人注意到。蓝色圆形和红色圆形轮流成为玩耍的领导者，而黄色圆形只能跟随朋友们做他们想做的事情。她几乎从不做领导者，尽可能地藏在两个朋友之间。有时，当他们一起在地上滚动，快速旋转或上下弹跳时，黄色圆形几乎看不见。

然后有一天，这件事被注意到了！在形状之国的皇家形状城堡里，被形状之国最尊贵的女王——所有形状的女王注意到了。

每天，所有形状的女王都会去她的大镜子房间，检查她王国里所有的形状。在这个大镜子房间里，每种形状都有一面镜子——一面方形镜子，一面三角形镜子，一面五边形镜子，还有许多其他的——当然，也有一面圆形镜子。

现在，你可能已经想象到了，这些并不是普通的镜子。每一个镜子都是神奇的。当所有形状的女王向里面看时，她看到的不是尊贵的自己，而是她的形状臣民在整个土地上都在做什么。

很长一段时间，当她每天看向圆形镜子时，所有形状的女王都注意到了一些不对劲的地方。她能看到黄色圆形越来越藏在她的朋友之间，没有展示她美丽的圆形、闪亮的黄色。

最后，所有形状的女王决定提供一些王室的帮助。她抬起尊贵的手，向镜子倾身，向在圆形朋友之间滚动的黄色圆形吹了一个吻。这个吻变成了一阵小风，在镜子周围呼啸、旋转、打转。

回到真实的形状世界，在真实的时间中，黄色圆形突然经历了一阵风，一阵旋转，一阵打转。她看到了一条她从未注意到的新路径，一阵友好的风正在引导她走过后。随着这股小风拂动黄色圆形感觉很好，所以她决定踏上这条新路径。

这引导她来到了形状之国的一个她不知道的地方。这是如此令人兴奋——嗯，还有点吓人，但主要是令人兴奋！有如此多的新事物可以探索，如此多的新形状可以遇见！六边形、八边形、九边形、十二边形和十六边形；矩形和椭圆形和星形，还有梯形和平行四边形。

黄色圆形迫不及待地想告诉她的朋友们。下次她遇到他们滚动时，她带领他们去看她的新发现，他们一起享受探索和玩耍的乐趣。

与此同时，在城堡里，所有形状的女王继续她每天对大镜子房间的访问。当她看向圆形镜子时，她很高兴地看到黄色圆形在玩耍、滚动、快速旋转、上下弹跳，她的黄色光芒照亮了整个土地。所有形状的女王会对自己微笑，继续工作。然后，在一天结束时，脱下她的天鹅绒长袍和金色圆形王冠后，她会在花园里放松，喝一杯茶。

月亮与星星之间的空间

我感谢苏珊的疗愈性故事训练，它鼓励我写下自己的故事，这使我生活中失衡的部分发生了深刻的愈合转变。

在被诊断出患有创伤后应激障碍（PTSD）——由间接和累积性创伤引起——大约七个月后，我写下了这些。作为一名专业人士，也作为一个普通人，多年来我一直在帮助人们应对创伤、损失和悲伤。我曾感到头晕和筋疲力尽，却没有将这些迹象当作自己身上的症状。然后有一天，我听到了一个触发我的故事，我突然停了下来。我失去了与双腿的物理联系，不得不寻求医疗帮助。这时，一位非常有洞察力的年轻医生诊断出了我的病情，并向我保证，他可以帮助我重新连接我的大脑，加强我的个人界限，并重新聚焦我的生活 / 工作平衡。PTSD 有可能转变为创伤后成长。这意味着要经历改变思维方式和与世界关系的心理转变，这将有助于一个深刻有意义的个人改变过程。我非常致力于做这项内在的工作，并且在过程中得到了支持。然而，为自己写一个疗愈性故事的过程完全出乎意料地释放了我在思考和与世界关系上的巨大转变。这是一个深刻的突破。我的疗愈性故事的解决实际上也帮助我恢复了生活的和谐与平衡。

很久以前，有一个年轻女子侯佩，她以对周围所有生命心怀大爱而闻名。无论侯佩走到哪里，她都会承担起别人的负担和问题。每当她离开一个地方，人们都会评论说他们感觉轻松多了。

然而，侯佩的腿变得又累又重。它们承载了太多别人生活中的故事和负担。有时她甚至感觉不到自己的四肢，站立时都会摇摇晃晃，而且经常感到头晕。

侯佩很受欢迎，总是有很多人围绕着她。有一天，她的朋友对她说："你最近有没有看到那令人惊叹的月亮和星星？宇宙中有这么多的空间。如果你想看它们，你必须等到非常黑的时候。我可以单脚站立，伸手出去，在如此广阔的空间中保持平衡。"

当她的朋友谈论月亮和星星之间的空间时，侯佩的心中充满了喜悦，她已经很久没有感受到心中的那份轻松了。她还注意到，当她的朋友给她讲故事时，她稳稳地单脚站立着。

那天晚上，侯佩等到所有人都睡着了，天色非常暗。她悄悄地离开家，走到灌木丛边缘的空地上，然后睁大眼睛抬头望向夜空。天空中没有月亮或星星在闪烁。她的心并没有歌唱。她的头低垂着，她注意到肩上有一个沉重的负担。月亮和星星是不是也落在了她的肩上？

当侯佩站在空地上时，她听到附近一棵树上的夜枭在叫她，召唤她靠近，提供了一些猫头鹰的智慧。"你能看到它们的唯一方法是回到空地上的黑暗处，闭上眼睛，深入自己的内心，深入夜晚的寂静中。这将帮助你找到空间。"猫头鹰接着说，"你可能需要这样做很多次才能看到月亮、星星以及它们之间的空间”。

第二天，年轻女子等到天色非常暗，又悄悄地走到空地上。她没有抬头看，而是闭上眼睛，深入内在的寂静中，深入到夜晚的内在空间。她闭着眼睛很长时间。然后，在她内心完全安静下来之后，她慢慢地睁开了眼睛。

然而，侯佩的心并没有歌唱。她感到迷失和害怕。她仍然感觉到月亮和星星的重量压在她的肩上。然后她想起了智慧的猫头鹰对她说的话：“你可能需要这样做很多次。”于是侯佩悄悄地回到家中，第二天晚上、第三天晚上、第四天晚上又回到了空地。

经过多次尝试后，一天晚上，当她睁开眼睛时，她看到月亮和星星高高地挂在宇宙中。它们在闪烁，它们之间有很多空间。她以前从未见过这样的景象。她不再感到迷茫。

她的心以柔和的声音歌唱。她沉浸在那温柔的旋律中，她感到平衡。压在她肩上的沉重感消失了。当她低头看时，她注意到她已经转移了腿上的重量，就像她的朋友告诉她的那样，单脚站立着。

所有属于宇宙的东西——月亮和星星——都回到了它们应该在的空间。她忘记了它们一直属于那里。

现在她想起来了，她的心在歌唱。

太阳王与月亮后

这个故事是为了鼓励男孩和女孩之间、男人和女人之间的相互尊重和关怀而编写的。它基于在钦奈举行的一个团体工作坊中产生的想法，并被收录在一个社区故事集中，供印度不同团体的讲述者使用。

太阳王和月亮后统治着天空王国。本应是一个和谐的统治，但太阳王总是争辩说他比月亮女王重要得多。毕竟，他整天都明亮地照耀着，当他在天空高高挂起时，地面上的人们都是醒着且警觉的。月亮女王有时也是圆满和明亮的，但她经常几乎不在那里……只是天空中的一道细长的月牙……而当地面上的人们在她统治天空时，大多数人都在睡觉。

这场争论持续了很长时间，以至于月亮女王接受了太阳王的重要性，并且她经常将自己看作是国王的仆人，而不是女王自己。

如果小织布鸟没有在天空中日夜游荡，生活本应永远这样继续下去。这只小鸟已经厌倦了太阳王的争论，并想要找到这个问题的真正答案。

为了寻求真理，小织布鸟拜访了老星猫头鹰，它在天空中被公认为最智慧的智者。小鸟提出了问题："太阳王比月亮女王更重要吗？"

星猫头鹰睁开了它那双大眼睛，凝视着天空。它沉思了一会儿，然后对小织布鸟说：

咕咕，咕咕，

要找到真理，你必须这样做，

从明亮的太阳王那里收集金线，

从夜晚的女王那里收集银线，

将它们编织成一个金银的王冠，

把它高挂在天空中，真理就会被揭示。

第二天早上，织布鸟飞上去，从太阳王的光芒中收集了金色的光线。

第二天晚上，织布鸟飞上去，从月亮女王的光束中收集了银色的光线。

然后小鸟开始工作，来回穿梭，编织出一个闪闪发光的金银王冠。完成后，小鸟将编织好的王冠高挂在天空的拱门上。

第二天早上，当太阳王开始爬上白天的天空时，王冠的闪光吸引了他的目光。他伸手拿起它，戴在头上，它完美地贴合，他高兴地戴着它。

那天晚上，月亮女王在她的旅程中发现了高挂在天空拱门上的王冠。闪光吸引了她的目光，她伸手拿起它，戴在头上。它如此完美地贴合，她也高兴地戴着它。

从那天起直到今天，太阳王和月亮女王总是在穿越天空的旅程中戴着编织的王冠。当月亮女王圆满时，王冠完美地贴合。但即使月亮女王只是天空中的一道细长月牙，通过某种特殊的魔法，王冠仍然完美地贴合。

从那天起，太阳王再也没有争辩说他比月亮女王更重要。他们俩继续日夜戴着闪闪发光的编织王冠，天空王国里一派祥和。

生命与变化的循环

本章包含了一些故事，这些故事分享了生命循环的“更大图景”——毛毛虫变成蝴蝶的蜕变；季节的循环；水的循环以及雪花的旅程。来自世界各地的一些传统故事在这里带来了它们的智慧。

以下是每个主题的摘要。

《苹果叶》——一个关于自然界生命和死亡循环的堆肥故事，适合幼儿园和学前儿童（第 325 页）。

《蝴蝶》——一个关于死亡、生命和转变的故事，适合所有年龄段（第 329 页）。

《小星星的旅程》——一个使用墨西哥文化中的图像和想法，讲述生命循环的儿童故事（第 332 页）。

《闪闪发光的河流》——一个河流经历破坏和恢复循环的洪水故事，适合五岁及以上的儿童（第 335 页）。

《帕劳的传说》——帕劳群岛创世神话的一部分，是一个适合大龄儿童、家庭、学校和社区的生命循环故事（第 337 页）。

《飞鹰》——一个来自加纳的民间故事，主题是“复活”——适合大龄儿童、家庭、学校和社区（第 339 页）。

《河流、沙漠、风》——一个关于变化和转变的苏菲寓言——适合大龄儿童、家庭、学校和社区（第 340 页）。

《创造女神和狗》——一个美洲原住民故事，主题是“如何将麻烦转变为转变”——适合大龄儿童、家庭、学校和社区（第 342 页）。

《雪花正在飘落》一个故事诗，鼓励与大龄儿童和家庭讨论变化和蜕变，以及个人在生活中的“模式”或命运（第 344 页）。

苹果叶

这是一个关于生命和死亡循环的故事，这些循环无时无刻不在我们周围，在自然界和我们的生活中。

苹果胶树是澳大利亚的本土树种，整棵树不会在同一个季节里全部落叶。这个故事是关于树上的一片叶子，这非常典型地反映了胶树的特点——会不断地落叶。

✳

从前，在花园边缘有一棵苹果胶树。花园里满是花朵和草药、蔬菜和灌木。花园里的植物在风中摇曳、雨滴拍打和伟大的太阳神照耀下愉快地聊天。它们认识雨之精灵和太阳精灵，与每天照顾它们的精灵们是朋友。来到花园工作的孩子们对所有植物都很温柔和善。这确实是一个快乐的花园。

苹果胶树上有一片小而光滑的叶子，自豪地俯瞰着花园。苹果叶与每个人都是朋友。他的世界是完美的，苹果叶希望它永远保持不变。

然后有一天，事情发生了变化。在一个美好的夏日早晨，苹果叶醒来时感觉不再像往常那样光滑翠绿。太阳神照耀着，太阳精灵们下来拜访，但今天它们没有注意到苹果叶。它们忙于花园下面的新芽和新花。苹果叶越来越枯萎。他美丽的柔软绿色光泽消失了。一天天地，他变得越来越脆弱。苹果叶哭泣，因为他想永远成为最美丽的叶子。

当秋风劲吹到花园时，苹果叶再也抓不住他的树了。他飘落到下面的土地上。起初，他很害怕，因为他以前从未到过地面。但很快他就和附近的草、在他下面挖掘的甲虫和在他身上忙碌的蚂蚁交上了朋友。每天他都能看到太阳神，感受到吹过他的微风和落在他棕色外衣上的细雨。

然后，他的老朋友，雏菊花瓣，也飘落在他身边，她美丽的花朵凋谢了。两个朋友很高兴再次见面。之后，一天天地，他们被其他……叶子和草、花瓣和小枝，所有像他们自己一样枯萎和棕色，从花园的植物上掉落。有时秋风会把他们卷入舞蹈，但大多数时候他们躺在那里，观察和等待，想知道将来会发生什么。太阳精灵现在很少来拜访花园，天气也变得越来越凉。

有一天，苹果叶听到孩子们来了。他们边说笑边拿着耙子和叉子，还有一个推着独轮车。他们停在苹果叶和他的朋友们附近，一个孩子看到苹果叶，高兴地把他捡了起来。

“看，看，这个正好！还有这些！”

很快，雏菊花瓣和其他所有的人都被耙成一堆，和苹果叶一起放在独轮车里。

独轮车颠簸着，孩子们轮流推着它前进。他们对他们的装载物感到兴奋，并谈论着他们即将制作的堆肥。

“他们说的这个堆肥是什么？”苹果叶想，“我们要去哪里？”他不想离开这个一直是他家的花园。然后苹果叶感到独轮车倾斜，他滑了下去，落在一个柔软的、有遮蔽的床上，他的所有朋友都滚落在他旁边。越来越多的叶子和小枝、草和落花被收集到苹果叶的床上，直到它完全满了。最后，孩子们用大地母亲的毯子覆盖了床。

在他们新的土床上，苹果叶和雏菊花瓣听着风吹和雨滴拍打的声音。有时太阳精灵会短暂拜访，温暖土毯。朋友们紧紧地依偎在一起，很高兴能避开冬风，远离杰克霜冻的冰冷手指，免受冬天寒冷的侵袭。他们越来越困，直到一个个打哈欠，一个接一个地沉沉睡去，整个冬天都在沉睡。

一天早晨，苹果叶醒来时，一条小蚯蚓从他身边钻过。

“醒醒，懒虫们！”蚯蚓说，“春天来了。是时候工作了。”

“工作，”苹果叶想，“一个褪色的叶子能做什么工作？”他翻了个身又睡着了。但不久孩子们来了，他又被叫醒了。

“让我们看看我们的堆肥准备好了吗？”他们喊道。他们把大地母亲的毯子从床上的所有朋友身上掀开。阳光灿烂。苹果叶环顾四周寻找雏菊花瓣。她无处可寻——周围都是肥沃的湿土。

“雏菊花瓣，你在哪儿？”他喊道。

“就在这里，但你在哪里？”

当所有的朋友醒来时，他们发现自己已经转变了——他们脆弱的棕色外衣不见了——现在都是柔软、湿润的泥土。孩子们看到后很高兴，跑开了，带着独轮车和铲子回来，急切地想挖出新的软堆肥并把它带到花园。

春天来了，他们在寒冷的冬天后又开始工作了。苹果叶变成的花园土壤里，孩子们种下了一颗小万寿菊种子。她非常害怕，因为她以前从未离开过万寿菊妈妈。所以苹果叶用他的新自我包裹着种子，保护和滋养她，帮助她成长。

随着时间的推移，小万寿菊在苹果叶的帮助下一天天变得更强壮。首先，她把根扎进土里，然后向太阳伸展她的叶子。终于有一天，万寿菊准备绽放她的第一朵花了。在花蕾打开的深处，苹果叶抬头看到他又回到了自己的花园，就在自己的母亲苹果胶树下。苹果叶非常高兴。

蝴 蝶

我从一个匿名来源重写了这个故事——这是一个关于死亡、生命和转化的简单故事，适合四岁及以上的儿童。当以木偶剧的形式呈现时，这个故事特别美丽——请参见故事末尾的活动。

尽管这个故事是为儿童编写的，但它的转化隐喻对所有年龄段的人都有共鸣。伊丽莎白·库布勒－罗斯博士借鉴了她多年从各个年龄段和不同情况下的人们那里收集的成千上万的“濒死体验”案例，发展出了蝴蝶从蛹中破茧而出的形象，作为我们死亡时预示的新开始的象征。

⁂

一只疲惫的老蝴蝶曾经在田野上空飞翔。它朝着一片绿色的灌木丛飞去，在一片叶子上产下了一个微小的卵，然后飞走了。这个卵被大地母亲照顾着。白天，太阳从上方温暖它；夜晚，大地从下方温暖它。叶子保护它免受雨水的侵袭，因此它得到了很好的照顾。老蝴蝶的生命之光已经熄灭，但在它的卵中还有一丝火花。

仅仅几天后，卵下就出现了轻微的动静。一束阳光在植物的绿叶周围玩耍，呼唤着，“出来吧，出来吧”。卵内发生着拉扯和伸展，皮肤破裂了，一只小小的黄色毛毛虫爬了出来，身上点缀着小点，皮肤像丝绸一样光滑。

小毛毛虫爬向一片绿叶，这片叶子就成了它的花园、房子和食物。叶子的边缘特别好吃，小毛毛虫开始啃食小角落。几天后，这片叶子几乎被吃光了，阳光说，“是时候进入广阔的绿色世界了”。

于是毛毛虫开始了它的旅程，从灌木丛爬到灌木丛，从叶子到叶子。它一边爬一边吃，一边吃一边长。它爬着吃着，吃着长着。很快，小毛毛虫就长成了一只非常大的毛毛虫。

这时夏天即将结束，秋风吹过田野和灌木丛。阳光似乎在说，“找一个安静的地方休息”。

毛毛虫爬到岩石之间，进入了一个黑暗而安静的空间。大地母亲用她温暖的臂膀包裹着它，毛毛虫陷入了深深的睡眠。在漫长的冬季里，它沉睡着，精灵们为它编织了一件特别的长袍。用他们神秘的手指，将星星的闪烁和彩虹的光芒编织进斗篷。

春天来临，带来了几个阳光明媚的日子。太阳的温暖深入地下。当地面上的花朵向阳光开放时，一只蝴蝶在地下苏醒了。毛毛虫已经死去，但在它的位置上，一只蝴蝶正从岩石的裂缝中爬出来，向着光明爬去。它能听到花儿的歌声，能感受到春天阳光的温暖。

它展开美丽的新生翅膀，飞向高空。

手工艺活动

将故事改编成木偶剧，使用你的身体（坐在地板上）作为“剧院”——你需要在膝盖上放一块绿色的布（代表花园），并用彩色梳理过的羊毛制作一些木偶：毛毛虫一开始非常小，随着它吃东西并逐渐长大，新的更大的毛毛虫会藏在布的褶皱里。你还可以用梳理过的彩色羊毛制作蝴蝶——用一根细线将它挂在小树枝上，这样当你需要帮助它飞翔时，你就有东西可以抓住。

孩子们也可以得到帮助，自己制作毛毛虫和蝴蝶，并进行自己的木偶剧表演。

小星星的旅程

一个关于生命循环的非常简单的故事，使用了墨西哥文化中的图像和思想。我的写作受到了扎维特的指导，特别为在墨西哥成长的年轻儿童讲述或朗读；在她的建议下，我在故事中间留出了空间，以便在与儿童分享之前或期间添加个人的补充/感官冒险——其他可以看的、闻的、摸的、尝的、听的和做的事情。例如，如果孩子最近从自行车上摔下来，你可以把这个加进去；或者如果你去过海滩并从沙丘上滚下来，你可以添加这个；你可以让孩子参与添加他/她自己的想法——这些可能是真实经历和/或虚构的。通过改变小星星孩子可能经历的景象、声音、气味，这个故事可以适应世界上大多数地方使用。

✳

小星星正在为从他的天空家园到下面的世界进行漫长旅行做准备。

他期待着享受如此多美丽的事物。他听说了关于在地球上会发现的奇妙故事——花的香味、水果的味道、鸟儿的声音、蝴蝶翅膀的触感，以及绿色山脉和白色海滩的景色。

为了这次特别的冒险要提前做好准备，首先小星星必须穿上他自己的皮肤套装。月亮妈妈用银色的月光拥抱温暖地包裹着小星星，并帮助他挤进新的套装——它感觉柔软、温暖和美妙。太阳爸爸用金色的光圈环绕着他。

小星星是许多正在旅行的星星孩子之一。有时，小星星们会闪烁着“你好”向他们经过的、正在回家的其他人打招呼。有时他们会停下来，听他们分享的片段或故事，然后继续他们的路程。

每个星星孩子都在想，他们可能会在世界上度过短暂的时间、很长的时间或非常长的时间。但无论他们停留时间的长短，他们都希望享受许多事物——节日的颜色、橙花和肉桂的香味、玉米饼和烤玉米*的味道、脚下柔软草地的感觉，以及画眉鸟和小蜂鸟和其他许多美妙鸟类的歌声。他们期待着可能会经历的许多冒险，比如……

在他们的冒险之后，当是时候回家的时候，小星星和其他所有的星星孩子都知道该做什么。他们会脱下他们的皮肤套装，然后，轻如空气，他们将开始返回天空的旅程。他们必须穿越河流、越过山脉，穿过炎热的土地、寒冷的土地和多风的土地。这是一段很长的路!

最后，他们将到达他们的天空家园，并再次将他们的明亮光芒照向世界。

***烤玉米**

来自墨西哥插画家扎维特·蒙罗伊的墨西哥文化思考“生命循环”。

一方面对我来说，死亡的主题是非常深刻的，因为它不可避免地谈及生命。

也许这就是为什么在墨西哥要庆祝死亡的原因。我所感知的方式，已经与我从祖先那里接受的所有文化融合和转变，是将死亡视为神圣之物，因为它是转变的象征。不知道死亡后具体会发生什么，生命的观念总是存在。例如，当一个亲人去世时，我不知道她（或他）将去往何方，但在我的记忆中，她重生了，通过记忆和我对她生命感知的方式，现在赋予记忆以生命。这也是重生。那个人在我记忆中重生了。

另一方面，我对自己死亡的感知是首先考虑生命。生命就像一扇小门，你可以看到一点光。当我走近时，我让自己被只能在生命中体验到的感觉所吸引。我让自己穿上一层皮肤，以获得感官，有了它们，我才能生活。意识到死亡，这是我能享受生活的方式，因为当死亡来临时，我将脱下我的皮肤，回到我所属的地方。这些是我个人想要以故事形式与我四岁的儿子分享的图像。

因此，庆祝死亡很重要，因为是死亡教会我们生活、享受、重生。这并不意味着当一个亲人去世时，我们不感到悲伤，这是一个非常黑暗的时刻，但这是所有接近那个人的生物所经历的转变的一部分。

所有这些我都在日常经历中看到过。夜晚和白天，睡觉和醒来也是如此。

在阿兹特克文化中，地下世界的传说更多地讲述了死后会发生什么。通往地下世界的道路就像一个净化过程。它由九个必须克服的层次组成，才能到达地下世界，然后灵魂才能被释放。在这个漫长的旅程到地下世界的尽头，死者必须向冥界之神交付之前在“河岸边醒来”之前给予他的贡品，因为空手到达死亡之主面前是不公平的。对我来说，这是关于达到我的死亡，放弃我的皮肤和我的感官，再次在我不需要“物质”的地方自由。

闪闪发光的河流

我在布里斯班发生毁灭性洪水的时期写了以下故事——它适用于五岁及以上的小学生。

一条闪闪发光的河流经历着破坏与复苏的循环，而河流的居民们则得到了不同闪光的帮助。

这个故事后来被修改，并被翻译成两种菲律宾语言——他加禄语和维萨亚语——以便在南菲律宾的社区使用，这些社区每个雨季都会遭受洪水的困扰。

曾经有一个城镇建立在一条漫长而蜿蜒的河流岸边。住在镇上的人们热爱他们的河流——河水在阳光下闪闪发光，许多船只在它懒洋洋的流动中上下穿梭，自行车和汽车沿着河岸的道路和小径行驶，孩子们在沿河的公园里玩耍。到了夜晚，月亮、星星和镇上的灯光都会在河面的丝滑静谧中反射出来。

住在镇上的人们为他们的河流感到骄傲，无论是白天还是夜晚，它都闪闪发光。

在一年中的某些时候，雨水会降临，闪闪发光的河流会变得浑浊、膨胀并迅速流动。但当雨水停止时，河流会再次平静下来，一切都会像之前一样清澈闪亮。

然而，有一周，雨水下得非常大，以至于河水溢出，淹没了河岸，涌进了镇上。泥泞的棕色水流进了房屋、商店和学校。许多人不得不搬出他们的家，睡在大礼堂里，许多床铺排成一排。

当雨水停止后，太阳再次照耀。棕色的水流慢慢地从房屋、商店和学校中流出。棕色的水流慢慢地沿着街道流回河流，然后流向大海。当棕色的水流重新流入河流时，它们在所有东西上留下了一层泥浆。

清理泥浆需要数月工作。河流失去其泥泞的棕色，重新恢复其光泽也需要数月。

然而，在这个泥泞的时期，镇上的人们发现了一种新的闪光。那是志愿者邻居眼中闪烁的光芒。那是陌生志愿者眼中闪烁的光芒。那是来自全国各地和遥远国度伸出的援助之手所提供的光芒。

这种新的闪光给了河镇人民很大的希望。他们带着这种希望度过所有泥泞的日子、泥泞的周和泥泞的月。

他们带着这种希望，直到他们的河流再次在阳光下闪闪发光。

他们带着这种希望，直到月亮、星星和镇上的灯光再次在河流的丝滑静谧中反射出来。

帕劳的传说

这个关于生命循环的故事是来自太平洋西部帕劳群岛的创世神话的一部分——其主题关于“过度索取”的后果，以至于海里的食物和陆地上的食物都被消耗殆尽，这在当今社会非常具有相关性。

这个故事可以作为与大孩子们、家庭、学校和社区进行讨论的契机。

✳

很久很久以前，在人类出现之前，大海是空荡荡的。海里的精灵和海上的精灵都很孤单，他们渴望有伴。在最黑暗的地方，他们引发了一座火山爆发，熔岩形成了一个高山，变成了一个岛屿。就在这里，大海的力量与天空的力量共同创造了一个巨大的蛤蜊——拉特米凯克。

拉特米凯克不能移动也不能说话……它只是继续生长。它越长越大，最终，汹涌的水流迫使它的巨大嘴唇张开，所有形式的生命都涌了出来……螃蟹、鳗鱼、鱼、鳄鱼、海牛、鲨鱼……还有许多鸟飞向天空。

但拉特米凯克还有一个生命要诞生。再一次，它的嘴唇张开，一个巨大的生物爬了出来。

这个生物的食欲是巨大的。它只关心吃。“更多，更多，更多，给我更多！”是它每天的呼唤。

随着时间的推移，这个生物长成了一个强大的巨人。它被称为帕劳。随着它的成长，它的食欲也在增加，很快村民们不得不使用梯子才能到达它的嘴边。很快，就没有东西可吃了……没有给巨人的，也没有给村民的。海里没有鱼，陆地上没有水果和椰子。

当没有食物剩下时，巨人叫村民们带来他们的孩子。当然，他们不想把孩子给帕劳，于是他们想出了一个计划。当巨人睡觉时，他们在它的巨大身体旁堆积了椰子茎和外壳，然后点燃了火。

当帕劳醒来时，燃烧的火焰已经围绕它形成了一堵墙，它无法逃脱。看到人们的恐惧，这个巨大的生物第一次明白了它是多么自私、残忍和贪婪。

帕劳意识到它需要死去，这样它才能把从人们那里拿走的东西还给他们。慢慢地，巨大的身体倒下并碎成了许多块。每一块掉下来的地方都变成了一个新的岛屿——总共有 340 个岛屿。很快，每个新岛屿周围的海域都充满了鱼，陆地上也长出了许多水果和椰子。

这就是帕劳的由来。

飞 鹰

多年前，我在南非工作时，听到了开普敦桌湾主教的一次电台采访。他讲述了下面这个故事，这个故事是他讲给自己八岁、患有癌症的女儿的。

这个故事来源于加纳的一个民间故事，有一个“复活”的主题，主教觉得这个故事真的帮助了女儿和整个家庭更好地面对她即将到来的死亡。

从前有一只小鹰，出生在一个鸡窝里。一个农夫在山里散步时发现了一个躺在地上的蛋，他把它带回家让母鸡帮忙孵化。

小鹰和其他小鸡一起长大，但它总觉得自己能够飞得很高——但没有人能告诉它该怎么做。

农夫的儿子试图帮助它——首先是从梯子的顶端，然后是从房子的屋顶。但这两次尝试对小鹰来说都不够高，它无法真正感受到自己的翅膀。

男孩和农夫把小鹰带回了它出生的高山。他们一起把它放在一个高高的悬崖的边缘。这一次，小鹰从悬崖边起飞了。它感受到了翅膀下的空气和羽毛上的阳光，越飞越高。

很快，小鹰回到了它应该在的高空，它朝着太阳飞去。

河流、沙漠、风

这个小故事是一个苏菲寓言——一个关于变化和转变的美丽故事。它可以用于年长的孩子、青少年和成人，伴随着绘制河流旅程的场景，或者编织旅程的颜色。就像《飞鹰》一样，这是另一个关于死亡和转变的故事。死亡，然后以不同的方式重生。

一条小溪在高山上诞生。它绕过石头，越过瀑布，穿过田野，穿过森林和山谷。最后，它到达了一个大沙漠，并将水推向沙子。然后水消失了。这条小溪，直到此刻都对自己的生活充满信心，它无法相信正在发生的事情。“我的水正在消失——我怎么能穿过这个沙漠？”

小溪听到了低语。它似乎来自沙子本身——“问风——它知道穿越沙漠的方法。”

“风可以飞，”小溪想，“我所能做的就是消失在沙子里。我不能穿过这个沙漠”。

“让风带你走。”声音低语道。

“但那意味着我必须改变。我不想改变——我想保持原样。”

“如果你继续流入沙漠，你就在改变。你要么完全消失，要么变成沼泽。”

“但我想保持自我，”小溪说，“我怎么能到达另一边，同时还是我自己？”

“如果你记得你的真实自我，你会知道这永远不会改变。”声音低语道。

小溪想起了一个早已遗忘的梦，关于被风的臂膀携带，它放开了下面的大地，让自己上升为蒸汽。

风带着它飞越沙漠，一直飞到另一边的山脉。最后，它在高山顶上被释放为细雨。

通过这个过程，小溪重新诞生了。它绕过石头，越过瀑布，穿过田野，穿过森林和山谷。当它奔流时，它有了关于其真实自我的记忆。

编织活动

使用纸板模板，用羊毛线制作一件作品，颜色包括水、风、沙、石头、森林和山脉。

参见图案和模板，第 352 页。

创世女神和狗

这个美洲原住民的故事，参考了阿帕奇和苏族部落，几千年来一直在篝火旁、家庭和文化聚会中讲述。以“如何将麻烦转变为机遇”为主题，它可能比以往任何时候都更加相关；并且出于对其起源的深深尊重，在本节中包含了一个总结版本。

这是一个非凡的故事，旅程是一个不断循环的创造和解开以及再创造的过程。根据对其含义的文化理解，这是一件好事，因为如果黑狗永远无法解开地毯，而地毯完成了，我们所知的世界将结束。世界以前发生过混乱。它总是能从其解开中恢复过来。创世女神知道当她离开她的编织去照顾锅时会发生什么。创世女神知道当她回来时她将不得不重新开始她的任务。

这种哲学理解反映在柏林墙艺术中，由埃里希·弗里德所说：“想要世界保持不变的人，并不希望世界继续存在。”这个故事可以作为与年长儿童和家庭讨论的跳板。

✳

有一个洞穴，一个特殊的洞穴，在山的一侧——没有人知道是哪座山或哪个洞穴。它是世界奇迹和运作知识的家园。洞穴里住着一位智慧的创世女神。

尽管每个人都知道创世女神在那里，但没有人见过她。她只有一只老黑狗作为她的唯一伙伴，她坐在一个粗糙的织布机前，用她所有的日子编织。她正在用松针和豪猪刺以及其他来自森林的美丽事物编织一块美丽的地毯。

她很少停止工作，只是偶尔离开她的编织机去搅拌洞穴后面火上挂着的大黏土锅。火是如此古老，可能比时间本身还要老。

锅里的炖菜也非常古老……而且非常重要。它包含了世界上所有草药、植物和谷物的根和种子。

如果这位女神没有照顾好锅，炖菜可能会烧焦，创世女神知道这是不允许发生的。

每隔一段时间，创世女神就会站起来，看看黑狗，然后慢慢地移动到洞穴后面的大黏土锅旁。

这给了黑狗时间站起来，走到织布机旁地板上躺着的编织物那里。狗用嘴叼起一个又一个松散的线头开始拉扯。

当创世女神继续慢慢地搅拌炖菜时，狗慢慢地将地毯解开到起点。

当创世女神回来，看到她的伙伴造成的混乱时，她深深地叹了口气。然后她坐下来重新开始工作。

当她编织时，她看到了新的愿景，想到了新的图案，她开始赋予新的形态。她现在已经忘记了之前编织的地毯。

因此，创世女神和黑狗年复一年地继续他们的编织、解开和重新编织的仪式，但地毯从未完成。这是一个好事，因为如果地毯一旦完成，我们所知的世界将结束。

雪花正在飘落

这个故事诗受到了歌德这段话的启发。他在瑞士阿尔卑斯山壮丽的施陶巴赫瀑布附近停留时写下了这些诗句：

“人的灵魂就像水：它来自天堂，它返回天堂，再次回到大地，永远在变化。”

这首诗可以用来鼓励与年长的孩子和家庭讨论变化，以及个人的“模式”或生命中的命运。关于制作纸雪花的说明，请参见图案和模板，第 354 页。

雪花飘落，新生命在呼唤，
星星的图案揭示了你是谁的秘密……
揭示了你可以成为什么的秘密……只有你能看见！

轻轻地飘落在山下，
你要去哪里？
你会停在绿色的树枝上，

还是在玩耍中飘落到地面？

你会落入一个洞穴中，
还是落在岩石上，在阳光下融化？
你会融入一条潺潺的小溪，
成为清澈溪水的一部分？
你会从一个高高的瀑布上跌落，
然后化作雾气返回天空？

或者坠入下方的河流……
继续前行……
穿越广袤而强大的大地……
快速奔流，缓慢蜿蜒，
最终汇入大海，
永恒的宝石海……

雪花飘落，新生命在呼唤，
星星的图案揭示了你是谁的秘密……
揭示了你能成为什么的秘密……只有你能看见！

图案和模板

一位无法抗拒的小明星

这颗小毛毡星星适合放在月亮口袋里——毛毡口袋是一个圆形，前面缝有半月形，以形成口袋部分。

你需要

- 小块的毡布
- 玩具填充物（毡布或羊毛的碎料）
- 缝纫线
- 针

1. 使用模板，剪出两个黄色的星星形状和一个蓝色或紫色的圆形以及一个半圆形的毡布或羊毛。

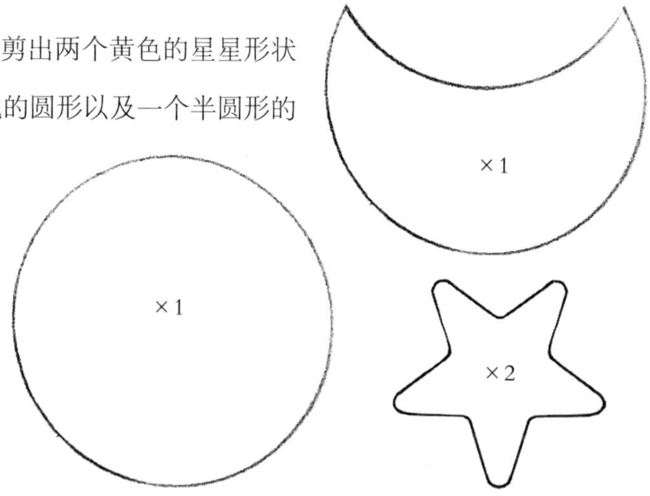

2. 使用过针或毯边针法将两个星星缝合在一起，沿着边缘进行。当你缝到一半时，轻轻地填入填充物，这样在完全缝合之前不会太满。

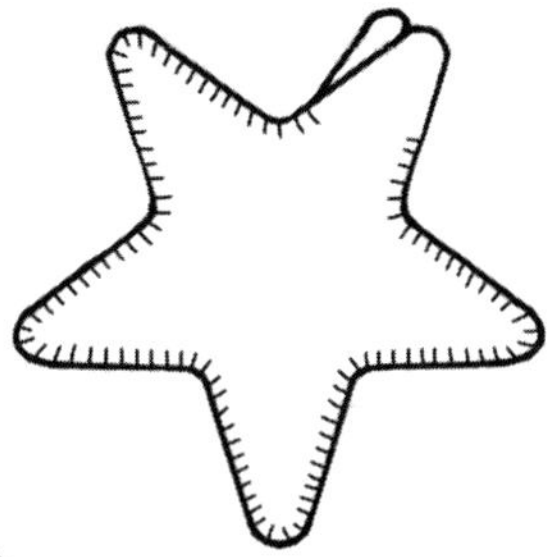

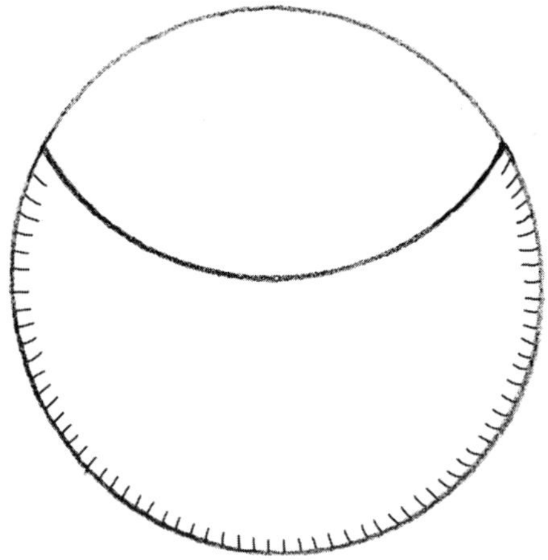

3. 将半圆放在你的圆圈上方，如图所示（见上图），并使用过针或毯边针法缝制整个边缘，确保你的星星紧密地（见下图）嵌入形成的口袋中。

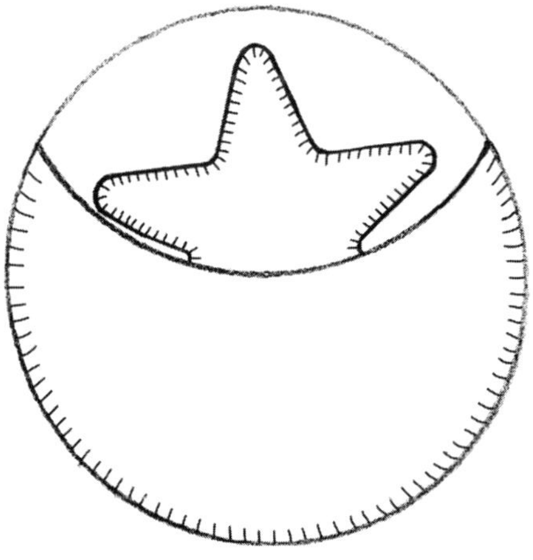

两栋闪闪发光的房子

你需要

- 一小块 10×8 厘米（4×3¼ 英寸）的毡布
- 铝箔
- 胶水
- 镶片或闪亮的糖果包装纸

1. 使用模板从毛毡中剪出一个鱼的形状。

2. 用亮片和闪亮的纸装饰你的鱼。

3. 把铝箔揉皱，制作两个岩石池塘——有一个连接通道——让鱼可以从一个池塘游到另一个池塘。

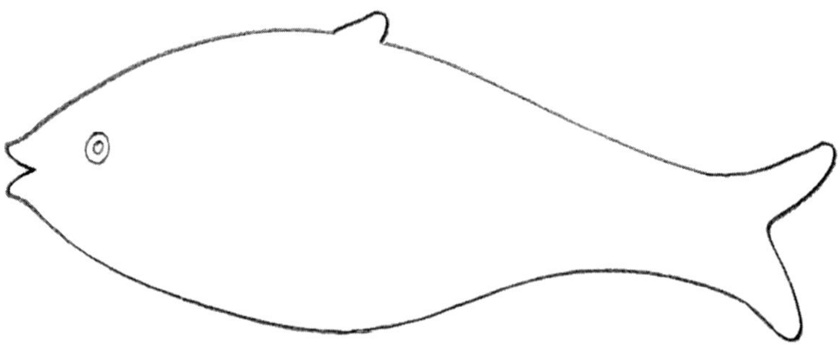

杯塔

你需要

- 纸板或厚纸
- 油漆和画笔
- 剪刀

或者

- 陶瓷杯
- 陶瓷颜料

设计不同的杯子——为你的家庭每个成员设计一个；你可以使用下面的模板在厚纸板上制作它们并剪下来；或者使用陶瓷颜料，在真正的杯子上绘制设计。你可以从下面选择星星、叶子、波浪或花朵的设计，或者创造你自己的图案。

一盒手帕朋友

你需要

- 棉质手帕，或者方块的布料
- 填充物（例如小团的纱线）

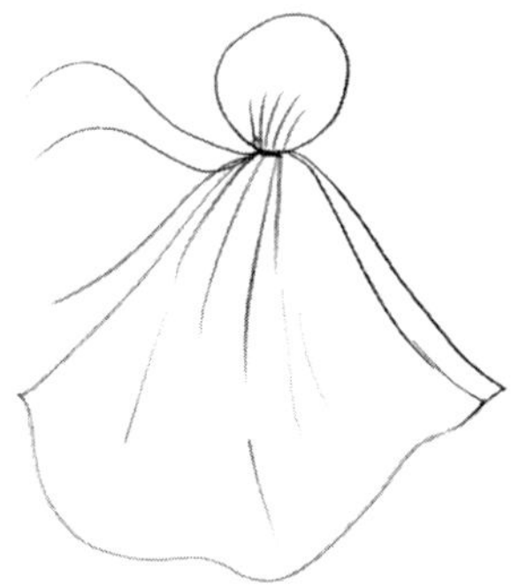

1. 将你的填充物，可以是一个小毛线球，放入中心并系紧作为头部。

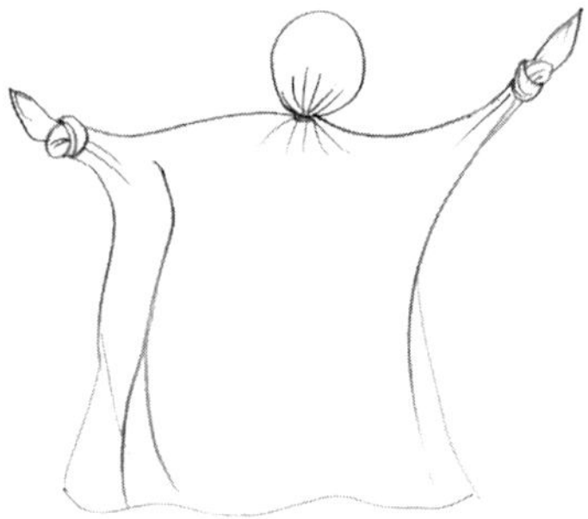

2. 将两个角打结作为手部，其他角作为腿部，或者留作长裙。

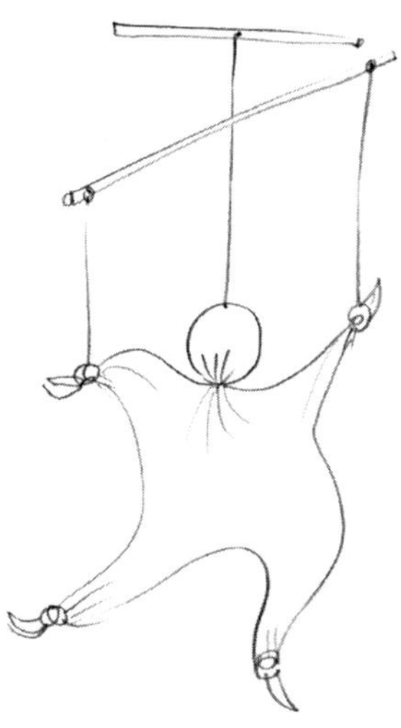

3. 单独来看，你有一个令人愉悦的娃娃，或者通过将线绳系在头顶和两只手上，把它变成一个木偶。如果你有剩余的布料，可以制作几个，这样孩子就能制作出一整个家庭剧或木偶剧。

候鸟

你需要

- 卡片或厚纸
- 面巾纸 10×13 厘米（4×5 英寸）

1. 从卡片上剪出鸟的形状。在指示的地方剪出翅膀的槽口。

2. 将卫生纸折叠成手风琴状，就像制作扇子一样。

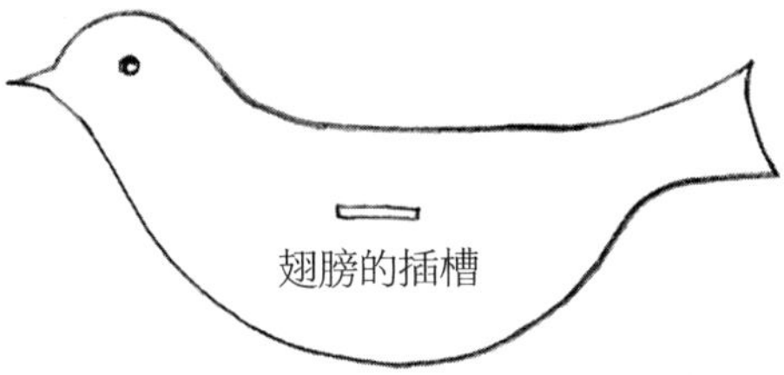

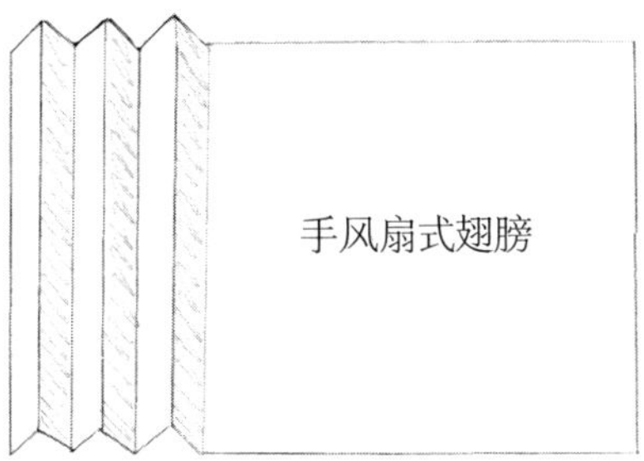

3. 将折纸对折，然后从鸟身体的缝隙中穿过，直到达到中间位置。提起翅膀，使它们在中间相遇。

4. 将线穿过身体上的一个孔，这样鸟在悬挂时能够保持平衡。

注意：图纸未按比例绘制。

河流、沙漠、风

迷你编织图案

这个关于变化和转变的美丽故事可以伴随着编织旅程的颜色。选择足够坚固不会在编织过程中弯曲的卡片，以及像水、风、沙、石头、森林、山脉颜色的羊毛。

你需要

- 剪刀
- 大号圆头针（或小号钩针）
- 六种颜色的双股纱线（8 股）
- 厚纸板 12×19 厘米 /4.8×7.5 英寸

1. 从尺寸为 12×19 厘米 /4.8×7.5 英寸的卡片上裁剪出一个矩形，并在顶部和底部大约制作 12 个槽口，每个槽口长约 1 厘米或 0.4 英寸。

2. 从一边开始，将纱线紧紧地缠绕在卡片上，穿过每个槽口制作经纱（基础）线。将两端斜着系在你的织机背面。

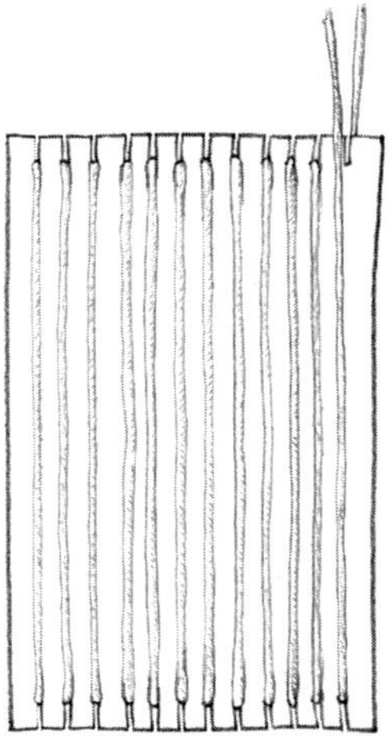

3. 从底部开始，编织时交替地在纱线之上和之下穿梭。当你到达另一边时，以相反的方式编织回去，要么在上面要么在下面。为了讲述故事而改变颜色，留下线头稍后缝合。

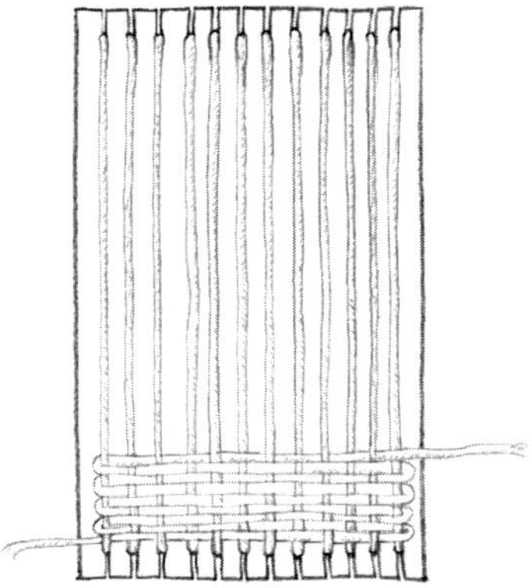

4. 当你完成时，通过剪断经线来从卡式织机上取下经纱。修剪至均匀长度以制作流苏。

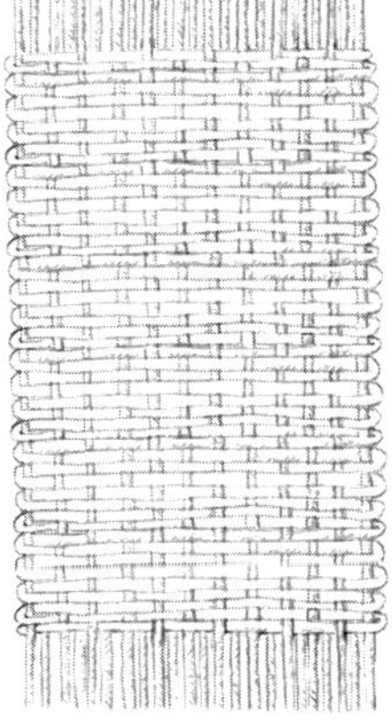

雪花飘落

设计你的雪花，没有对错之分，因为每一个都是独一无二的。

你需要

- 纸
- 剪刀

1. 准备一张正方形的纸张或者将一张纸剪成正方形。
2. 将正方形对角线对折。再次将三角形对角线对折。

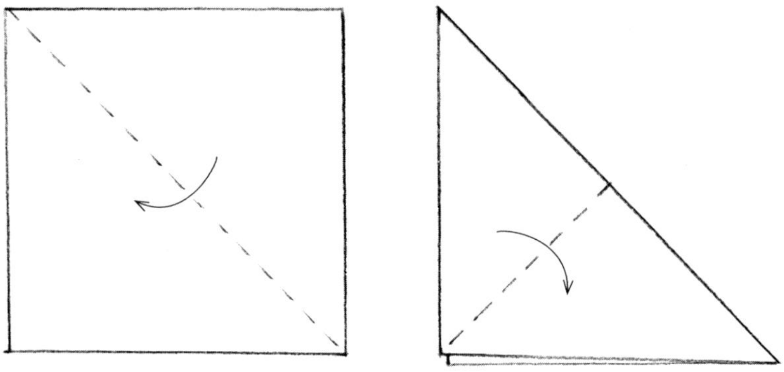

3. 将纸张对折成三等分，一边折向前，另一边折向后。
4. 剪掉小三角形末端多余的纸张，以形成一条曲线。

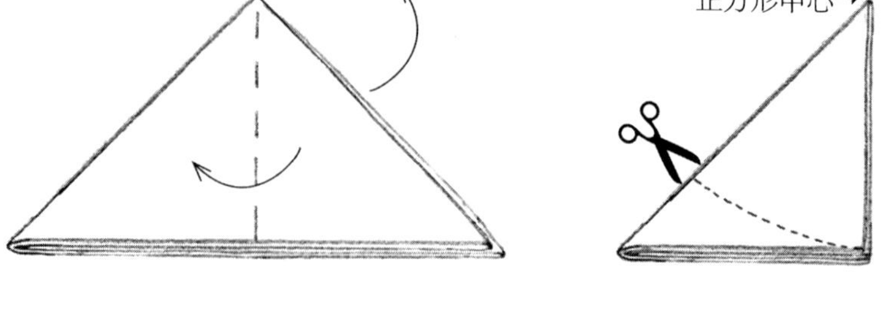

5. 在你的三角形外边缘切割不同形状——圆形、正方形、三角形——任何形状都是可能的。

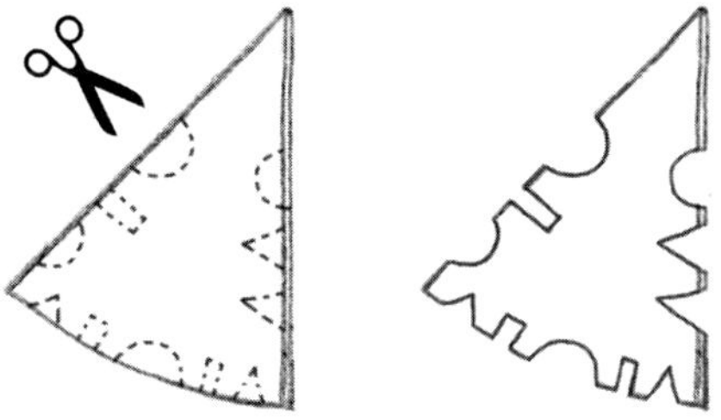

6. 展开你的纸张，看看你独特的雪花——把它挂在你的窗户上或者墙上。

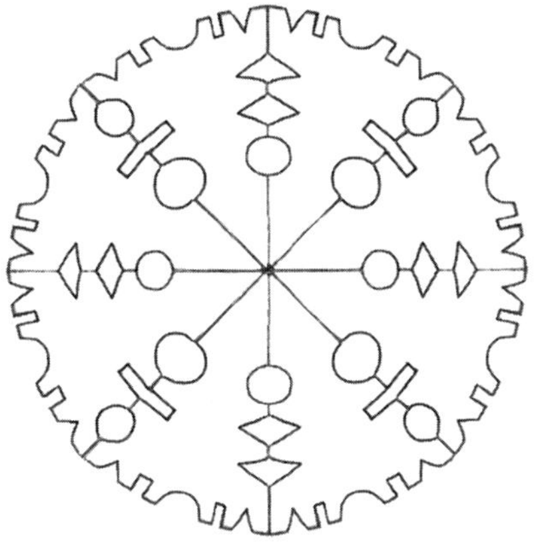